Diogenes Taschenbuch 24398

de
te
be

Gefährliche Ferien – Nordsee, Ostsee

mit Bernhard Schlink, Henning Mankell und Nis-Momme Stockmann

Ausgewählt von
Kati Hertzsch

Diogenes

Nachweis am Schluss des Bandes
Covermotiv: Foto © Gallery Stock

Für Maria, Alex und Ludwig,
ohne deren Hilfe dieses Buch nicht entstanden wäre.

Originalausgabe

www.diogenes.ch
100/17/36/1
ISBN 978 3 257 24398 7

Inhalt

Chris Kraus — Das kalte Blut
Baltikum 7

Arno Surminski — Sommer vierundvierzig
Kaliningrad 17

Sabrina Janesch — Ambra
Polen, Danzig 24

Nis-Momme Stockmann — Der Fuchs
Nordfriesland 36

Dan Turèll — Mord im Waschsalon
Dänemark, Kopenhagen 59

Jessica Durlacher — Der Sohn
Niederlande, Amsterdam 69

Volker Weidermann — Ostende
Belgien, Ostende 79

Jørn Lier Horst — Jagdhunde
Norwegen, Oslo 88

Henning Mankell — Der Mann am Strand
Schweden, Ystad 112

Raija Siekkinen — Die schwarze Sonne
Finnland 159

Ingo Schulze — Spazieren gehen
Russland, St. Petersburg 169

Jan Brandt Tagebuch eines Verschwundenen
Sylt 174
Daniela Krien Gefährliche Ideen
Amrum 207
Bernhard Schlink Johann Sebastian Bach auf Rügen
Rügen 218
Volker Harry Altwasser Letzte Fischer 244

CHRIS KRAUS

Das kalte Blut

Und Neunzehnfünf, in jenem elften Regierungsjahr Seiner allerunbeholfensten Majestät, des Zaren Nikolaus II., ging jegliche Ordnung bei uns in Rauch auf. Russland brannte, von Sankt Petersburg bis zu den entferntesten Provinzen.

Auch die Heimat meiner Eltern, das so malerische Baltikum, wurde von den Revolutionären abgefackelt.

Stellen Sie sich einfach einen wässrigen Claude-Lorrain-Himmel vor – gut, den Maler werden Sie nicht kennen, also machen wir es nicht kompliziert: einen schönen blauen Himmel. Darunter eine Miniaturausgabe von Kanada, an der Ostsee gelegen, mit unendlichen Weizenfeldern und großen Farmen, die von ihren furchtsamen Ranchern verlassen werden, in Kaleschen und Sonntagskutschen, gejagt vom Vietcong. Genau so fühlte sich das damals an. Es tobte die Rebellion. Alle deutschen Gutshöfe lagen brach. Die russischen Truppen waren in Japan damit beschäftigt, einen unverlierbaren Krieg zu verlieren. Lettische Knechte zogen marodierend durch die wehrlosen Provinzen, verbündeten sich mit den Ärmsten der Armen, drangen auf den Grund und Boden der Adligen vor, fällten die Bäume, mähten ihr Heu, stürmten die verlassenen deutschen Herrenhäuser und hinterließen Kothaufen auf und unter den Orientteppichen.

Mein Großvater, immer nur Großpaping genannt, der sich im Gegensatz zu den anderen Pastoren seines Landkreises nicht entschließen konnte zu fliehen, weil er niemals die ihm von Gott anvertraute Gemeinde im Stich gelassen hätte – denn dann hätte er ja Gott selbst im Stich gelassen –, dieser Großpaping Hubert Konstantin Solm (Huko für die, die sich trauten), soll unbekümmert in seinem Obsthain gearbeitet haben, als an einem warmen Augustabend über die Wiese ein Trupp grölender Sensenträger auf ihn zumarschierte.

Er kannte das schon. Seine Kirche wurde seit Monaten an fast jedem Wochenende von Demonstranten aus Riga heimgesucht. Oft drangen die Fremden mit roten Fahnen, Trommeln und Äxten in das Gotteshaus ein und schmetterten vor dem Altar die Internationale. Mein Großpaping dankte dann für den schönen Gesang und fuhr ungerührt mit seinem Gottesdienst fort. Die lettischen Bauern liebten ihn, weil er in ihrer Sprache zu predigen wusste und in seinem stuckernden Zweispänner durch die gärende Provinz fuhr, ohne sich durch die weltlichen Imponderabilien vom Bestatten und Trauen, vom Trösten und Mahnen oder vom obligatorischen Komm-bald-wieder-Schnäpschen abhalten zu lassen.

Einmal nahm er in aller Ruhe einen Ukas der Revolutionäre von der Kirchentür ab und befestigte ihn am Tor des Schweinestalls, weil er dort hingehöre. Über unserem Esstisch hing später Großpapings Porträt, das mein Vater zwei Jahre vor den Ereignissen gemalt hatte. Es war ein düsteres Pastell, das einen Greis mit bizarrem Backenbart zeigte.

Das schüttere Haupt – eingerahmt von der schlohweißen Schifferfräse – wurde von einem Pastorenmützchen behütet.

Seine Züge mit den blassen, arroganten Wassereisaugen, den breiten Backenknochen und dem leicht geöffneten, fast wollüstigen Mund unter der ausrasierten Oberlippe erinnerten an die Art, wie Moses auf Seite 54 unserer Schnorr-von-Carolsfeld-Bibel dargestellt wurde: Ernst, gewalttätig und immer bereit, Jerichos Mauern zum Einsturz zu bringen.

Neben dem Porträt war an der Wand auch das kleine Schwert angebracht, das Großpaping sich selbst geschmiedet hatte und immer unter dem Talar trug, wenn er die Kanzel bestieg. Er wollte nicht, dass man ihn lebend kriegte (er sagte »kriechte« im ostpreußisch-jiddischen Idiom meiner Heimat), und hielt den Revolutionären, als sie einmal ihre Äxte am Kruzifix zu erproben drohten, dieses rostige Eigenfabrikat entgegen, wie Vampiren, die man mit selbstgeschnitzten Birkenpflöcken einschüchtert.

Großpaping hätte gewiss nicht gezögert, sich die Klinge in den Hals zu rammen, coram publico, wenn ihm selbst oder dem Gekreuzigten jemand zu nahe gekommen wäre. Pastorenblut im Taufbecken war aber für die Revolution zum damaligen Zeitpunkt noch keine gute Reklame, zumal Großpaping als Märtyrer eine *bella figura* gemacht hätte, da bin ich sicher. Das dramatische Talent habe ich von ihm geerbt, doch hat mir immer der trotzige Mut gefehlt, diese einsame Höhe, *envers et contre tout*, die in unserer Familie so verbreitet blieb und so unendlich viel Unglück anrichtet, bis heute.

Die Maßnahme Großpapings, mit einem Schwert in der Tasche das Wort Gottes zu predigen, war sowohl grotesk als auch vernünftig. Aber ein Revolver in der Tasche wäre natürlich noch grotesker und noch vernünftiger gewesen.

Als Großpaping jedoch an jenem besagten Sommerabend in seinem violett glühenden Garten stand, neben und unter den Obstbäumen, und den Mob wie eine Mückenplage auf sich zufliegen sah, verfügte er über keine andere Waffe als einen Korb mit frisch gepflückten roten Äpfeln. *Abdolmaize* heißen sie im Lettischen, welch schönes Wort.

Vielleicht hätte die Situation anders enden können, wenn mein Großvater dieses Wort genutzt hätte, oder irgendein anderes Wort aus dieser reichen, wundervollen Sprache, die keine Schimpfwörter kennt, denn »schwarze Schlange« ist das Schlimmste, was man auf Lettisch jemand anderem sagen kann. Wäre mein Großvater ruhig, demütig und bescheiden geblieben, hätte er die Forderungen der Abordnung, die fast wie höfliche Bitten klangen, mit dem Anschein schlichter Ergebenheit erfüllt oder wenigstens in lettischem Zungenschlag als unabwendbares Schicksal hingenommen, wer weiß, vielleicht wäre dann alles anders gekommen.

Aber sein Temperament ließ das nicht zu.

Er zischte deutsche Psalmen hervor, die wie Flüche klangen. Und als einer der Anführer, übergossen von den unanständigsten Teilen des lutherischen Evangeliums, die Geduld verlor und Hubert Konstantin Solm mit einer winzigen Prise Ruppigkeit aufforderte, ihm die Schlüssel der Sakristei auszuhändigen, *nekavējoties!*, *nekavējoties!*, schleuderte der alte Mann ihm einen der Äpfel entgegen, einen roten Herbstkalvill, aus drei Metern Entfernung. Eigentlich eine Geste von erstaunlicher Albernheit. Doch der Bursche duckte sich weg. Der Herbstkalvill sauste an ihm vorbei und traf wie ein Stein das dahinterstehende Mädchen im Gesicht, so dass ihr die kleine, spitze, fünfzehnjährige Nase brach. Blut schoss auf eine Schürze, vielleicht war es aber auch nur der rosafarbene Saft des zermatschten Fruchtfleisches.

Doch einen zarten Mädchenschrei später packten sie ihn. Man trat Großpapings Haustür ein, holte vor seinen Augen die Jesusbilder und Skulpturen, das böhmische Kristall und das gute englische Porzellan sowie die Totenmasken seiner zwei verstorbenen Ehefrauen aus dem Salon und haute alles in Scherben. Dann schob man den großen Familienflügel, auf dem mein Vater als kleiner Junge Mozart und Chopin kennengelernt hatte, auf die Veranda, zerlegte ihn und teilte die Elfenbeintasten untereinander auf. Als alles nur noch gurgelnd Halleluja schrie, forciert durch die beträchtlichen Bordeauxvorräte, die in unserem Weinkeller gefunden worden waren, sann man für Huko über *Sodīšana* nach, eine ganz besondere *Sodīšana,* die weniger ehrenhaft sein sollte als die altrömische Selbstentleibung, die sein kleines Schwert verursacht hätte.

Meine Eltern lebten zu jener Zeit in Riga, mitten im Art-déco-Viertel, wo Papa in der funkelnagelneuen Albertstraße – einer Operette der Baukunst, unikal in ganz Europa – gleichsam eine Arie von Atelier bezogen hatte. Hier waren ganz in der Nähe, nämlich westlich der Stadtweide, die wenigen militärischen Verbände konzentriert worden, vor allem lustlose Infanterie, so dass die Stadt, ganz besonders aber die nur von französischen Butlern und englischen Möpsen bewachte Albertstraße, trotz der brodelnden Umwälzungen als relativ sicher galt.

Papa nahm die vom Land getürmte Verwandtschaft bei sich auf. Nur Großpaping wollte und wollte nicht kommen.

Er blieb im kurländischen Neugut zurück, widerspenstig wie seine Obstbäume, der einzige Deutsche weit und breit. Humorig illustrierte Briefe, lockende und am Ende verzweifelte Telegramme, zugestellt von lebensmüden Postillionen, flehten Großpaping an, Vernunft anzunehmen und schleunigst abzudampfen. Aber Vernunft, das habe ich gelernt, kann man nicht erflehen.

Der Alte ignorierte also nicht nur alle Aufforderungen zur Demission. Sondern er kümmerte sich im Gegenteil auch noch um die Seelsorge der fünf verwaisten Nachbargemeinden. Deren fahnenflüchtige Glaubenshirten, mit ihren Familien in Riga vorteilhaft untergekrochen, erkundigten sich, blass vor Schande, bei Papa in regelmäßigen Abständen nach Hukos Wohlsein, wobei Unwohlsein es besser getroffen hätte, weil dieses inständig erhofft wurde, um es einmal dezent auszudrücken.

Als Papa tatsächlich bei solcher Gelegenheit von einem scheinheiligen Geistlichen erfuhr, dass *»lejder, lejder, Lieberchen«* ganz in der Nähe des väterlichen Pastorats ein Zug zum Entgleisen gebracht, die Telefonmasten abgesägt und, *»nu, ich wäiß es aus allererster Quelle«*, die Polizeistation angegriffen worden sei, ließ er die Kutsche anspannen und war fest entschlossen, den störrischen Vater persönlich aus dem nur fünfzig Werst entfernten Aufstandsgebiet herauszuholen. Doch verbot das am Ende meine Mutter. Oder vielmehr verbot es ihr Zustand. Sie war in jenem Sommer im neunten Monat schwanger, so dass ihr schwellender Leib sehr eindrücklich wirkte, als er von Mama höchstselbst quer über die Fahrbahn gelegt wurde. Und natürlich wagte der Gatte nicht, über eine solche Barrikade zu rollen.

Nicht etwa, dass Mama sich schutzlos ohne Papa gefühlt hätte, sondern vielmehr war sie in Sorge, dass er ohne ihre Begleitung auf einer so gefährlichen Fahrt in entsetzliche Schwierigkeiten kommen könnte, denn tatsächlich zog er – vermutlich ein Ausfluss seines künstlerischen Talents – Debakel, Fiaskos, Katastrophen und unglaubliche Komplikationen (von denen Mama sicherlich die unglaublichste war) geradezu magisch an, obwohl er am Ende des Tages ein Glückskind blieb, was sich in keiner Weise widerspricht.

Mama spazierte tagtäglich mit ihrem Kugelbauch zum Markt, an den öffentlichen Kundgebungen der Sozialisten vorbei, spukhaften, ölverschmierten Gestalten, die sie und ihre Brut mit Blicken vom Erdboden tilgten, denn Anna Marie Sybille Delphine Baronesse von Schilling war eine Geborene, keine Gewisse, also ein gnädiges Fräulein, auf einem schwebenden Wasserschloss in der Nähe Revals schon als Säugling zur Herrschaft erblüht. Ihr war Furcht ganz gewiss nicht fremd, sie war es aber nicht gewohnt, Furcht zu zeigen. Inbrünstig aufregen konnte sie sich, wenn sich jemand nicht zu benehmen wusste. Aber niemals habe ich sie im Zustand der Panik erlebt. Panik gehörte sich einfach nicht.

Die russische Revolution von Neunzehnfünf hat sie als eine Entgleisung menschlichen Anstands empfunden. Radikalen politischen Anschauungen brachte sie den gleichen Respekt entgegen wie Vergewaltigung oder Kindstötung.

Und so wurde mein Bruder schon als Embryo mit einer mütterlichen Wut auf kommunistische Umstürze imprägniert. Die Geburt meines Bruders hatte die Eigenart, inmitten von Chaos und Hysterie stattzufinden. Eigentlich war sie eher eine Emanation als eine Geburt, da sie sich am selben Abend und sogar in derselben Stunde ereignete, zu der unser Großvater der Welt abhandenkam. Buddhisten bezeichnen so etwas als Wiedergeburt, und vielleicht hat mein Bruder tatsächlich, als er durch den Geburtskanal gepresst wurde, das Leid seines erleuchteten Großpapings auf sich genommen, der gleichzeitig eine halbe Tagesreise entfernt sein Schicksal erwartete.

Nachdem man nämlich ihn, den wutschnaubenden deutschen Prediger, zwei Stunden lang in seine eigene Kirche gesperrt hatte, damit er von der Sakristei aus zusehen konnte, wie das über vier Generationen überkommene Pastoratsgebäude in Flammen aufging, ließ man ihm jene der Geistlichkeit vorbehaltene Behandlung angedeihen, für die man nur ein nahe liegendes Gewässer, einen leeren Kartoffelsack und ein gespanntes Publikum braucht. All dies war vorhanden, und so holte man Huko johlend aus seiner Kirche, schnitt ihm den Bart ab und zwang ihn, vor allen Leuten den Roten Herbstkalvill aufzuessen, mit dem er gefrevelt hatte. Er spuckte das himbeerartige Fruchtfleisch, eine pomologische Besonderheit, voller Abscheu auf die rote

Fahne, die in seinen eigenen Grund und Boden gerammt worden war und nur einen Schritt neben ihm flatterte.

Dann wurde er an den Händen gefesselt, bevor man ihm den Sack über den Kopf zog und an den Fußknöcheln festband. Schließlich hob ein stämmiger Hufschmied, der ein Jahr später dafür gehängt werden sollte, das hilflos zappelnde Gebinde in die Höhe und warf es in den Pastoratsteich. Die lettischen Schaulustigen spendeten Beifall, als das Ausbleiben von Gottes Hilfe so sinnlich offenbar wurde. Besonders unerwartet klangen die spitzen Schreie, die aus dem zappelnden Sack zu hören waren und die sich eine Weile hinzogen, da der Prozess des Ertränkens immer wieder unterbrochen werden musste, damit auch niemandem irgendwas entging.

Erst am nächsten Morgen wurde der Leichnam geborgen.

Anna Iwanowna, die russische Haushälterin meines Großvaters, mit der er nach dem Tod seiner zweiten Frau auf viel diskutierte Weise zusammengelebt hatte, legte ihre Oberbekleidung ab, schwamm im Morgengrauen zu ihm hinaus und zog den Toten, auf dem angeblich ein Frosch saß, am nackten, knapp aus dem Wasser ragenden Fuß ans Ufer. Später wurde sie unsere Mary Poppins, die Gouvernante unserer Kindheit, und hat berichtet, in welcher Stille die Dorfbewohner sich um diesen in Jute verschnürten, nassen Leib versammelten, wie um einen gestrandeten Wal, den sie bitterlich beweinten. Ein halbes Jahrhundert lang war er, Hubert Konstantin Solm, in seinem Dorf für Taufen und Hochzeiten, für Geburten und Todesfälle, für das erste Gebet und das letzte Geleit zuständig gewesen. Sein

Schicksal war selbst für die, die am Abend zuvor noch gejohlt hatten, ein unbegreifliches.

Für meinen Bruder und mich markierte sein Ende den Anfang, den archimedischen Ur-Punkt unseres Weltempfindens. Nichts, was in späteren Jahren geschehen sollte, kann ohne den aus Zorn geworfenen Apfel, das in Flammen stehende Haus, die bespuckte rote Fahne und die am Teich trocknende Leiche gewogen oder auch nur betrachtet werden.

ARNO SURMINSKI

Sommer vierundvierzig

oder Wie lange fährt man von Deutschland nach Ostpreußen?

Aber ich täusche mich nicht mit leichter Hoffnung in diesen
Traurigen Tagen, die uns noch traurige Tage versprechen:
Denn gelöst sind die Bande der Welt; wer knüpfet sie wieder
Als allein nur die Not, die höchste, die uns bevorsteht!

Goethe: »Hermann und Dorothea«

Ein geschenkter Tag, dessen Stunden nutzlos dahintropften. Huschke erzählte, der Herr Pfarrer habe vom Ende aller Tage gesprochen und vom Feuer, das vom Himmel fallen werde. Danach ging sie in die Küche zu ihrem Feuer.

Ein Sonntag, als wäre nichts geschehen. Die Kirchgänger verweilten auf der Straße, um zu plachandern, Fuhrwerke klapperten heimwärts, aus den Schornsteinen kräuselte bläulich, ohne jede Eile der Rauch der Mittagsfeuer. Die Sonnabendzeitungen, die erst am Sonntag die Nehrung erreichten, brachten diese Schlagzeile:

Wie Ostpreußen es schaffte! Lieber schippen als räumen! Das ist die Parole, nach der Ostpreußen zum Bau der Schutzstellungen an seiner Grenze angetreten ist.

Solche Meldungen machten Mut. Im Inneren der Zeitung stand ein großer Bericht über die Tannenbergschlacht vom August 1914; es klang gerade so, als sei sie gestern geschlagen worden.

Kurat machte sich auf der Neringa zu schaffen, denn am Abend wollte er auslaufen wie an jedem Sonntag.

Willst nicht mitkommen?, fragte er Hermann. Das bringt dich auf andere Gedanken.

Eben das wollte er nicht, keine anderen Gedanken. Nur an Magdalena denken und auf sie warten. Wenn sie käme, müsste er da sein, denn jede Stunde war kostbar, er wollte keine Zeit verlieren.

Das Radio meldete Einzelheiten. Der Angriff habe neuneinhalb Minuten gedauert und den Norden der Stadt getroffen, Tragheim vor allem. Nur wenige Opfer in der Cranzer Allee, aber immerhin Opfer. Stolz meldete das Gerät den Abschuss von achtzig Flugzeugen, es sprach die Erwartung aus, der Feind werde bei so hohen Verlusten nicht wiederkommen.

Huschke fragte, ob sie ihm Kartoffelflinsen brutzeln solle. Als Kind mochtest du Flinsen am liebsten.

Heiße Flinsen auf den nackten Leib gelegt, sind gut gegen Bauchweh, wusste die Oma. Nur wenn die Schmerzen vom Schnaps kommen, hilft es nicht. Auch nicht bei Liebeskummer.

Er saß in der Fliederlaube auf dem Platz, der eigentlich Mutter gehörte. Um die Köpfe der Sonnenblumen summten Bienen, die Malven dufteten nach Sommer. Weiße Schmetterlinge gaukelten durch die Gärten und verfingen sich in den Fäden des Altweibersommers. Auf der Straße liefen

Kinder den Kohlweißlingen mit Weidenruten nach, um sie totzuschlagen, denn sie hatten gelernt, dass die Schmetterlinge Volksschädlinge sind wie Ratten und Mäuse und die vielen anderen Feinde.

Das Kurhaus behielt er im Auge. Sie könnte mit dem Fischauto kommen, das täglich Rossitten anfuhr, um frische Fische abzuholen. Sobald sie weiß, dass ihre Eltern wohlauf sind, wird sie zu ihm zurückkehren, vielleicht mit jenem Militärauto, mit dem sie nachts davongefahren war.

Er blätterte in Vaters Tagebuch, überflog die Hinweise auf Schnepfen, Strandläufer und Graugänse. Am 8. August, dem Tag ihrer Ankunft, hatte Vater geschrieben:

Unser 22. Sommer auf der Nehrung. Ob es wohl der letzte sein wird?

Das Reiben der Kartoffeln ist das mühevollste am Flinsenbacken. Huschke sah, wie er litt, und dachte, Kartoffelflinsen seien Medizin gegen Liebeskummer. Als sie auftischte, aß er nur wenig.

Das macht die traurige Liebe, orakelte die Oma und schlug vor, die heißen Flinsen doch lieber auf den nackten Bauch zu legen.

Erwin nahm ihn mit zum Angeln. An Sonntagen, wenn es langweilig wurde, warf er gern die Angel ins Haff, und zwar an jener Stelle, wo das Schloss untergegangen war, weil im alten Gemäuer die Aale hausten. Nachdem er die Schnüre gelegt hatte, setzten sie sich ins Gras und schauten den Möwen zu, wie sie Tiefflug übten.

Erzähl vom Krieg, bat Erwin.

Wie Krieg ist, hast du gestern Nacht gesehen. Hier sind es die Engländer, in Italien fliegen die amerikanischen Bomberverbände über uns nach Süddeutschland.

Erwin malte sich aus, die feindlichen Flugzeuge reihenweise im Meer zu versenken. Eine Kanone wollte er erfinden und neben das Leuchtfeuer von Brüsterort stellen, eine Geheimwaffe, die nicht Granaten, sondern Lichtstrahlen lautlos in den Himmel schießt. Wie ein Schneidbrenner wird das heiße Licht den Fliegern die Flügel versengen, so dass sie lautlos ins Meer fallen. Eine Sturzwelle wird es geben bis zu den Dünen hinauf.

Oder soll ich lieber zu den Nachtjägern gehen?

Der, den er fragte, lag im Gras und dachte an Magdalena. Er sah sie in Tragheim durch die Straßen eilen und ihre Eltern suchen. Er beobachtete sie, wie sie Blumen aus dem brennenden Laden rettete. Spätestens morgen wird sie kommen, um mit ihm durch die Dünen zu wandern.

Erwin erzählte, wie der Jungzug Rossitten vor einem Jahr den Flakschießplatz Brüsterort besucht hatte. In HJ-Uniform saßen sie am Rande der Steilküste und sahen zu, wie die 2-Cm-Flak Übungsschießen veranstaltete, noch nicht mit Lichtstrahlen, sondern mit gewöhnlichen Granaten. Die Geschütze feuerten vom Strand aus auf einen Luftsack, der von einem Flugzeug über die Ostsee gezogen wurde.

Der Wind raschelte in den Pappeln, Tauben gurrten im Gemäuer des Leuchtturms, und die Wellen liefen lautlos zu ihren Füßen aus.

Da die Aale, die in den Ruinen des Schlosses hausten, nicht beißen wollten, schlenderten sie zurück ins Dorf.

Unterwegs fragte Erwin, wie lange er wohl üben müsse, um einen Nachtjäger zu fliegen.

Bei meinem Bruder ging es sehr schnell. Im Sommer 39 saß er noch in einem Segelflieger, zwölf Monate später stürzte er schon in den Ärmelkanal.

Um 14.35 Uhr sollte der Dampfer aus Cranzbeek eintreffen, doch er fiel ohne Angabe von Gründen aus. Für den Abend wurde ein weiteres Schiff erwartet.

In die Dünen mochte er nicht steigen, weil ihn jedes Sandkorn an Magdalena erinnerte. Baden am Seestrand wäre möglich gewesen, aber es hätte ihn zu sehr von Magdalenas Heimkehr entfernt.

Vater und Mutter waren längst zu Hause. Von Rossitten nach Cranzbeek benötigte der Dampfer eineinhalb Stunden, danach eine Dreiviertelstunde Bahnfahrt. Vom Nordbahnhof zur Münzstraße werden sie mit der Elektrischen fahren. Vater inspiziert als Erstes seinen Laden, wirft einen Blick in den Tresor, Mutter plaudert mit Tante Rohrmoser über den heißen Sommer, die üppig blühenden Geranien und die schönen Tage auf der Nehrung.

Vom Schullandheim marschierte eine Kinderschar in Dreierreihe durchs Dorf. Zwei größere Mädchen in BDM-Kluft gingen voraus, das eine erinnerte ihn aus der Ferne an Magdalena. Als sie die Kirche erreichten, stimmten sie ein Lied an. Sie sangen vom höchsten Berg, auf den sie steigen wollten, um ihr Deutschland aus Herzensgrund zu grüßen. Die großen Mädchen lachten ihn an, keine sah im Entferntesten aus wie Magdalena.

Kurat machte sich bereit, um hinauszufahren.

Na, hoffentlich fischen wir nicht auch tote Engländer.

Huschke machte sich Sorgen, die Flieger könnten Bomben auf Fischerkähne werfen.

Im Dunkeln sieht uns keiner, antwortete Kurat.

Gegen fünf Uhr nachmittags verließ die Neringa die Bucht. Um diese Zeit brauste ein Militärauto ins Dorf, hielt auf die Mole zu, bremste scharf vor dem Wasser. Nicht Magdalena, sondern zwei Offiziere stiegen aus und fragten nach dem toten Engländer. Nachdem sie ihn von allen Seiten inspiziert, seine Uniform auch nach Dokumenten durchsucht hatten, befahlen sie, ihn aufs Verladedeck ihres Lastwagens zu tragen. Dann fuhren sie mit ihm davon Richtung Sarkau. Im Dorf verbreitete sich das Gerücht, der tote Tommy werde zu jenem Ort gebracht, wo er seine Schandtaten begangen hatte. Sie werden ihn in den Trümmern der niedergebrannten Häuser an der Cranzer Allee begraben. Daran habt ihr wohl nicht gedacht, ihr feinen Engländer, dass ihr zusammen mit den Opfern eurer Bomben in die gleiche Kuhle kommt.

Es wollte Abend werden, und er wanderte nun doch zur Düne, immer gewärtig umzukehren, wenn er ein Auto sähe oder ein von Süden kommendes Schiff. Eine geradezu närrische Sehnsucht hatte ihn befallen. Er sah Magdalena hier und da zwischen den Kupsten, glaubte ihre Stimme zu hören, entdeckte ein rotes Badelaken im Sand und erschrak, weil es anderen gehörte. Er meinte, sie nackt, das Haar im Wind wehend, den Hang hinunterlaufen zu sehen, auch fand er ihre Spuren.

Wenn sie käme, würde er mit ihr auf der Nehrung bleiben, in verwehten Dörfern leben, mit den Elchen durch die Wälder streifen, bis das furchtbare Elend des Krieges vorbei ist. Oder sie nehmen sich ein Boot und treiben mit östlichen Winden über See, bis am Horizont Schweden auftaucht. Es kam ihm so sinnlos vor, auf andere zu schießen und selbst erschossen zu werden. Warum und wofür? Zwanzig Jahre alt und schon sterben. Gerade eine Frau kennengelernt und schon sterben. Was ihm bisher so selbstverständlich erschienen war: Fürs Vaterland kämpfen, für den Führer, für Deutschland bis zum Endsieg, jetzt erschien es ihm lächerlich unnötig.

Die Sonne fiel ins Meer, und ihm kamen Zweifel, ob sie je wieder auftauchen würde. In großer Höhe überquerten Vögel den Sandstreifen, er hörte ihre klagenden Rufe, konnte sie aber nicht zuordnen. Die Zugvögel orientieren sich an den Sternen, hatte Vater ihm gesagt, als er fünf Jahre alt war. Ist der Himmel wolkenverhangen, steigen sie so hoch, bis sie die Sterne sehen können, sie brauchen die Sterne.

Der Abenddampfer aus Cranzbeek fiel aus, es kamen überhaupt keine Schiffe mehr, die Kurenkähne blieben unter sich. Er betrat das Kurhaus, um zu telefonieren, in Wahrheit wollte er fragen, ob Magdalena eingetroffen sei oder sich gemeldet habe.

Wir haben keine Nachricht von Frau Rusch, sagte das Kurhaus.

Auch ein Ferngespräch mit der Münzstraße kam nicht zustande. Das Fräulein vom Amt erklärte, private Gespräche nach Königsberg dürften noch nicht vermittelt werden.

Im Sonntagabendprogramm des Deutschlandsenders erklangen »Liebeslieder und Serenaden«. Er musste sie allein hören.

SABRINA JANESCH

Ambra

Der Morgen

Es ist der Westwind. Im Morgengrauen zieht er vom Meer herüber in die Stadt und bringt den Geruch von Seegras, Meerampfer und Sanddorn in ihre Gassen; dort steigt er auf und vermischt sich mit den Geschichten der Stadt und der Menschen, die in ihr leben und jemals in ihr gelebt haben. Sprachwirbel unterschiedlichster Farbe und unterschiedlichsten Alters greifen hier ineinander, und das, was am Boden geschieht, ist nichts als eine Momentaufnahme des Lebens dieser Stadt, und kaum ist der Moment vergangen, steigt er schon auf und begibt sich unter all das, was vor ihm gewesen ist.

Der Westwind ist es, der über die Ostsee streicht und sich anreichert mit Salz und einer Idee Phosphor, denn seit Jahrzehnten lagern Sprengkörper im Brackwasser; Sand mischt sich bei, der vom Wind immer weiter fortgetragen und vorgelagert wird, gefolgt vom Geruch der alten Mole, in deren Unterbau mehrere Familien von Kormoranen und Lachmöwen leben.

Die Gischt umspült die Pfeiler der Mole, die Boote, die an ihr festgemacht sind, dümpeln knarzend im Wasser und stoßen ihre Rümpfe gegeneinander. Abgerissene Blätter von Salzmiere und Quecke treiben über die Boote hinweg und werden schließlich vom Wind mitgerissen in Richtung Stadt, vorbei an der Werft, wo Schweißer die verrostenden Schiffsteile passieren; die ersten Sonnenstrahlen treffen auf die Kräne.

Möwen stieben auf und teilen sich auf in solche, die ins Wasser des Flusses hinabstoßen und mit jungen Forellen im Schnabel wieder auftauchen, und jene, die wenige hundert Meter weiter nach Süden fliegen und ein paar Schülern auf dem Weg zum Unterricht die mit Rosenmarmelade gefüllten Hefeteilchen aus den Händen reißen; weiter geht es, vorbei am Archiv der Stadt, umweht vom Staub der Jahrhunderte und dem Kölnisch Wasser der Direktorin, weiter, weiter hinunter bis zum Fluss, dessen Ufer eingehüllt sind in die Dieseldämpfe der Motorboote und den Rauch der Holzbuden, über deren glimmenden Wacholderzweigen Makrelen, Sprotten und Heringe hängen.

Der Atem der Vagabunden, die die Nacht mit einigen Flaschen Wein und einer Gruppe von Schwänen am Ufer verbrachten, mischt sich mit der Brise; außerdem das ranzige Frittierfett der Bars, die sich auf der Promenade drängen, das Helium, das am Vortag beim Aufpusten der Luftballons entströmte und sich mit dem Duft von gebrannten Mandeln und Zuckerwatte vermengte; das Aroma von Knoblauch, das über den Pfannen der Garküchen schwebte, das Parfum, das sich gelöst hatte von den Hälsen der Frauen, und der Geruch aus hechelnden Hundemäulern.

Jeder Schlag auf jede Trommel und jeder Schrei, jedes zerbrochene Glas und jeder unlautere Gedanke findet Einlass ins Gedächtnis der Stadt, das Minute um Minute angereichert wird vom Wind. Bei Eintritt in die Innenstadt umfängt er die Menschen und umgarnt sie so lange, bis er ihnen ihr Geheimnis entlockt hat, denn in dieser Stadt hat jeder ein Geheimnis und jeder ein Schweigen, das er darüber legt.

Etwa Frau Biwak, die das Häuschen mit den öffentlichen Toiletten aufsperrt und sich mit ihrem Chihuahua-Welpen an die Stelle setzt, die die Sonne als Erstes ausleuchten wird. Ein paar Moleküle Haarspray und abgestorbene Hautzellen fallen für den Wind dabei ab, er weht sie zwei Straßenzüge weiter, hinüber zu Pan Chong, dem Vietnamesen: Gerade schmeißt er die erste Portion Currynudeln in die Pfanne, bald schon wird sich vor seinem Imbiss eine Reihe von Bus- und Taxifahrern gebildet haben, und alle Gassen, die hinunter zum Herz der Stadt führen, werden widerhallen von tausend Absätzen, die ins Pflaster gestoßen werden.

Der Vorplatz des Theaters ist übersät mit Pfützen, ihr Wasser kräuselt sich und zieht einen Schwarm Tauben an, die auf der nahen Grünfläche übernachtet haben; ein paar Lkw fahren dazu und laden Versatzteile für Buden und Stände aus, ein Markt soll aufgebaut werden. Ein Greis mit Plastiktüte und geleimtem Gehstock bleibt stehen und besieht sich das Treiben, und oben auf dem alten Gefängnisturm paaren sich die Dohlen, es ist ein eiliges Geschäft, aber dafür haben sie von dort den besten Blick auf die dunklen Giebel, die hohen Fenster und die nebelumwobenen Türme der Stadt. Ein Schlüsselbund rasselt, und die Holztüren werden geöffnet, beinahe im selben Moment wie die Türen des Theaters gegenüber, wo mittlerweile junge Frauen stehen und den Plan für den Tag besprechen. Die Arbeiter, die wenige Meter entfernt die Stände aufbauen, bemerken sie nur, wenn eine Eisenstange zu Boden fällt und Wasser aufspritzt.

Die erste Polizeistreife des Tages fährt ein paar Meter von ihnen entfernt vorbei und steuert auf die Insel im Fluss zu, ein Biotop, das zum Leben erwacht, wenn die Sonne aufgeht. Die Blüten des Wermuts und der Schafgarbe richten sich nach ihrem Licht aus und bewegen sich im Wind, die Insekten erwachen aus ihrer Starre und dann die Enten und die Tauchhühner und die Angler, die zu allen Tages- und Nachtzeiten zwischen ihnen sitzen und sich nicht regen, ab und zu nur rollt ihr Blick hinüber zu den Ruinen und den Fassaden der alten Speicher, die sich gegen den Wind gelehnt haben und von denen niemand weiß, worauf sie noch warten.

Östlich des Flusses: Das kurze Aufheulen des Jaguar-Sportwagens, der sich mehrmals in der Woche durch die Gassen schiebt, vorbei an der ehemaligen Tabakfabrik, meterhohen Bechermalven und der Tierarztpraxis, vorbei am Jugendstilkino und den Garagen, wo Jugendliche kauern, die Inhalte ihrer Rucksäcke besehen und aus den Augenwinkeln das Fahrzeug verfolgen, wie es wieder entschwindet, knapp verfehlt von der Streife.

Die Polizisten starren gelangweilt auf die Jugendlichen, dann fahren sie weiter, es ist noch früh am Morgen, und über ihnen auf den Balkonen wird bereits Wäsche aufgehängt, die an ihrer Schnur leicht hin und her pendelt im Wind, es riecht nach Waschpulver und dem Putz, der Stück für Stück von den Fassaden bröckelt; im Vorgarten einer Fabrikantenvilla sitzt ein kleiner Junge auf einer Rutsche und reibt sich verschlafen die Augen.

Auf der Schnellstraße hat sich ein Stau gebildet, ein Auto steht quer, so dass die Straßenbahn nicht fahren kann, laut rasselt sie und klingelt. Der Lärm dringt bis hinauf zur Anhöhe hinter den Schlaufen der Schnellstraße, der Westwind fegt nachlässig die Straßen hoch, die zum Wäldchen auf der Kuppe führen, Amseln singen dort gegen die Geräusche der Stadt an, ein Waschbär taumelt schlaftrunken über das Terrain der ehemaligen Polizeikaserne. Ein paar Marder rascheln im Laub vom Vorjahr, unter einer umgestürzten Buche liegt ein Zementsockel, auf dem, wenn er sich erwärmt, mit Vorliebe die alten Kater des Hügels liegen; unweit von ihnen fahren ein paar Züge in den Bahnhof ein, gelbblau und an jedem Wagen ein unfertiges Graffito. Die Züge bleiben stehen, die Passagiere strömen heraus, atmen den kühlen Schatten unter den Überdachungen und durchqueren den Tunnel, vorbei an Blumenverkäuferinnen, Ständen mit Zeitschriften, bunter Unterwäsche, Schuhen in allen Formen und Größen und dem Bettler, der schon seit dem Morgengrauen an seiner Stelle rechts neben der Treppe steht und seinen Bart sorgfältig mit etwas Schuhpolitur zum Glänzen gebracht hat. Ein paar Münzen klingeln in dem Becherchen, das er den Menschen hinhält, jedes Mal verbeugt er sich und sagt, Dank sei Gott in der Höh', und über ihm in der Höh' thront das Hauptportal des Bahnhofs mit seinen fein ziselierten Streben, auf denen Spatzen hocken; gierig starren sie hinab, der Wind kitzelt einen von ihnen am Brustflaum und trägt ihn hinüber zu den Preußischen Kasernen, lässt ihn über die Figuren im Innenhof des kleinen Zeughauses gleiten; Kunststudenten stehen dort herum, Werkzeuge in ihren Händen, und sehen zu dem versiegten

Brunnen, der in der Mitte des kleinen Platzes steht. Über Nacht hat jemand eine Sesselgruppe aufgestellt und einen Tisch und eine Wohnzimmerlampe.

Bald schon beginnt das übliche Hämmern und Pochen, vom letzten bisschen Wind weitergetrieben, längs der Bastionen, längs der Steinschleuse, an ein paar Garagen vorbei über der Straße ist es nur noch ein laues Lüftchen, das da geht, mühsam schleppt es sich voran, bis es schließlich vor einem blinden Holzfenster in sich zusammenfällt.

1.

Ich stemme mich gegen das Fenster. Splitter der Lackierung bleiben an meinem Handballen haften, aber weiter als einen Spaltbreit lässt es sich nicht öffnen. So oder so liegt das Zimmer im dritten Stock, und wenn ich herausspringe, riskiere ich mindestens ein gebrochenes Bein, und damit komme ich nicht weit. Wenn ich das täte, wäre alles bewiesen, man würde mich für schuldig befinden, noch bevor ich ein Wort gesagt hätte. Also lasse ich vom Schloss ab und hole tief Luft. Da draußen ist die Stadt, hier drinnen bin ich, nur Wo ist Bartosz?

Vor fünf Tagen war seine Mutter Bronka in meiner Wohnung erschienen, mit dem Zweitschlüssel, von dem ich nicht wusste, dass sie ihn überhaupt besaß, hatte mich in die Küche gedrängt, an den Haaren gezogen und geschrien, dass ich endlich die Wahrheit sagen solle, sagen, was mit Bartosz geschehen sei. Ich hatte den Küchentisch gepackt und zwischen uns geschoben, sie hatte eines der Fleischmesser von der Anrichte genommen, es in die Tischplatte gerammt und gesagt, ich würde nun mit ihr mitkommen, ansonsten würde sie augenblicklich die Polizei rufen, auch die Polizei könne mit mir dieses Gespräch führen, aber das hier sei doch eine Familienangelegenheit, nicht wahr, Kinga, das klären wir unter uns, bei uns zu Hause. Bevor du irgendjemand anderem etwas sagst, sagst du es vorher mir, und zwar alles, von Anfang an.

Ein Mensch kann sich nicht einfach in Luft auflösen, hatte Bronka geschrien, und zwei Menschen auf einmal noch viel weniger. Ich hatte sie gewähren lassen. Ich kann ihr unmöglich schon jetzt von meinem kleinen Problem erzählen, dann, da bin ich mir sicher, würde sie mich ausliefern oder einweisen lassen, und alles nur, weil *mein kleines Problem* nicht in ihren Kopf hineinpassen würde. Also vorerst kein Wort davon.

Bronka hatte die Tür hinter mir geschlossen und verbarrikadiert, ich nehme an, sie hatte die Riegel an der Tür angebracht, bevor sie zu mir kam und mich abholte, vorher waren doch keine Riegel an der Tür gewesen, wofür denn auch: In Bartosz' altem Kinderzimmer befinden sich bloß ein paar Regale, in die Bronka Kunstblumen und Tiere aus Porzellan gestellt hat, auch ein paar Häkeldeckchen finden sich dort und verstaubte Fotos von der Familie, und, natürlich, Bartosz' alter Rechner, den er vorsorglich für seine Besuche bei den Eltern hierher gebracht hatte. Während drüben, im Wohnzimmer, Tee getrunken wurde, konnte hier, am Bildschirm, der Feind zurückgedrängt, in die Enge getrieben und endlich erschossen werden, denn hier herrscht, Krieg, und wo Krieg herrscht, ist keine Zeit für Tee.

Unter der Tür sehe ich zwei Schatten hin und her wandern, Bronka steht vor der Tür, ich höre ihr mühsam unterdrücktes Schluchzen. Sie wartet auf den richtigen Zeitpunkt, um wieder hereinzukommen, vielleicht traut sie sich nicht oder glaubt noch nicht die richtigen Worte gefunden zu haben. Dabei kann ich sie verstehen. Es handelt sich um ihren einzigen Sohn, seit über fünf Tagen ist er nun verschwunden, und seine Freundin Renia obendrein.

Bartosz' altes Kinderzimmer misst kaum zehn Quadratmeter, das schmale Bett, das in Wirklichkeit ein ausklappbares Sofa ist, passt hinein, dann die Regale, in die der Schreibtisch eingelassen ist, das war's, mehr nicht. Keine drei Schritte kann ich gehen, ohne an seine Grenzen zu stoßen, das ist kein Zimmer, das ist eine Zelle, in der er aufwachsen musste. Wer wäre da nicht in die Armee eingetreten und hätte sich weit, weit wegschicken lassen, wo die Sonne heiß brennt und der Raum unendlich ist, mit dem bisschen Krieg, musste er gedacht haben, würde er schon fertig werden, der Krieg, so hatte man ihm gesagt, das sei vor allem eine Menge Sand, der sich gerne in die Uniform und hinein in die Unterwäsche stiehlt, in die Fältchen der Genitalien legt und so lange scheuert, bis man wund ist wie ein Baby und sich anstrengen muss, sich nicht andauernd in den Schritt und ins Gesäß zu fassen.

Mein Sohn ist Soldat gewesen, hatte Bronka gesagt, als sie mich ins Zimmer hineingestoßen hatte, er ist zweimal aus der Wüste zurückgekehrt, und jetzt soll er hier, in unserer Stadt, verschwunden sein?

Bronka zittert am ganzen Leib, ihr Gesicht ist aufgequollen. Sie sagt, mein Schweigen würde mich nur noch verdächtiger machen, wer unschuldig ist, müsste doch reden wie ein Wasserfall, nichts zu verbergen habe der und könne sich seiner Sache sicher sein – aber ich? Seit fünf Tagen habe ich mich nicht mehr aus meiner Wohnung herausbewegt und würde den Mund nicht aufbekommen, außer, um zu sagen, was sowieso offensichtlich war, aber das würde niemanden interessieren. Übrigens sei es ebenfalls meine Schuld, dass der Hausarzt Brunon direkt ins Krankenhaus überwiesen habe, nein, nicht wegen seiner Lungen, sondern wegen eines schweren Tobsuchtsanfalls.

Mit dem Handrücken fährt sie sich über die Nase. Ich antworte, dass ich nichts zu verbergen habe, anderenfalls wäre ich doch wohl kaum in der Stadt geblieben, ich wäre nach Brasilien geflohen oder wenigstens in Richtung Deutschland, aber was sollte ich da schon, wenn doch hier mein Zuhause war und meine Familie. Und ich könne doch nichts erfinden, wo nichts gewesen sei! Sicher, ich bin den beiden begegnet, nach dem Törn, aber das war ein Zufall, versichere ich ihr, unsere Wege hatten sich gekreuzt, das war alles, und dann war ich ihnen ein Stückchen gefolgt, und dann waren sie an der Stelle angekommen, unten, bei den Bastionen, und …

Hör auf damit, sagt Bronka. Ihre Stimme klingt jetzt etwas fester.

Hundertmal habe ich das jetzt schon gehört, deswegen habe ich dich nicht hierher gebracht. Ich will alles wissen, jedes Detail, vom Anfang bis zum Ende. Wenn du Schwierigkeiten mit dem Gedächtnis hast, bitte schön. Hier sind zwei Hefte und ein Stift, da kannst du alles festhalten. Jedes Heft hat mehr als hundert Seiten.

Mehr als hundert Seiten. Mein Kopf schmerzt von Bronkas lauter, aufdringlicher Stimme. Draußen, vor dem Fenster, höre ich Stimmen, ein Hund bellt, kurz erwäge ich, laut um Hilfe zu schreien, dann komme ich mir lächerlich vor und lasse die Stirn in meine Hände sinken. Bronka steht vor mir, die Arme in die Seiten gestemmt, sie riecht nach Schweiß und dem billigen Puder, den sie mehrmals pro Tag auf ihrem Gesicht und ihrem Ausschnitt verteilt. Ihre schlaffen Wangen zittern, sie wartet darauf, dass ich etwas sage, dass ich endlich ihre albernen, mit Blümchen und Marienkäfern verzierten Hefte in die Hand nehme. Entschlossen hält sie sie mir vor die Nase und sagt, ich solle mich ruhig an die Arbeit machen, der Kröger nämlich habe auch schon begonnen und sei bestimmt nicht so zögerlich wie ich, immerhin sei der Schriftsteller und habe alles genauestens mitbekommen.

Der Kröger hat *was?*, frage ich, und zum ersten Mal gleitet so etwas wie ein Lächeln über Bronkas Gesicht. Ja, das habe sie sich gedacht, dass mich das erschrecken würde, aber an sich sei das doch eine feine Sache. Gestern Abend sei er mit einem Blumenstrauß vorbeigekommen, sehr freundlich und mitfühlend sei er gewesen, und kurz bevor er gegangen sei, habe er gesagt, man müsse alles genau festhalten, und dass ich mich sträuben würde, das habe er auch vorausgesehen. In Krögers Kladde stehe alles, was relevant sei, Informationen über alle Beteiligten, Lagepläne, Zeitläufe, sogar Skizzen und Stammbäume, er habe es ihr ja gezeigt.

Wenigstens einen gebe es also, der ihr behilflich sein wolle, nicht so wie ich oder meine Mitbewohnerin Albina. Kein Kommentar sei aus der herauszubekommen, geschweige denn irgendeine Information zu dem, was in den Tagen vor Bartosz' Verschwinden geschehen sei. Wer bei uns in der Wohnung ein und aus gegangen sei, was wir getrieben hätten. In Wirklichkeit, sagt Bronka, steckten wir doch alle unter einer Decke. Auch, dass Albina kein Wort über die Geschehnisse verlieren würde, habe Kröger vorausgesehen.

Ich bin mir sicher, Bronka hat längst mit der Polizei gesprochen, wahrscheinlich schon am Tag, nachdem Bartosz verschwunden ist. Das abfällige Schnaufen des Polizisten kann ich mir gut vorstellen, vielleicht hat er sie sogar ausgelacht und gesagt, dass es nicht strafbar sei, sich länger als 24 Stunden nicht bei seiner Mutter zu melden. Wenn es das wäre, müsste man ja die halbe Nation als vermisst erklären.

Beim Hinausgehen legt Bronka die Hefte auf den Schreibtisch, auf die Tastatur des Computers. Ich höre, wie sich der Schlüssel in der Tür herumdreht, dann werden die Riegel vorgeschoben.

Der Kugelschreiber ist leicht und transparent, er kratzt, als ich ihn auf dem Papier aufsetze, und hinterlässt nicht die geringste Spur, so wird das nichts. Wo anfangen? Wenn ich die Wahrheit sagen soll, wird es länger dauern, als Bronka sich vorstellen kann, ich werde sie etwas hinhalten müssen, um Zeit zu gewinnen, ich muss mich richtig erinnern, an jedes Detail des vergangenen Jahres, mich erinnern an alles, was ich sah, was ich hörte und was ich, sagen wir, bemerkte, und worum es sich auch immer dabei handelt, ich werde es einfügen, der Vollständigkeit halber.

Ich recke den Hals nach vorne, schüttle den Kopf, und aus dem Ausschnitt meiner Bluse rutscht der Anhänger heraus, der dicke, honigfarbene Bernstein. Milchige Schwaden ziehen sich hindurch, und in seiner Mitte liegt deutlich sichtbar der stecknadelkopfgroße Punkt mit den kleinen Beinchen. Warm liegt der Stein in meiner Hand. Ich stehe auf und klopfe gegen die Tür, aber nichts geschieht, außer dass sich nach ein paar Minuten der Schlüssel im Schloss bewegt und Bronka in der Tür steht. Was?

Weißt du, was das ist? Ich halte ihr den Anhänger vor die Nase.

Wie könnte man in dieser Stadt wohnen und nicht wissen, was das ist. Sie nimmt den Bernstein und wiegt ihn prüfend in ihrer Hand.

Nein, erwidere ich, das meine ich nicht. Das ist der Bernstein, der euch gestohlen wurde. Bronka stutzt, ich sehe, sie ist verwirrt, muss nachdenken, ihr wurde doch nie etwas gestohlen, jedenfalls kein Anhänger, nein ... Plötzlich sieht sie auf, alarmiert. Der Anhänger meines Schwiegervaters? Ich nicke: Er ist in der Familie geblieben, die ganzen sechzig Jahre lang. Jetzt ist er zurückgekehrt. Und das ist der Punkt. Alles, was geschehen ist, hängt mit dem Anhänger zusammen. Mein Vater hat mir als Kind jeden Abend Märchen erzählt, Gutenachtgeschichten, wie die Spinne gewandert ist, von Kasimir zu Konrad zu Emmerich. Ich habe immer geglaubt, er habe sich Märchen ausgedacht.

Schreib's auf, sagt Bronka. Über ihre Wange rinnt eine Träne und hinterlässt eine feuchte Spur.

Schreib es auf. Von Anfang an.

Sie legt den Anhänger auf die Tischplatte neben mir. Gegen den hellen Hintergrund erkenne ich den kleinen Körper, die Beinchen, die er von sich streckt, und schließlich auch den Faden, der sich entspinnt.

NIS-MOMME STOCKMANN

Der Fuchs

Kapitel 1

Am 26. 7. 1992 um 14:00 Uhr klingelt das ansonsten schweigsame Telefon im Haus der Badinskys und weckt Tilles Vater, Erik Badinsky, aus seinem flachen Säuferschlaf. Zunächst unfähig, das Geräusch zuzuordnen, stöhnt er »verdammte Scheiße« auf eine Art, dass wir uns den Geruch seines Atems genau vorstellen können. Wir hören, wie er dumpf durchs Wohnzimmer stolpert. Und rennen los. Das Gras schneidet in unsere Schienbeine. Dogge, Tille und ich rennen vor, Diego schnaufend hinterher. Wie selbstverständlich man als Kind überall hinrennt, wie ein gefälliges Fallbeispiel in einer kybernetischen Beweisführung. Wie immer auf unserer Route biegen wir in das Feld ein. Vor mir sehe ich die Schneisen, die Tille und Dogge in das Korn rennen. Da ein kleiner, da ein großer Tunnel. Ich zögere für den Bruchteil einer Sekunde. Wehre mich gegen meine erste Entscheidung. Zwänge mich dann durch den kleineren. Und genieße das Gefühl, einer Vorherbestimmung entkommen zu sein.

Wir fräsen durch das Korn.

Tille schreit weiter vorne irgendwas. Er ist hyperaktiv – aber das hieß 1992 in Thule noch »Zappelphilipp«, und statt einer Therapie haute ihm sein Vater, wenn es gar nicht mehr ging, einfach ordentlich auf die Fresse (was so drei-, viermal die Woche passierte). Worauf Tille immer versuchte, nur innerlich zu zappeln, oder – wenn gar nichts mehr ging – unten in der Garage seines Vaters die Hand in den Schraubstock eindrehte. Ameisen mit Feuerfüßen gehen ihm über die Schläfen und rufen: Let's dance, Tille Badinsky.

Tille schreit viel, wenn wir unterwegs sind. Zum Beispiel:

»Bei der Macht von Castle Grayskull – ich habe die Kraft!«, oder »Sonderangebot, Sonderangebot, Alarm: Sonderangebot« – verspultes Zeug, als würde jemand plötzlich von irgendwo auf ihn zugreifen und ihm schrille, oftmals diskreditierende Aussagen soufflieren. Aber dann kommen da wieder andere Dinge. Skurrile Formeln. Mathematische Sätze. Die er manchmal zuckend mit Stöcken in die Erde schreibt. Plötzliche Blitze von weit her. Wie die Geister von Genies, die kurz und sinnlos in seinen armen, dünnen Körper fahren, um mit ihrer unaushaltbaren Übergröße anzugeben.

Er rennt vor und wieder zurück. Und wieder vor und zurück. Auf seinen dünnen weißen Beinen. Gleich brechen sie ab, denkt man. Das Fernglas schaukelt um seinen Hals, wie eine viel zu große Medaille, für deren Verleihung er allein schon wegen des aberwitzigen Größenverhältnisses zwischen ihm und ihr (das ihn in eine groteske Winzigkeit verschiebt) nicht in Frage kommt. Seltsamerweise stelle ich ihn mir immer so vor – mit dem Fernglas um den Hals. Dabei hat er es nur hier und heute und nur ein Mal. An diesem einen Tag, an den ich mich plötzlich wieder so klar erinnere. Er hat es von der Fensterbank genommen. Seinem Vater ist das Fernglas »was wert«, und deswegen steht es da.

Er nimmt es nur selten mal auf, um im Garten aus viel zu großer Nähe irgendwelche Vögel zu beobachten. Schwankend steht er da, guckt durchs Fernglas und sagt irgendwas Fachmännisches: »Die Wildenten sind früh« oder »Interessante Balzmaserung«, mit dem fadenscheinigen Duktus des viel zu schlecht blendenden Trinkers. Dann stellt er es zurück auf die Fensterbank. Eigentlich hat er es nur, weil sein eigener Vater eins hatte, das auch auf einer Fensterbank stand (und das er nicht anfassen durfte). Er denkt vielleicht, dass Väter so was brauchen. Dass es irgendwie zum Projekt dazugehört. Im Gegensatz zu Geduld oder Interesse oder regelmäßigen Mahlzeiten oder verständlichen Wesenszügen oder einer partiellen Nüchternheit während der Tagesstunden der Arbeitswoche. Tilles Mutter ist '89 an Brustkrebs gestorben. Seitdem trinkt sein Vater. Eigentlich schon vorher. Aber seitdem mit gutem Grund und gewissermaßen vom Dorf akzeptiert, weil, was soll man auch tun. Obwohl sie einen ziemlich coolen Garten haben, halten wir uns selten bei ihnen zu Hause auf. Nur wenn sein Vater schläft. Und wenn er aufwacht, sind wir weg. Wir haben alle Angst vor seinem Vater. Am meisten Tille.

»Konzentrieren, konzentrieren, konzentrieren«, ruft er sich oft zu.

»Ruhig sein, ruhig sein, ruhig sein«, dann wird ein Lied draus:

»Kooooonzentrieren – Ruuuuuuu-u-huig sein
Konzentrieren – Ru-uh-hu-u-hu-u-huuuuu
Bu hu hu.
Ba du hu hu
Yeah, yeah, yeah

Yeha, yeah, yeah
Teenage Mutant Ninja Turtles go!«

Ich bin 10 – Diego 12, Dogge 13 (wie alt ist Tille noch?).

Diego und Dogge unterhalten sich weiter hinten schnaufend über Automarken:

»BMW und Audi sind am coolsten«, sagt Diego.

»BMW ist bayrisch, Alter!« (Alles, was südlicher als Hannover liegt, ist verpönt und verhasst.)

»Trotzdem: BMW ist auch cool.«

»Das sagst du nur, weil dein Vater aus Bayern kommt«, sagt Dogge.

»Mein Vater kommt nicht aus Bayern, sondern aus Venezuela.«

»Ja, aber dein Vater ist in Bayern aufgewachsen und hat Weißwurst gefressen und Kartoffelsalat ohne Mayonnaise. Er hat sich über Auswärtssiege der Bayern gefreut und diese ganzen anderen Verbrechen am guten Geschmack für deutsche Wesenszüge gehalten.«

»Mein Vater hat sechs Monate in Stuttgart gewohnt. Und dann ist er hierhin gezogen«, sagt Diego mit der hochfrequenten Stimme, die sich immer dann zeigt, wenn er sich aufregt. »Er wohnt hier seit 25 Jahren!«

»Bayern ist Bayern, scheißegal ob Stuttgart oder München oder wie der ganze Scheiß da unten heißt.«

Diego glüht unter seiner braunen Haut und hält sich seine dicken Finger an die Brust – die Geste einer alten Frau. Vielleicht hat er sie sich bei seiner Oma, bei der er wohnt, so oft angucken müssen, bis sie sich bei ihm ins Präkognitive geschummelt hat. Er drückt die abgespreizten Finger gegen seinen braunen Fleischpudding, so dass sich zwei Echauffiertheitsfalten an seinem Hals bilden, zwischen denen sich der Schweiß rauspresst. Speckaugen, die Specktränen weinen. Es sieht tatsächlich aus, als hätte er ein Altfrauendekollete (das geradezu nach einer Perlen- oder Korallenkette schreit). Dazu kriegt er dieses Gesicht, als würde er sagen: »Wollt ihr noch einen Pfannkuchen, Jungs?«, zugleich lieb und voll von feinen Vorwürfen.

Ich sehe uns ganz deutlich. Da laufen wir, Thules Resterampe: Ein humpelnder Leptosom, der wegen seiner fetten Weiblichkeit und seiner indigenen Herkunft gehänselt wird. Ein kreidebleicher und spindeldürrer Junge mit roten Locken, der sich gelegentlich auf den Kopf schlägt, um die Kontrolle über sich selbst wiederzubekommen. Und ich – der Typ mit dem behinderten Bruder, der zugezogenen Mutter, dem toten Vater, der sozusagen den Rest thematisch abdeckt. Nur Dogge war einigermaßen cool. Riesengroß und stark. Es gab eigentlich nur einen Grund, warum er sich mit uns abgab. Und das war, weil er Diego in einem Wutanfall den Zeh des rechten Fußes zertrümmert hatte, so dass er abgenommen werden musste.

Das Feld reißt ab, und dann tut sie sich vor uns auf: die Kulisse unserer Kindheit. Das offene, kahle, deichnahe Thule. Wir sind auf dem Weg zum Kanal. Wir wollen Piraten spielen. Also: Ich und Tille hoffen, dass es sich ergibt, dass wir Piraten spielen (denn wir sind seit »Tip Top Totenkopf« von EAV große Piratenfans). Das ist auch der Grund, warum Tille ein brennendes Interesse für das verbotene Fernglas entwickelt hat. Diego und Dogge wollen eigentlich nur schnitzen, Messer werfen und Dinge zerstören. Vielleicht kokeln oder rauchen.

Der Kanal liegt auf der landwärtigen Deichseite. Er mündet in einen kleinen, künstlichen See vor einem alten Schöpfwerk, das ganz ohne menschliche Hilfe zu laufen scheint. Drum herum Heide, Salzwiesen und schmale Gräben, in denen schwarze Aale schwimmen. Die Landschaft wirkt sediert. Wir krabbeln als Käfer auf ihrem Rücken rum, aber an dieser Stelle scheint sie überhaupt keine Nerven zu haben. Das hier ist Hornhaut. Die Sonne scheint, trotzdem ist es kalt. Der Wind pfeift laut, egal zu welcher Jahreszeit, weil das Land hier so flach ist. Mit jeder künstlichen Erhebung fängt er einen auf Jahrtausende angelegten Grundrechtstreit an. »Deutschland pfeift hier durch die Zähne«, hat mein Großvater immer gesagt. »Deutschland weiß von dem Ganzen hier nix«, sagte meine Mutter dann immer, »und selbst wenn: Das hier ist keinesfalls in der Nähe vom Kopf.«

Sie hat es hier gehasst. Vom ersten Tag an. Unsere ganze Familie, außer meinem Bruder Reini, der hier seltsam aufblühte, einen richtigen Wortschatz entwickelte und gut gelaunt Kartoffeln erntete. Wäre er nicht gewesen. Sie wäre nach einem halben Jahr gegangen. So wurden es 15.

Hinter dem Deich hört man das Meer wie ein gedämpftes Schnarchen. Gott schläft. Die Grashalme sind hart und breit. Schafe stehen in der Ferne. Die dümmsten Tiere. Oder extrem kluge Pilze. Wie man will. Egal wie stabil die Laune ist. Ein blökendes Schaf und der pfeifende Wind schaben sie dir raus und pflanzen da Melancholie und – bei jedem Menschen über 30 – ganz automatisch Gedanken über verpasste Chancen und Ausweglosigkeit. Diese Landschaft ist wie eine Versinnbildlichung von allem, was sich hier abspielt, denke ich. Als hätte irgendjemand die Spitzen abgeschnitten. Von dem Land. Von den Leuten. Von den Ereignissen. Und irgendwie bekomme ich das Gefühl – schon früh, dass wir daran mitarbeiten. Durch bloßes In-der-Welt-Sein – hier an diesem Ort. Wo aus guter Jungsknete immer nur wieder die gleichen idiotischen Kugeln gedreht werden. Als wäre Gott ein autistisches Kind. So wie Reini. Das an der redundanten Wiederholung von der ewig gleichen einfallslosen Scheiße das größte Vergnügen hat. Wie es wohl sein muss, woanders zu sein, in einer anderen Landschaft? In der man seine Wege, seine Routen planen muss, statt auf einem Plateau zu sein, das einem keine Wahl abverlangt?

Warum sind wir hier? Macht es Spaß, hat es einen Sinn, vertreibt es die Zeit? Nein. Wir sind hier, um unseren Job als Heranwachsende mit den zur Verfügung stehenden Ressourcen, so gut es geht, zu erfüllen. Und ja – was wir hier am Schöpfwerk machen, ist langweilig. Aber es ist mehr als das, was unter Aufsicht im Dorf möglich wäre. Und das ist, in seiner kargen Form, eine Art Luxus der Verhältnismäßigkeiten.

An der Schöpfwerkmauer sammeln sich die Sedimente landjugendlicher Ausbruchsbemühungen: Reste runtergebrannter Lagerfeuer, Zigarettenschachteln, Bierdosen, Oldesloer Doppelkornflaschen, Böller, aufgedunsene Superillus. Das hier, der alte Bunker und die Bushaltestelle im stillgelegten Norden des Dorfes, sind die einzigen Zufluchtsorte, die es für uns gibt. Die Rebellionsversuche der Jugend sind zwar hier auch radikal. Aber irgendwie verpufft alles. Zwischen den tiefhängenden Wolken und dem flachen Land reicht ein Möwenschrei, um jede Grenzauslotung klein zu machen. Es wird jemand blutig geprügelt oder landet mit Alkoholvergiftung im Krankenhaus? Es verstäubt sich in der Kulisse. Harmlos. Alles harmlos. Alles gut. Hier der Deich, da das Meer. Elektrische Zäune. Pferdetränken. Tau auf den Halmen. Der Geruch von Tannennadeln. Traktorspuren. Ein Meer von Möwen, deren Wut über die Wurmzipfel in der gepflügten Erde in der Ferne gerade noch für ein kleines Echo reicht. Und in dieser seltsamen Atmosphäre geht und steht, spricht und ruft, denkt und fühlt man auf eine bestimmte Art. Wie Pflanzen in einem Gewächshaus unter den gleichen Bedingungen auf eine vergleichbare Art und Weise wachsen und vergleichbare Tomaten und Gurken abwerfen.

Wir geraten in einen seltsamen Modus. Alles läuft Schritt für Schritt und in stillschweigendem Einverständnis ab. Tille guckt durch sein Fernglas und schreit: »Da, dahinten kommen sie – Scheiße, verfluchte Scheiße, Wale, Schwerter, Feuer, Wildschweine, Fackeln.« Ich klettere auf einen umgekippten Baum. Dogge schmeißt in plötzlicher Wut – wir wissen kurz nicht, ob gespielt oder echt – einen Ziegelstein gegen die Backsteinwand des Schöpfwerks. Diego benutzt das abstehende Geäst, um den Baumstamm zu steuern.

»Alle rauf – alle rauf.«

»Nein, ich muss noch die Angreifer abwehren«, rufe ich einen thematischen Vorschlag.

»Los jetzt«, insistiert Diego, »– wir müssen einparken.«

»Einparken?«, frage ich.

»Yes, Yes – rauf, schnell!«

Diego imitiert das Geräusch eines zurücksetzenden Lkw. Es ist ein anarchistisches Knäuel von Sujets, völlig chaotisch – und absolut vereinbar.

»Kommt jetzt mal da runter«, sagt Dogge. »Lass uns mal was anzünden.«

In den Sicherheitsgittern vor dem Schöpfwerk sammelt sich der Müll. Styropor von alten Bojen, Plastikflaschen, Einkaufstüten. All das Zeug, das in das Kanalsystem um Thule reingerät, landet früher oder später hier. Dogge legt sich mit dem Bauch auf die gemauerte Uferkante und pult was von dem Zeug raus. Er holt eine Dose Haarspray und ein Feuerzeug aus der Tasche. Diebesgut von Edeka. Im Wert von einer Mark fünfundsiebzig. Er gräbt eine kleine Kuhle und legt das Plastik rein. Ein kleines Plastiklagerfeuer. Dann sprüht er das Ganze gründlich ein und zündet es an.

»Wer bescheuert genug ist, atmet das ein.«

Tille hält die Nase über das schwarz qualmende Feuer und inhaliert.

»Irgendwie riecht das lecker. Wie Marzipan oder so.«

Für einen Augenblick wirkt Tille richtig entspannt. Wir anderen machen es nach. Mir wird schwindlig. Dogge zeigt uns einen Vogel.

»Meine Fresse – seid ihr dämlich.«

Und wir sind es.

Dogge hat einen »Prince Adam« – also die schwächliche, lila angezogene, noch nicht transformierte Version von He-Man. Er kokelt ihm den rechten Fuß an, bis der in die Flamme tropft. Meine ganzen frühkindlichen Erinnerungen riechen nach Plastik. Die frühjugendlichen nach verbranntem Plastik. Die Jungs starren ins Feuer. Die Flammen kriechen über ihre zu Scheunentoren gewordenen Pupillen direkt ins Gehirn und legen da alles lahm. Ich hab meine Kamera dabei und mache ein Foto, wie die drei um das schäbige Lagerfeuer hocken. Mit dem Kopf auf den Knien. Diego wie eine fette Marilyn Monroe mit zur Seite gelegten Beinen, die Hand auf dem Oberschenkel. Mein Kopf wird ruhig und klar. Ich sehe mir die Kamera an. Sie liegt wie ein Stein in meiner Hand. Ganz schwer und irgendwie überraschend tatsächlich: das gebürstete Aluminium. Die kleine Delle an der Ecke. Das winzige Sucherfenster, das gelbschwarze Ränder bekommen hat. Die kleinen schwarzen Punkte auf der Vorderseite, Fliegenkot. Alles Dinge, die ich tausendmal gesehen, aber nie *gesehen* habe. In meinem Rausch bin ich total erstaunt: aus was sich diese Kamera zusammensetzt. Aus wie vielen Tausenden Momenten. Für die mir total der Blick fehlt. Ich sehe immer nur das stumpfe Jetzt – und denke es mir wie ein logisches Ende. Aber die Ereignisse sind in Wahrheit nicht aufgezogen wie auf einer Perlenkette. Nein, denke ich: Sie fliegen blind füreinander durch die Wirklichkeit. Sind voneinander total unabhängig. Und dass sie sich treffen, nicht nur im Raum, auch in der Zeit, und zusammen eine Geschichte, einen »Verlauf« bilden, das ist so unendlich unwahrscheinlich. Und es ist unendlich unwahrscheinlich, dass mir diese Kamera heute hier so in der Hand liegt, ich sie betrachte und diese Gedanken denke. Wie hoch hätte jemand die Wahrscheinlichkeit kalkuliert vor 13,8 Milliarden Jahren? Ich weiß nicht, ob ich es genauso denke, ich bin ja ein Kind. Aber ich denke es so in der Art: Es ist verrückt, dass das funktioniert. Dass es funktioniert, ohne durcheinanderzugeraten. Und dass es von allen möglichen Wegen diesen nimmt. Und dass man sich einfach nicht dagegen wehren kann.

Ich fühle über den Riss in dem roten Druckknopf. Ich erinnere mich an den Moment, an dem er kaputtgegangen ist, und plötzlich – als würde sich mit einem Mal ein kleines Fenster auftun, ja ich bin regelrecht erschrocken – wird mir klar, dass mein Vater diese Kamera mal in der Hand gehabt hat. Zu einem Zeitpunkt, als es seine Hand noch gab. Als sie noch Teil seines lebendigen Körpers war und er gesprochen und sich durch die Welt bewegt hat – und die Vorstellung, dass er tot ist, dass er in der Erde liegt und verwest, abwegig und fern war. Es ist wie ein luzider Augenblick, an dem sich der Schleier lüftet und der Moment, in dem die Kamera von seiner Hand in meine gleitet, so klar erscheint, dass ich das Gefühl habe, er ist ganz in der Nähe. Ich muss mich nur ein Stück bewegen, einen kleinen Schritt hinter den Vorhang tun, und ich bin wieder da –

Ich frage mich, ob ich, wenn ich in der Vergangenheit etwas anders gemacht hätte, mich anders verhalten hätte, etwas am Lauf der Dinge hätte ändern können. Dann gibt es einen kurzen Schmerz. Als wäre das ganze Leben unlebbar. Eine gigantische Anmaßung. Aber im nächsten Moment ist er schon vorbei – und da ist nur noch die alte Kamera in meiner Hand. Abgegriffen und speckig. Und die Erinnerung an meinen Vater ist nur noch dieselbe alte Erinnerung in meinem Kopf. Blass und fragwürdig, weil ich sie so oft hervorgeholt habe: Er steht da (oder sitzt er? Fahren wir Auto?), gibt mir die Kamera und sagt: »Agfamatic Pocket-4000.« »Ah«, sage ich, denn ich ahne nicht, dass das hier gerade ein bedeutender Moment ist. Es ist ein stinknormaler Moment für mein Erinnerungs-Ich. Mein Erinnerungs-Ich streicht sich eine Strähne aus dem Gesicht und ignoriert und verpasst das Sakrale. »Wenn du jeden Tag ein Foto machst, kannst du dich später an alles erinnern, was in deinem Leben wichtig gewesen ist.«

Von ihm allerdings konnte ich kein Foto machen. Denn bevor ich in der Stadt einen passenden Film – Kassettenfilm – kaufen konnte, war er schon nicht mehr da.

Das Feuer geht aus. Der Bann ist gebrochen.

Tille schlägt vor, dass wir Verstecken spielen*. Die anderen lachen wie von Sinnen. »Verstecken!«

»Ja – ihr versteckt euch, und ich suche euch mit dem Fernglas.«

Eigentlich spielen wir jedes Mal Verstecken. Es so zu nennen ist allerdings ein Fauxpas schlimmster Sorte. »Verstecken« ist ein Kinderspiel. »Sich zu verstecken« allerdings ein zum Standardrepertoire gehörendes Detail eines vollständigen Nachmittags. *Wenn* es sich von selbst ergibt. Dogge wirft Tille zur Bestrafung für seine Dummheit auf den Boden zum Muskelreiten. Der kreischt wie unter einem Anfall. Zwei Minuten später rennen wir alle in unterschiedliche Richtungen und versuchen im variationsarmen Flachland ein gutes Versteck zu finden. Dogges Verstecke sind die besten, denn er ist stark und wendig und klettert mühelos irgendwo rauf, traut sich in spinnenverseuchte Löcher

* Ich erinnere mich, dass das sein Lieblingsspiel war.

oder offene Gullis. Diegos Verstecke sind die schlechtesten. Er steht kichernd hinter Ecken und ruft: »Komm doch, du Spasti!« Ich finde das Spiel eigentlich scheiße, weil ich es nicht verstehe: Wenn einer der Versteckten seinen Teil des Spielziels erreicht und wirklich so gut versteckt ist, dass er nicht gefunden wird, ist eigentlich das ganze Spiel kaputt. Nein: Man kann sich nur gefällig verhalten und seinen Aufenthaltsort nach einer Weile preisgeben. Oder sich in seinem Versteck langweilen und den Sucher maßgeblich frustrieren. Diese zusammengeheuchelte Grundlage des Spiels kam mir schon als Kind vor allen Dingen gesellschaftsvorbereitend vor. Als gäbe es eine stille Abmachung, der alle folgen, und das Spiel ist nur ein stumpfer und überflüssiger Teil davon. Und es ist gerade dieses Gefühl von einer riesigen Vorherbestimmung, das wie eine boshafte Kröte auf unseren Biographien hockt und mich und uns an diesem Ort durch die Welt drückt, dass ich manchmal so einen unwiderstehlichen Drang habe, es zu durchbrechen. Ich habe dazu richtige Strategien entwickelt: Wenn ich Lust habe, einer Spinne ins Netz zu pinkeln, wiederstehe ich dem Drang und tu's nicht. Oder wenn ich irgendwo pünktlich erscheinen muss, warte ich extra noch mal zwei Minuten, bevor ich reingehe. Vielleicht sind die Steine im Mosaik klein, und man sieht das Bild, das man legt, erst, wenn es fertig ist und aus dem nötigen Abstand (so wie mir diese ganzen kleinen Schritte an jenem Tag, an dem Tille das Fernglas genommen hat, klein und harmlos und allerweltsartig vorkommen). Ich glaube, es gibt diese Momente. In denen man an einer Gabelung steht und sich entscheiden muss. In denen man sein Schicksal gestalten kann, wenn man dafür durchlässig ist (oder zumindest ist es das, was mich Katja später immer glauben lassen wollte).

Und das ist so ein Moment: Aus dem Augenwinkel sehe ich Dogge die Regenrinne vom Schöpfwerk hochklettern. Diego kniet kichernd hinter einem Kieshaufen, keine drei Meter von dem zählenden Tille entfernt. Er hält das für ein gutes Versteck. Weil es »zu naheliegend ist, dass jemand draufkommt«. Statt, wie es sonst meine Art ist, einfach hinter der Regentonne am Schöpfwerk zu warten, bis ich endlich gefunden werde, gehe ich auf die andere, die windige Seite des Deichs. Zum Meer. Es führt eine kleine, schiefe Treppe hinauf. Zwischen dem aufgesprungenen Beton wachsen Disteln. Ich genieße das Gefühl, dass jeder meiner Schritte ein bedeutender Einschnitt in den Verlauf unser aller Geschichte ist. In diesem Gefühl trete ich auf die Disteln, aber sie sind so starr und hart, dass sie sich sofort wieder aufrichten. Verrückt, wie unbeirrbar hier alles existiert. Als ich mit dem Kopf den Scheitelpunkt des Deichs erreiche, drückt sich mir der feuchte Wind ins Gesicht, steigt in meine Kleidung, bis in die Unterhose. Ich sehe mich noch einmal um. Hinter mir sehe ich die Jungs als kleine Punkte um das Schöpfwerk herumzappeln. Von hier oben nicht mehr als eine unbedeutende Unterbrechung in einer riesigen Gleichförmigkeit. Für einen Augenblick weht der Wind in die andere Richtung, drückt mir in den Rücken, als wolle er mich über den Deich schieben. Ich bleibe kurz stehen. Aus weiter Ferne höre ich Tilles hochfrequentes »Ich komme«. – Dann tauche ich mit drei Schritten in den Nebel ein und fühle mich tatsächlich, als wäre ich versteckt. Und zwar um niemals jemals gefunden zu werden. Von niemandem. Nein: Als wäre ich nicht mehr da. Und es ist überhaupt nicht bedrohlich, nicht mehr da zu sein. Es fühlt sich gut an. Alles in mir ist plötzlich still. Diese ganzen Gedanken – ausgeschaltet. Verwirrung – ausgeschaltet. Fragen – ausgeschaltet. Auch diese stur in mir hängende Trauer wegen meines Vaters, das Gefühl, ausgeliefert zu sein, Reinis den Tag, die Wochen, das Jahr durchtaktender Zustand, der meine Mutter auspresst wie eine Zitrone und ihr Gesicht immer grauer, immer fremder werden lässt – für einen wunderschönen Moment ausgeschaltet. Alles ist gut: Ich muss nur einfach immer in diesem Nebel weiterlaufen, denke ich. Die Feuchtigkeit läuft mir über das Gesicht, der Nebel ist fast schon ein Sprühregen. Verrückt, denke ich. So dicht hab ich ihn noch nie erlebt. Er tropft mir von der Nase, von den Haaren, den Händen. Vor mir erkenne ich etwas Schwarzes. Das Meer, denke ich. Aber ich will nichts sehen. Ich will für einen Moment einfach nur mal meine Ruhe – und als hätte mich der Nebel verstanden, zieht er über die dunkle Fläche, und alles ist wieder ein angenehmer grauer Brei, der auf mich zufließt, mich einhüllt, in mich eindringt. Ja – bis hinter meine Augen, bis in mein Gehirn, das die Feuchtigkeit aufsaugt wie ein gieriger, trockener Schwamm. Ich gehe mit weit aufgerissenen Augen. Aber ich sehe gar nichts mehr. Warum bin ich hier noch mal reingegangen? Egal. Der Nebel schluckt nicht nur mich, er schluckt alles. Auch die Geräusche nimmt er in sich auf und spuckt sie, wie es ihm gerade passt, wieder aus. Mal höre ich die Jungs ganz nah, dann wieder ganz gedämpft und fern. Ich trete in etwas Nasses. Als ich nach unten sehe, bemerke ich, dass ich nicht mal meine Füße sehen kann. Jetzt frisst er auch mich, denke ich gleichmütig. Ne: Sogar fast ein bisschen interessiert und heiter. Haps, haps, meine Beine sind schon weg. Sehr gut. Weiter. Irgendwann werde ich irgendwo ankommen. Oder auch nicht. Mal sehen. Es ist nicht anders als zu schlafen. Mein Körper spielt eine völlig untergeordnete Rolle. Dass ich immer noch gehe, bemerke ich erst, als da noch etwas anderes Dunkles vor mir auftaucht. Erst denke ich, ich täusche mich, aber als ich näher komme, zeigt sich immer genauer: In dem Nebel klaffen zwei schwarze Risse, die sich rechtwinklig schneiden. Vor mir erscheint langsam, aber sicher ein großes schwarzes Kreuz. Mitten im Nebel. Es kommt schwankend auf mich zu. Aber nein, das sind deine Schritte, du gehst immer noch – *du* bewegst dich schwankend darauf zu. Aber auch als ich einen Moment stehen bleibe und es ansehe, bleibt dieses Schwanken, wie ein leichter, angedeuteter Tanz. Dann reißt eine dicke Nebelschwade ab. Und ich sehe, das Kreuz ist ein Mädchen, das seine Arme ausgebreitet hat, während es über die meerwärtige Brüstung der Schleusenöffnung balanciert. Ich stehe direkt vor ihr. Keine fünf Meter entfernt. Es sieht für einen verrückten Moment aus, als würde sie durch den Nebel rückenschwimmen. Dann reißt der Wind die Schwade noch weiter auf, und vor mir tauchen, entzaubernd und klar, der Deich, der Strand, die Schleuse auf. Ich dachte, ich wäre ewig gelaufen. Jetzt zeigt sich: Es waren nur wenige Meter. Ich habe es nicht mal zu dem dünnen, steinverseuchten Streifen Sand geschafft. Das Nasse, das ich gespürt habe, war eine Pfütze, in die ich getreten bin. Ich stehe da, und mein Name, mein Leben, meine Gedanken, all das Profane – kriecht in mich zurück, und ich bin wieder Finn Schliemann. Finn Schliemann mit einem nassen Turnschuh.

Alles ist wieder ganz klar und da. Und in der Mitte von allem: sie. Auch ganz klar, nein noch klarer. Ich entdecke, dass sie mich entdeckt hat, nein, dass sie mich nicht nur entdeckt hat, dass sie mich *sieht.* Ein Blick ohne Umwege. Wie ein Laserstrahl. Statt, wie es sonst meine Art ist, wenn ich von jemandem angesehen werde, peinlich berührt nach unten zu gucken, schaue ich zurück. Ich kann nicht anders. Sie hat einen starken, ernsten Blick, wie von einer Katze. Nicht böse oder hart. Einfach klug und wach. Ihr hängt eine Strähne ins Gesicht. Ich weiß, was für ein dummes Klischee das ist: Aber wie sie da oben steht, mit den abgespreizten Armen auf der schmalen Brüstung, mit dieser Strähne im Gesicht und diesem Blick, in einer maximalen Körperspannung – fühlt es sich so an, als sei die Zeit stehen geblieben. Als wäre alles kurz unterbrochen und würde darauf warten, dass sie ein Zeichen gibt, dass es weitergehen kann. Dann lässt sie die Arme sinken, und ihre Lippen bewegen sich ohne Geräusch. Ich erschrecke mich, als ich feststelle: Sie meint mich.

»Was?«, formen meine Lippen.

Sie wiederholt es.

»Was?«, frage ich noch einmal ohne Ton.

Wieder spricht sie die Worte. Diesmal glaube ich es zu verstehen:

»Renn!«

Erst jetzt bemerke ich, dass unten an der Brüstung zwei

Jungs stehen, zu ihr hochsehen und ihrem Blick langsam folgen wie einer Schnur, die zwischen ihr und mir gespannt ist. Auf meiner Seite der Schnur steht alleine und durcheinander ein durchnässter bald 11-Jähriger, der vor allem eines ausstrahlt: Unterlegenheit. Dann treffen sich für eine unangenehme Sekunde unsere Blicke. Gerade im Vergleich zu den wirren und plumpen Blicken der Jungs wird der Blick des Mädchens noch direkter. Seltsam: Lächeln die Jungs? Ich bin verwirrt. Etwas weiter hinten im Nebel entdecke ich plötzlich noch jemanden. Vielleicht einen Mann. Aber er bewegt sich von uns weg – und in der nächsten Sekunde ist er nur noch ein vager Umriss. Dann frisst ihn der Nebel mit einem Biss. Ich sehe wieder zu dem Mädchen, aber etwas versperrt meine Sicht. Es sind die beiden Jungs, die entschieden und, wie ich jetzt feststelle, tatsächlich ein wenig lächelnd auf mich zulaufen. Nun erkenne ich ihre Gesichter. Sehe ihre mit Wasser vollgesogenen Synthetikdaunenjacken. Ihre harten, großen Hände, wie Paddel (und wie sie laufen, sieht es tatsächlich ein bisschen aus, als würden sie ihre groben Körper durch die Welt rudern).

Es sind die Baschis. Sie haben im Dorf viele Namen. Busstellen-Baschis. Böller-Baschis. Bier-Baschis. Bruce-Lee-Baschis. Brecher-Baschis. Vor allen Dingen aber: Boxer-Baschis, denn ihr Onkel hat einen Boxsack in seiner Wohnung, an dem sie mit ihm trainierten. Von den drei Brüdern sind der große und der kleine da. Der mittlere fehlt oder ist nicht in Sicht. Aber zwei reichen. Scheiße. Der kleine Baschi hält eine Art Zaunlatte, der große ein Butterfly-Messer. Sie rennen auf mich zu. Ich sehe mich um, entdecke, dass ich komplett alleine bin, erkenne, was für eine idiotische Zeitverschwendung es gewesen ist, mich umzusehen, und renne los. In meinem Kopf rechne ich meine Chancen aus. Gott sei Dank kommen verschiedene Faktoren günstig zusammen: Ich bin schnell. Der große Baschi ist fett. Der kleine ist ohne den großen feige. Und hinter dem Deich bin ich zumindest nicht mehr ganz alleine. Nach ein paar Metern merke ich, dass es etwas gibt, das ich in meiner Rechnung nicht berücksichtigt habe: meinen nassen Turnschuh. Es ist verrückt schwierig, mit zwei Extrakilos am rechten Fuß zu rennen. Auch meine Jacke fühlt sich an, als würde sie mein Gewicht verdoppeln.

»Ey, du Ficker, bleib mal bitte kurz stehen – ehen – hen – n«, höre ich die Stimme des großen Baschis mit einem metallischen Echo gegen die Brüstung hinter mir schlagen. Schon eine seltsame Formulierung, denke ich, wo doch ganz klar ist, zu welchem Zweck ich stehen bleiben soll. Zu demselben, wie bei jedem unserer Zusammentreffen. Um ihrem grundlosen Zorn auf mich ein Ventil in Form überbordender physischer Gewalt zu geben. Es sind ca. acht Meter zwischen uns. Kurz glaube ich, die Distanz verringert sich. Und es ist wohl auch so. Der Große hat zwar eine Kondition wie ein Dialysepatient, ist aber sprint-stark. Ja: Es sind für einen grauenhaften Moment nur fünf Meter. Der Kleine wirft seine Zaunlatte nach mir. Ich spüre, wie sie mein Ohr streift. Auf der Treppe vergrößert sich der Abstand, damit habe ich gerechnet, denn die kleinen Stufen sind nichts für die Motorik des großen Baschis. Außerdem ist davon auszugehen, dass er, obwohl er gerade erst 14 geworden ist, selbst jetzt um halb vier nachmittags etwas getrunken hat. Ich höre sie fluchen. Noch mal wird etwas nach mir geworfen. Es ist nur eine Dose. Mit einem unspektakulären Geräusch trifft sie mich am Hinterkopf. Trotzdem: Es tut verdammt weh. Ich laufe weiter. Und weiter und weiter. Wie wenn ein Krauler seinen Kopf eine Millisekunde zum Atmen aus dem Wasser hebt, sehe ich mich mit kurzen Blicken um. Scheiße, ich kann die Jungs nicht entdecken. Aber ich drehe mich auch nach ihr um. Ob sie über den Deich gegangen ist? Nein – ich ahne oder denke oder fühle: Du entfernst dich gerade von ihr. Sie ist auf der anderen Seite, und du entfernst dich jetzt von ihr, und das ist auf eine unbekannte Art und Weise schmerzhaft, dass das Gefühl, entkommen zu sein, kein Stück dagegen anstinken kann. Die Baschis stehen unten am Deich und verschnaufen. Es ist noch nicht vorbei. Ich muss die anderen finden und warnen. Besonders Diego ist eine leichte Beute in diesem Terrain. Die Jungs sind nicht mehr am Schöpfwerk. Ich laufe über den dürren Schotterweg Richtung Hauptstraße, die offizielle Route vom Deich zum Dorf. Von hier sind es ungefähr zwei unbefestigte Kilometer in total offenem Gelände: Felder, Weiden, dürr bewachsene Heide. Ich laufe eine Weile, denke schon, ich habe sie verloren, dann sehe ich sie an der Seite in einem Graben hocken. Sie rauchen eine HB von Tilles Vater. Diego entdeckt mich und kreischt: »Mann – wir haben dich überall gesucht.« Ich denke für eine Millisekunde: »Ja – das ist doch der Sinn von diesem Scheißspiel.« Sage aber: »Am Deich sind die Baschis. Und sie sind hinter mir her.« Sie überlegen kurz, ob das ein Witz irgendeiner Art ist, sehen sich um und entdecken die beiden Punkte am Fuß des Deichs. Baumann sieht mich starr an. Er ist der Einzige, der nicht hysterisch wird. Ganz ruhig und fast genussvoll gedehnt sagt er: »Und das, was du für das Richtige in dieser Situation hältst, du – der einzig gute Läufer von uns –, ist, sie genau hierherzuführen. Zu einem wachstumsgestörten Albino, einem fetten Kind, dem ein Zeh fehlt, und mir, der den beiden entweder helfen kann, euch zu verprügeln, oder für immer im Dorf die Schwuchtel ist, die sich für Loser einsetzt.«

Ich sage: »Nein – oder: ja.«

Baumann sagt nach einer akkurat gesetzten Pause: »Idiot.«

Tille und Diego werden panisch. Sie stehen auf und tanzen um Baumann herum. Der bleibt kühl, aber beschleunigt seine sonst ruhigen Bewegungen leicht. Wir sehen uns um. Es gibt nicht viele Möglichkeiten. Vor allen Dingen nicht in der unmittelbaren Umgebung.

Baumann sagt: »Wir gehen zum See.«

»See? Was für'n See?«, fragt Diego.

»Der Anglersee.«

»Okay – und der ist wo?«

Baumann zeigt in Richtung eines Gestrüppknäuels, ungefähr 50 Meter im Gelände, von dem ich immer dachte, es sei eine Art Vogelkoje.

»Das ist ein See?«

»Ja«, sagt Baumann, »oder: war mal einer. Ist ziemlich zugewachsen. Aber ich glaube, wir können uns irgendwie reindrücken.«

Baumann läuft los, wir anderen hinterher.

»Halt«, sagt Baumann, hält an und zeigt auf mich. »Du bleibst schön hier und lenkst die von unserer Spur ab.«

»Was?«, rufe ich. »Lenke die von eurer Spur ab?«

»Ja«, sagt er.

»Was für ein Quatsch. Wie soll das aussehen, ›Lenke die von eurer Spur ab‹? Das hier ist nicht Knight Rider.«

»Ich kann dir ganz genau sagen, wie das aussieht. Du stellst dich hin und wartest. Und wenn die hier sind, läufst du los und schüttelst sie ab. Dann kommst du zum See, und wir warten zusammen, bis die Luft rein ist.«

Ich sehe die anderen an. Ihre Blicke sagen auf eine erschlagende Art und Weise: »Ja – halten wir für eine gute Idee.« Der kommunale Gedanke in der Praxis. »Aber komm nur, wenn du dir absolut sicher bist, dass sie nicht sehen, wie du da reingehst, weil, sonst führst du sie direkt zu uns.« Im nächsten Moment sind sie weg. Und ich bin tatsächlich alleine und warte auf die beiden Punkte, die keine Punkte mehr sind, sondern entschieden gehende Striche. Scheiße. Das ist einer dieser Momente. Ein Moment, in dem etwas Großes in der Luft liegt, das man sich nicht gewünscht hat. Das man noch nicht mal geahnt hat. Und das man trotzdem irgendwie gemacht hat. In solchen Momenten riecht es anders, ist die Beleuchtung anders, ist das Gefühl auf der Haut anders, verändern sich das Gehör und die Gedanken. Die Luft schmeckt nach Metall, und unten im Magen, oben in der Nase, hinter der Stirn fängt es zu vibrieren an – fast so, als würde einen ein böser Geist mit seinem schwarzen Finger da berühren. Das Gefühl kommt immer zusammen mit der Einsicht eines schlimmen Fehlers, so schlimm, dass er die Welt auf zwei Möglichkeiten zusammenschrumpfen lässt: Entweder man schafft es, die Nerven zu behalten, geht die richtigen Schritte und kommt da irgendwie raus.

Oder man gerät in Panik und ist erledigt. Du bist gefangen an diesem spezifischen Ort und zu dieser spezifischen Zeit, es gibt keinen Ausweg – und das Schlimmste: Du bist auf dich selbst angewiesen, um da rauszukommen. Auf dich selbst, also den Menschen, dem du am wenigsten zutraust. Den man, wäre man jemand anders, niemals um Hilfe bitten würde. Das sind die Momente, in denen das Wort »Tatsache« seine volle Bedeutung entfaltet.

DAN TURÈLL

Mord im Waschsalon

Es war ein nasskalter Herbstabend, der erste einer Reihe nasskalter Herbstabende, denen man nicht entrinnen kann, wenn man in Kopenhagen lebt. Der Wind pfiff in rasender Wut die Istedgade hinunter, riss und zerrte an Mänteln und Hüten, und alle, die auf der Straße waren, beeilten sich, um so schnell wie möglich hinein ins Warme zu kommen.

Auch Polizeiinspektor Ehlers und ich sahen zu, dass wir hinein ins Warme kamen – in die Wärme meiner Stammbar, des Stjernecafés. Wie alle anderen, die an diesem frühen Abend hereinkamen, standen auch wir ein Weilchen da und schüttelten uns, wie um den Wind aus dem Körper zu bekommen, bevor wir uns an einen Tisch setzten.

»Das ist heute so ein Tag, an dem man was Warmes braucht«, sagte ich genial.

»Wie wär's mit einem Kaffee mit Whisky?«, fragte Bob, der Barkeeper, aufmerksam wie immer. »Das ist heute am meisten gefragt. Ich hab gerade frischen Kaffee aufgesetzt.«

Ehlers nickte. Der Vorschlag war angenommen.

Und schließlich begann die Wärme sich auf eine äußerst liebenswerte Weise den Weg durch den Körper zu bahnen. Es war der Höhepunkt des Tages. Ehlers hatte seine Arbeit getan und einen gesuchten Verbrecher gefasst, oder jedenfalls die Verbrecher verhört, die er sollte, und ich hatte meinen Job getan und beim Bladet ein paar Artikel abgeliefert. Wir waren, wieder für einen Tag, fleißige Arbeiter im Weinberg der Gesellschaft gewesen und ernteten jetzt den angemessenen Lohn: ein Stündchen, in dem wir uns entspannen und gegenseitig Gesellschaft leisten konnten, bevor wir nach Hause zur Familie gehen würden – wohlgemerkt, jeder zu seiner eigenen.

»Gab's was Besonderes heute?«, fragte ich im Ton höflicher Konversation.

»Nein«, sagte Ehlers. »Ein Raubüberfall, eine Vergewaltigung – allerdings nur eine ›versuchte‹ – und ein offensichtlicher Selbstmord. Ganz das Übliche. Und bei dir?«

»Das Gleiche.«

»Keine Neuigkeiten für morgen?«

»Die größte Neuigkeit ist vorläufig, dass die Regierung eine Steuererhöhung plant.«

»Das ist aber nun wirklich nichts Neues.«

»Nee, jetzt, wo du's sagst.«

Weiter war ich nicht gekommen (was für die Menschheit absolut keinen größeren Verlust bedeutete), als Bent E., ein anderer Stammgast, an unseren Tisch stürzte und in schrillem Diskant halb hysterisch schrie: »Da unten im Waschsalon in der Colbjørnsensgade liegt eine Leiche!«

Bent E. war völlig ausgeflippt und bot einen seltsamen Anblick. Das hatte ich absolut nicht erwartet. Aber so sind die Menschen: Selbst wenn man sie schon jahrelang kennt, zeigen sie sich plötzlich von einer ganz neuen, bislang unbekannten Seite.

Sich über eine Leiche aufregen! Und das in seiner Branche.

Bent E. – auch Bente genannt – ist nämlich von Beruf Transvestit. Man sagt, dass er ursprünglich Frauenkleider trug, weil er das mochte – jeder nach seinem Geschmack, und er ist schließlich mündig –, später aber herausfand, dass man damit feste Einnahmen erzielen konnte. Seine Methode ist, kurz gesagt, folgende: Er stellt sich, zweihundertprozentig herausgeputzt, an eine passende Straßenecke und zupft ein wenig an seinen Netzstrümpfen. In den meisten Fällen erscheint dann so ein Herr mit gewissen Gelüsten und bekommt das Angebot, Bente nach Hause zu begleiten.

Wenn der Herr Bente dann nach Hause begleitet hat – zu einem weniger und weniger anständigen Hotel, wo man Bent E. kennt –, zückt Bente sein Küchenmesser und drückt in deutlichen Worten sein aufrichtiges Bedauern darüber aus, was die Frau Gemahlin des Herrn wohl sagen würde, wenn er mit Schnittwunden und verstümmelt nach Hause käme – was zweifellos passieren würde, es sei denn, der Herr sähe sich ganz zufällig spontan in der Lage, Bent E.s Wunsch nach einem bescheidenen Darlehen in bar auf unbestimmte Zeit entgegenzukommen.

Was diese Art Herren verblüffend oft tun.

Vielleicht nicht gerade ein schöner Beruf, und schwerlich einer, den man den in den Sonntagsschulen heranwachsenden Talenten empfehlen würde, aber doch eine Art Arbeit.

Und welcher Beruf ist schon schön? Ehlers lebte davon, seine Mitmenschen gefangen zu nehmen und hinter Gitter zu bringen. Ich lebte davon, darüber zu schreiben, wie und warum man sie hinter Gitter gebracht hatte.

Die Menschen sind so verschieden. Das Einzige, was sie gemeinsam haben, ist, dass sie etwas haben müssen, von dem sie leben können.

»Setz dich«, sagte Ehlers zu Bent E. »Beruhige dich. Hol erst mal Luft. Und dann erzähl, was passiert ist.«

»Einen Moment«, stöhnte Bent und stürzte in geradezu abfahrtslaufartiger Geschwindigkeit hinaus auf die Herrentoilette.

»Du kennst ihn, nicht wahr?«, fragte ich Ehlers.

»Ja«, brummte Ehlers. »Du auch?«

»Ja.«

»Sonderbare Freunde hast du.«

»Ich hab nicht gesagt, dass er mein Freund ist. Ich hab nur gesagt, dass ich ihn kenne.«

Bent E. kam wieder heraus. An seiner Haltung sah man, dass er sich erbrochen hatte. Vielleicht würde er seine schreckhafteren Kunden künftig ein wenig besser verstehen.

»Es ist ein junger Typ«, sagte Bent. »Blond. Er liegt im Waschsalon auf der Bank. Ich bin mir sicher, dass er tot ist. Er blutet – ziemlich viel.«

»Ist jemand da drüben?«, fragte Ehlers.

»Bei dem Wetter? Nein!«, antwortete Bent. »Nur er war da – und dann bin ich gekommen …«

»Gut. Wir gehen rüber«, sagte Ehlers resolut. »Überstunden, wie üblich.«

Wir winkten Bob zu und gingen drei Mann hoch – na ja, also zweieinhalb Mann – in den Wind hinaus. Bis zur Colbjørnsensgade war es nicht weit, nur knapp hundert Meter. Gerade genug, sich eine Erfrierung siebenten Grades zu holen.

Der Waschsalon war tatsächlich verlassen wie eine Kirche in Dänemark am Sonntagvormittag. Nur drei Waschmaschinen wirbelten lustig herum und verbreiteten diesen speziellen miefigen Duft von Waschpulver und Sanitätsartikeln, der in Waschsalons immer zirkuliert.

»Die beiden sind meine«, sagte Bent und zeigte auf die betreffenden Waschautomaten.

Die beiden waren mit Damenwäsche gefüllt.

»Ich hatte die Wäsche gerade hineingetan«, erklärte er. »Erst dann hab ich mich umgedreht, und dann sah ich ihn ...«

Auch wir drehten uns um und sahen ihn.

Er war tatsächlich blond, ziemlich schmächtig und wahrscheinlich unter dreißig. Er trug Jeans, ein schwarzes T-Shirt und eine abgewetzte Lederjacke mit einem Halstuch. Von dieser Art laufen Tausende herum, aber dieser Typ würde nicht mehr laufen. Er war von vorn erschossen worden, genau in die Brust, und das Blut lief in einem hübsch gleichmäßigen Strom das T-Shirt hinunter.

»Ruf an, die sollen den Polizeiarzt schicken«, sagte Ehlers, während er sich über die Leiche beugte und mir die Aussicht versperrte.

Ich bestellte telefonisch einen Krankenwagen.

»Ich glaub, ich kenne ihn«, sagte Ehlers nachdenklich.

»Vorbestraft?«

»Vielleicht. Wir wollen sehen – vielleicht hat er seine Papiere bei sich ...«

Mit dem Blut des Toten an seinen Händen wühlte Ehlers in den Taschen des Mannes. Ich beneidete ihn nicht um diesen Job.

»Hier«, sagte er. »Ha! Entlassungspapiere von heute Morgen, aus der Justizvollzugsanstalt West. Ich hab's mir doch gedacht ...«

Jetzt war er an der Reihe, zum Telefon zu greifen.

Inzwischen waren Bents Waschmaschinen zum Stehen gekommen. Mit einem entschuldigenden Lächeln warf er seine Damenwäsche in den Wäschetrockner. Das Leben musste ja weitergehen.

Für einige.

Mit heulender Sirene stoppte draußen der Krankenwagen, und in den Fenstern des Wohnblocks auf der anderen Straßenseite tauchten ein paar Gesichter auf.

Ein Arzt und zwei Assistenten kamen herein. Der Arzt legte sich auf allen vieren auf den Boden und untersuchte die Leiche. Dann schüttelte er nur den Kopf und machte den Assistenten ein Zeichen.

Fünf Minuten später gab es keine Leiche mehr, und der Waschsalon sah wieder ganz normal aus – abgesehen von ein paar Blutspuren auf der Bank.

Ich fand einen Lappen und wischte sie weg. Warum die anderen Kunden erschrecken. Es könnten ja empfindliche Naturen darunter sein. Wirklich.

Bent E. bügelte konzentriert einen Rock.

»Ja«, sagte Ehlers, eher zu sich selbst. »Ich hatte recht. Er hat vier Jahre gesessen, wegen Drogenhandels – unter erschwerenden Umständen.«

»Heute Morgen entlassen – und dann ...«

Ehlers strich sich seinen strubbeligen Bart und blickte sich noch einmal um, als gäbe es da etwas, das er übersehen hätte.

Aber da gab es nicht viel, was man hätte übersehen können. Das geht in einem Waschsalon ganz einfach nicht. Da gibt es nur blanke, glänzende Flächen.

Wir gingen zusammen hinaus und verabschiedeten uns draußen auf der Straße voneinander. Ehlers versprach, mich auf dem Laufenden zu halten, falls er etwas herauskriegen würde.

Vielleicht würde er das tun, vielleicht auch nicht. Bei Ehlers kann man das nie so genau wissen.

Als ich nach Hause kam, erzählte ich Gitte von der Geschichte. Sie erklärte, sie habe Waschsalons noch nie ausstehen können.

Der nächste Tag wurde verdammt stressig. In der Redaktion dröhnten schwere Schritte die Korridore auf und ab, und es herrschte ein erregtes Stimmengewirr. Man nahm an, die Regierung habe die Steuererhöhung jetzt verabschiedet. Das Gerücht war durchgedrungen, allerdings fehlte noch die offizielle Bestätigung. Alle wurden mobilisiert. Alle freien Fingerknöchel im Bladet waren weiß vor Anspannung um die Telefonhörer geklammert und versuchten, mit den unterschiedlichsten politischen Kreisen in Verbindung zu kommen.

Selbst ich musste mit Hand anlegen.

Ohne nennenswerten Erfolg.

So wurde es Abend, bis ich mich – nach telefonischer Vereinbarung – wieder mit Ehlers traf. Es war genauso nasskalt wie am Abend vorher, aber jetzt war es schon das zweite Mal, und das ewig anpassungsfähige menschliche System gewöhnte sich bereits allmählich daran und pegelte sich auf die richtige Wellenlänge ein.

Als wir uns am selben Tisch im Stjernecafé wieder gegenübersaßen, fragte ich Ehlers, ob er in dem Mordfall im Waschsalon weitergekommen sei.

»Weiter?«, fragte er. »Das kann man wohl sagen. Der Fall ist erledigt. Der Schuldige ist verhaftet. Er verweigert nur die Aussage.«

»Wer ist es gewesen? Was war das Motiv?«, fragte ich.

»Um die letzte Frage zuerst zu beantworten: Rache«, antwortete Ehlers trocken. »Eine Rache, die letztlich auf Kosten des Rächers ging – so ist das Leben. Dieser Typ, die Leiche – du entschuldigst, dass ich die Namen vergesse, ich habe meine Order –, hatte seinerzeit bei der Verurteilung in dem Drogenprozess offenbar seinen Kopf auch für andere hingehalten, und jetzt war er zurückgekommen, um abzurechnen. Unbewaffnet – er hat wohl damit gerechnet, ganz einfach einen ganzen Sack voll Geld zu bekommen. Aber die hatten gar nicht daran gedacht, ihm einen Sack Geld in die Tasche zu stecken, sondern haben es mit einer Anzahlung erledigt – in Form einer Kugel.«

»Ja, aber wie hast du sie gefunden?«

»Ich habe nur nachgedacht.«

»Gute Antwort. Los, sag schon.«

»Ja doch, verstehst du, gleich vom ersten Moment an war mir das mit dem Waschsalon merkwürdig vorgekommen. Ich habe gewisse Erfahrung mit entlassenen Häftlingen – und diese Erfahrung sagt mir, dass sie, wenn sie nach vier Jahren rauskommen, nur selten in einen Waschsalon gehen. Sie gehen in die Kneipe, sie gehen ins Bordell, sie finden zur Familie zurück – falls sie immer noch eine haben – oder zu alten Freunden, aber sie sausen nicht umgehend zu einem

Waschsalon. Übrigens haben sie auch gar keinen Grund dazu, denn sie kriegen am Gefängnisausgang ihre frühere Zivilkleidung wieder ausgehändigt – sauberer und weitaus besser gebügelt, als sie üblicherweise zuvor je gewesen war.«

»Dann …«

»Dann bin ich einfach davon ausgegangen, dass der dritte der Waschautomaten, die in Betrieb waren, also nicht der von Bent E. – großer Gott, was für Spitzenwäsche er trägt! –, dass dies nicht der Waschautomat der Leiche, sondern der des Mörders sein musste. Der Gedanke erschien mir ganz einleuchtend, dass der Mörder zu dem Entlassenen gesagt hatte: Du, ich lass gerade meine Wäsche waschen. Komm rüber zum Waschsalon. Hier ist kein Mensch. Lass uns ganz ruhig und friedlich darüber reden – unter vier Augen.

Und tatsächlich hat der Mörder auch so gehandelt. Trotzdem war er aber so unvorsichtig, zurückzukommen, um nach seiner Wäsche zu sehen. Darauf hatte ich in der Tat gehofft.«

»Was hast du dann gemacht?«

»Sobald wir beide uns gestern voneinander verabschiedet hatten, habe ich eine Polizeibeamtin angefordert und ihr gesagt, sie solle einen großen Korb Wäsche mitbringen. Und dann hab ich sie – ein üppiger, hausfraulicher Typ – beauftragt, dazustehen und zu waschen, trockenzuschleudern und zu bügeln, die Wäsche ihrer ganzen Familie. Sie war ganz hingerissen. Sie hat vier Kinder. Und jetzt konnte sie das während ihrer Arbeitszeit erledigen – auf Staatskosten.

Als Bent E. mit allen seinen Klamotten gegangen war,

blieb sie allein im Waschsalon zurück. Es war weiterhin ein ruhiger Abend. Nichts geschah. Sie war schon dabei, ihre Wäsche zusammenzulegen und die Sache als erledigt zu betrachten, als der Mörder hereinkam und seine Waschmaschine öffnete. Ebenfalls ein junger Kerl – er sah dem Toten sehr ähnlich. Ich begreif nicht, was mit den jungen Kerlen heutzutage los ist.«

»Sie selber auch nicht. Was hat sie gemacht, als sie ihn sah?«

»Sie hat einfach gepfiffen. Wir hatten in der Toreinfahrt gegenüber zwei Mann postiert. Wir verfolgten ihn nach Hause und fanden den Revolver. Kein Zweifel. Er saß in der Patsche – nur weil er seine zerknitterten Jeans und T-Shirts nicht hatte liegen lassen können. Der Fehler bei dieser Art von Kleidung ist nämlich, dass sie sich unmöglich zurückverfolgen lassen – wenn nicht der Besitzer selbst dies übernimmt.

Die Wäsche war in der Tat Beweis genug. Der Waschautomat war in Betrieb gewesen, als Bent E. erschien. Niemand anderer war in der Zwischenzeit da gewesen. Das konnten wir uns zusammenreimen, als wir mit den benachbarten Geschäften gesprochen hatten. Und obendrein gab es also auch noch den Revolver. Und jetzt haben wir hier im Bezirk zwei Drogenhändler weniger auf der Straße.«

»Ehlers«, sagte ich, »mein Kompliment. Schnell erledigt. Darf ich jetzt eine Runde spendieren – im Namen der Steuerzahler?«

»Danke, einen Kaffee mit Weinbrand«, sagte Ehlers. »Es ist immer noch verdammt nasskalt. Und Mord wärmt nicht sehr.«

JESSICA DURLACHER

Der Sohn

Und dann kam der Tag, da deutlich wurde, dass es vorbei war mit dem vermeintlichen Einfluss meines Vaters auf das Schicksal.

Zu der Zeit nannte ich es noch so: Schicksal. Inzwischen weiß ich es besser.

Das Wetter war nass und herbstlich. Wehmütig hatte ich mit angesehen, wie der Wind immer unerbittlicher das verdorrte Laub von den Bäumen blies. Eine Weile waren die Straßen mit einer dicken Schicht raschelnder goldener Flocken bedeckt. Bis der richtige Novemberregen einsetzte, konnte man diese Laubhaufen noch mögen, darin herumwaten und sie hochwirbeln lassen und sich einbilden, es würde immer so bleiben, so traumhaft und erstaunlich mild und freundlich.

Ich hatte den Herbst immer schon gemocht, aber noch viel mehr, seit wir in Overveen am Rand von Wald und Dünen wohnten, wo sich Farben und Atmosphäre in dieser Jahreszeit so dramatisch veränderten. Ich mochte die Melancholie, das gedämpfte Sonnenlicht.

Aber in diesem Jahr unterstrichen all diese unschuldigen Herbstboten nur mein Gefühl, dass die Welt verging, die mir vertraut gewesen war und in der ich mich zu Hause gefühlt hatte – also kurz gesagt die Welt, in der mein Vater noch gelebt hatte. Und dazu noch Mitch, der von zu Hause weg war und in Berkeley studierte. In allem sah ich Verlassenheit und Niedergang. Die einsetzenden Regenfälle räumten dann auch mit den letzten Illusionen auf, die Bäume wurden kahl und trist, die Straßen schmutzig, das Laub schwarz und modrig.

Meine neuen Joggingschuhe sind binnen einer Minute nass und verdreckt. Ich versuche, nicht zu denken, aber das gelingt mir schlecht.

Mein Vater kommt nicht mehr zurück, pulst es in meinem Kopf, und mit ihm ist die Vergangenheit, die er repräsentierte, die er gelebt und uns nahegebracht hat, zu etwas geworden, was nur noch in staubigen Archiven voller zerfallender Briefe und Dokumente existiert. Ich kämpfe mit Schatten aus einer Vergangenheit, die keiner mehr für lebendig und von Belang hält, es sei denn als Material für ein spannendes Buch oder einen dramatischen Film. »Interessant« und »fesselnd«, aber kein Grund mehr für heiße Tränen der Wut oder des Kummers – wie bei meinem Vater oder, nur ein kleines bisschen weniger stark, bei mir. Für uns waren fünfundsechzig Jahre Zeit ein abstrakter Begriff.

Die Vergangenheit war ein schlafendes Ungeheuer, das jederzeit wieder aufwachen konnte, um unverändert fest zuzubeißen.

Wenn man joggt, fängt man an zu sinnieren. Nachdenken wäre ein zu großes Wort, dafür macht der Körper mit seinem Keuchen und Stampfen zu viel Lärm.

Wer bin ich nur geworden?, sinniere ich. Nicht einmal mein Alter kann ich fassen – abgesehen davon, dass ich mit vierzig plötzlich feststellte, wie weit ich mich von meinem gefühlten Alter entfernt hatte (acht Jahre!). Das Bewusstsein hat sich aber gleich wieder verloren, denn obwohl das Älterwerden im Freundinnenkreis ein beliebtes Thema ist, bei dem man sich gemeinsam gruseln kann, habe ich eigentlich nie Angst davor gehabt. Ich habe Jahre gebraucht, bis ich gelernt hatte, wie man jung ist, eine junge Frau. Ich bin nie imstande gewesen, ein klares Bild von meiner Zukunft zu entwickeln (sieht man mal von einigen Traumvorstellungen ab: Schreibend, an einem alten Schreibtisch in einem sonnendurchfluteten Zimmer mit hohen Fenstern; an einem Cocktail nippend, umringt von arrivierten Persönlichkeiten, die sich von wichtigen Posten her kennen; durch eine Großstadt joggend, New York, Paris, einem Taxi winkend, bewundert, lachend, erfolgsverwöhnt – Bilder aus Klischeefilmen).

Ich habe etwas Starres an mir, sinniere ich, einen Konservatismus, ein Unvermögen, nachzugeben, mitzumachen, mich an die Veränderungen zu gewöhnen, die das Leben mit sich bringt. Die Welt wandelt sich so schnell.

Die meisten Menschen, die ich kenne, wissen gar nicht mehr genau, wer sie vor zehn Jahren waren. Verwirrend.

Alle surfen, spielen, kommunizieren per Computer. Nur dann existiert man, ist man ein funktionstüchtiges Rädchen im gigantischen virtuellen Getriebe, das sich hinter dem sichtbaren Alltagsleben verbirgt. Ich komme mir manchmal vor wie ein Relikt aus einem anderen Zeitalter. Als mein Vater noch lebte, hatte diese ziemlich beklagenswerte Haltung noch eine gewisse Berechtigung, weil sie etwas war, was uns verband, aber mit seinem Tod ist mein Alibi für fröhliche Weltfremdheit ein für alle Mal hinfällig geworden.

Ich schlage den Waldweg zur nächsten, circa sechs Kilometer entfernten Ortschaft ein. Er führt an einer wunderbar stillen Straße entlang, auf der nur selten ein Auto fährt. Je stiller, desto besser. Ich finde endlich einen guten Laufrhythmus.

Die Vorstellung, dass das Früher nach wie vor irgendwo besteht, ist tröstlich, sinniere ich, wenn ich auch manchmal nicht genau weiß, welches Früher, welches »alte« Selbst ich gerne zurückhätte. Meine Kindheit wahrscheinlich?

Ich weiß noch unsere erste Telefonnummer, und manchmal bin ich drauf und dran, sie zu wählen, um zu sehen, was passiert. Ob mein altes Leben abnimmt, ich selbst als Achtjährige, meine Mutter mit siebenunddreißig, im Sommerkleid, mit rotem Lippenstift und Wasserwelle im Haar.

Veränderungen habe ich von jeher schwer verschmerzen können. Sogar mein Vater musste darüber lachen. Als er und meine Mutter umzogen, war ich lange untröstlich. Genauso wie damals, als wir aus der Dreizimmerwohnung auszogen, in der wir gewohnt hatten, bis ich sieben war, eine Wohnung mit Kohleöfen. In der neuen Wohnung hatten wir Zentralheizung, aber ich wartete nach wie vor auf das Geräusch der Kohlenschütte, die in den Ofen ausgeleert wird.

Und seine Wärme – echte Wärme.

Ich muss oft an eine Gedichtzeile von Lodeizen denken: *All diese Dinge geschehen und sind / säuberlich geordnet.*

Nicht für mich. Ich sehe nirgendwo Ordnung. Sogar

die Zeit ist ein Chaos. Und die gesamte Geschichte dreht sich letztlich um Krieg. Ein bisschen Frieden, und dann der nächste Krieg. Wie Kriege entstehen und Menschen aufgrund von Absichten, Plänen, Ideologien sterben – das ist mir ein Rätsel. Dass meine Großeltern wirklich umgebracht wurden, dass sie aus ihrem gesicherten bürgerlichen Leben in den primitivsten, bedauernswertesten Zustand geworfen wurden, den man sich vorstellen konnte, aus dem goldverzierten Konzertsaal in das dreckigste, abscheulichste Loch der Welt, aus dem Leben mit Torte und Vergnügungen in den Tod durch Hunger und Krankheit und Mord und Folter – mein Geist verweigert mir seinen Dienst, wenn ich daran denke.

Den Wind im Gesicht, den Schweiß auf der Haut, der mein Shirt am Körper kleben lässt, begreife ich endlich, vielleicht zum ersten Mal, dass es kein Zurück mehr gibt.

Es ist still auf dem Weg, so still, dass ich mich keuchen höre. Seit ich hier eingebogen bin, ist mir noch niemand begegnet. Auch die Straße ist verlassen. Seit hundert Meter weiter, jenseits von einem breiten Wassergraben, eine neue Durchgangsstraße gebaut wurde, wird diese alte Straße kaum noch benutzt.

Die Stille hat etwas Geistesabwesendes, Undefiniertes, sie ist weder erwartungsvoll noch bedrohlich – Naturgemurmel vor dem Hintergrund weit entfernter Verkehrsgeräusche, eines Bahnübergangs, Vogelgezwitscher, das Tropfen des Regenwassers von den Bäumen, ein freundliches, sanftes Gewirr von Nicht-Lärm. Die Natur mutet friedlich an.

Ich soll nur zu bald erfahren, dass dieser Frieden vorübergehend ist. Dass die Stille der Natur zuweilen ihre Nachteile hat.

Das Geräusch manifestiert sich wie ein Schuss, so plötzlich ist es da. Mir ist, als würde mein Herz ein paar Takte aussetzen, als das Auto auf mich zugerast kommt. Ohne die Geschwindigkeit zu drosseln. Im Gegenteil, es scheint, als halte es auf mich zu, absichtlich, oder weil mich der Fahrer nicht sieht.

Ich mache einen Hechtsprung in die Böschung, während ich mir wütend mit der Hand vor die Stirn schlage.

Ich schreie: »Arschloch! Idiot!«

Eine halbe Sekunde lang blicke ich direkt in das Gesicht des Fahrers. Es ist ein Mann, und sein Gesichtsausdruck erscheint mir in dieser Momentaufnahme konzentriert, ja abgeklärt – oder ist das Lust, Vergnügen? Genauso gut könnte es Hass sein, denke ich gleichzeitig. Als er vorüber ist, stürze ich auf die Straße zurück und springe, dem davonfahrenden Wagen nachschauend, wütend auf und ab, wobei ich mir weiter demonstrativ vor die Stirn schlage.

Das Kennzeichen des Wagens kann ich ohne Brille nicht erkennen, aber die Marke, es ist ein vw, schmutzig weiß. Er scheint jetzt nicht mehr so schnell zu fahren, denn ich habe ihn immer noch im Blick, während er sich doch vor kaum einer Minute wie aus dem Nichts materialisierte.

Mir schwant plötzlich Unheil, und ich drehe mich um und spurte los, schnell, schneller, so schnell, wie ich noch nie gerannt bin. Meine Beine geben ihr Bestes, eine Minute, zwei Minuten lang, dann ist es, als füllten sie sich mit einer zähflüssigen Substanz wie warmer Honig, die sie zu bremsen scheint. Bremsflüssigkeit. Noch singt das Auto in der Ferne. Mit schwereren Beinen als je zuvor renne ich, was das Zeug hält – und höre, was ich schon befürchtet hatte. Welche Ironie: Dass der kurze Moment der Stille, derselben Stille, die gerade eben noch so friedlich war, nun so unheilvoll ist. Ich sehe, was Menschen wie mein Vater, Menschen, die immer an das Schlimmste denken, sofort vor Augen haben. Schreckensszenarien, mit fotografischer Präzision ausgemalt.

In diesem Fall sind es die quietschenden Reifen eines Autos, eines Autos, das abrupt bremst und wendet. Es war nicht genug. Es kommt noch mehr.

Noch schneller kann ich nicht rennen. Meine Beine sind bleiern, und ich kann tun, was ich will, ich bin zu langsam. Wie soll man auch den Vorsprung gegen ein Auto halten, das voll aufgedreht wird?

Es kommt hinter mir her, mit seinem Singsang aus surrenden Reifen, verbrennendem Benzin, Stahl. Blöd, diese beschwingte Melodie.

Irgendwer gießt etwas Schweres in mich hinein, ich fühle, wie es in meinen Magen läuft, ein Ballon, der mit Wasser gefüllt wird.

Wann wird man sich bewusst, dass etwas wirklich schlimm ist, wenn einem so eine Erfahrung bisher immer erspart geblieben ist? Der Motor des Wagens wird noch eine Oktave höher gedreht, klingt aggressiver, hysterischer, näher, und da erst wird mir bewusst, dass selbst meine schlimmsten Phantasien überstiegen werden.

Das passiert, wenn du schutzlos bist, wenn niemand

mehr auf dich aufpasst. Ich renne nach links, möglichst weit zum Stacheldrahtzaun hin, der den Wald einfasst. Hier kommt er mit seinem Auto nicht hin, denke ich. Ich entsinne mich, dass hier irgendwo ein inoffizieller Reitweg abzweigt, vielleicht nur ein paar Meter weiter, aber ich sehe ihn nicht. Ich bin auf diesem Weg gefangen, es gibt keinen Ausweg. Plötzlich eine Art Sonnenfinsternis, die Verdunkelung durch einen Schemen aus schmutzig weißem Lack.

Der Volkswagen.

Er wird wild nach links herumgerissen und verstellt mir den Weg. Sofort geht die Tür auf, und ein großer Kerl steht da, als wäre er vom Wagen ausgespuckt worden.

Ja, groß ist er, daran erinnere ich mich nur zu gut. Er dürfte Ende fünfzig sein, trägt Jeans, schwarze Sportschuhe, hellbraune Lederjacke. Mit seinem Hundegesicht und der schwarzen Sonnenbrille hat er was von Derrick, aus der deutschen Krimiserie. Strohiges weißgraues Haar, das unter einer Kappe hervorschaut, auf die er eine Sonnenbrille gesetzt hat (noch eine!). Er verschränkt die Arme vor der Brust, langsam, grinsend und bedrohlich, sehr bedrohlich – Bühne frei, hier komme ich!, wie im Theater, aber das hier ist kein Spiel. Ich bin gezwungen, stehen zu bleiben, will kehrtmachen, sage mir aber, dass er mir dann auch wieder nachjagen wird.

Ich komme mir vor wie ein verängstigtes Tier, ein kleines Tier im Stroboskoplicht, mit meinen ruckartigen Bewegungen, meinem hin und her flackernden Blick, Schlupflöcher im Belagerungswall suchend, Fluchtwege, notfalls auch Anknüpfungspunkte für ein Gespräch. Das hier muss ein

Missverständnis sein, ich muss mich beruhigen, das kann doch nicht wahr sein.

Schweißnass, das bin ich auch, der Beinansatz der kurzen Radlerhose feucht, mein ungeschminktes Gesicht glänzend, das verschwitzte Haar darum herum verklebt. Schutzlos, keinerlei Verkleidung.

Das Auto blockiert den Weg. Ich versuche erneut, das Kennzeichen zu entziffern, doch dafür steht der Wagen zu schräg.

Jetzt seufzt der Mann ganz tief und misst mich mit seinem Blick. Darin liegt eine kalte Zufriedenheit, die ich mir nicht erklären kann. Weil er mich gestellt hat? Auch den aggressiven Zug um seinen Mund kann ich nicht deuten – unverhältnismäßig. Dass er mich fast über den Haufen gefahren hat, ließe sich noch bestreiten, aber wie er mir jetzt den Weg abgeschnitten hat, nicht. Er weiß – das sehe ich, so blickt er, so steht er da –, dass er damit ein Statement abgegeben hat, an dem es nicht viel zu deuteln gibt.

Was will er? Ansätze zu einem möglichen Gespräch oder etwaigen Verhandlungen gibt es nicht. Was sieht er? Keine Frau. Ein Insekt vielleicht. Ein schwitzendes, verängstigtes Wesen, ein armseliges Opfer, das er sich aus unerfindlichen Gründen vorknöpfen muss, das ihn beleidigt hat und das klein gemacht und eingeschüchtert werden muss, das er kaputtmachen kann, wenn er will. Mir wird in diesem Moment auch bewusst, dass ich nicht mehr attraktiv genug bin.

Ich kann zwar immer noch sehr gut aussehen, wenn ich geschminkt bin und etwas Hübsches anhabe, aber für einen wie den hier bin ich kein Geschenk. Ich trage nicht viel auf der Haut, und das wenige liegt auch noch sehr eng am Körper an, aber für mich ist deutlich spürbar, dass ich diesen Mann nicht ablenken kann, dass er nichts sieht, was ihn milder stimmt, für mich einnimmt. Nicht, dass ich darauf aus wäre …

Wie hilflos mein Körper ist, ich bin. Und jetzt erst meldet sich die richtige Angst. Sie ist wie ein Sturm, der in mich hineinfährt, ein Orkan der Angst. Die Erkenntnis, dass ich unattraktiv für ihn bin, macht mich womöglich noch ängstlicher, als wenn er zu erkennen gegeben hätte, dass es ihm um mich als Frau geht. Es gibt für ihn nichts zu gewinnen, sondern nur etwas zu vernichten und zu zermalmen.

Und ich verfluche meine Eitelkeit.

VOLKER WEIDERMANN

Ostende

Es ist Sommer hier oben am Meer, die bunten Badehäuser leuchten in der Sonne. Stefan Zweig sitzt im dritten Stock eines weißen Hauses am breiten Boulevard von Ostende in einer Loggia. Er schaut aufs Meer. Davon hat er immer geträumt, von diesem großen Blick in den Sommer, in die Leere, schreibend und schauend. Ein Stockwerk über ihm wohnt seine Sekretärin Lotte Altmann, die seit zwei Jahren auch seine Geliebte ist, sie wird gleich herunterkommen und die Schreibmaschine mitbringen, er wird ihr seine Legende diktieren, dabei immer wieder zurückkehren zu der einen Stelle, an der es stockt, an der er nicht weiterweiß. Seit einigen Wochen geht das schon so.

Vielleicht weiß Joseph Roth ja Rat. Der alte Freund, den er nachher im Bistro treffen wird, wie jeden Nachmittag in diesem Sommer. Oder einer der anderen, einer der Spötter, einer der Kämpfer, einer der Zyniker, einer der Liebenden, einer der Sportler, einer der Trinker, einer der Redner, einer der schweigenden Betrachter. Einer von denen, die da unten sitzen, am Boulevard von Ostende, die darauf warten, dass sie in ihre Heimat zurückkehren können. Die sich jeden Tag den Kopf zermartern über der Frage, was sie dazu beitragen können, dass sich die Welt schon bald in eine andere Richtung dreht. Damit sie heimkehren können in das

Land, aus dem sie stammen, um dann eines Tages vielleicht auch wieder hierher zu kommen. An diesen Ferienstrand. Als Gäste. Jetzt sind sie Menschen auf der Flucht in einer Urlaubswelt. Der scheinbar immer frohe Hermann Kesten, der Prediger Egon Erwin Kisch, der Bär Willi Münzenberg, die Champagnerkönigin Irmgard Keun, der große Schwimmer Ernst Toller, der Stratege Arthur Koestler, Freunde, Feinde, von einer Laune der Weltpolitik in diesem Juli hierher an den Strand geworfene Geschichtenerzähler. Erzähler gegen den Untergang.

Stefan Zweig im Sommer 1936. Er blickt durch die großen Fenster auf das Meer und denkt mit einer Mischung aus Rührung, Scheu und Freude an die Gemeinschaft der Fliehenden, zu der er sich gleich wieder hinzugesellen wird. Sein Leben war bis vor wenigen Jahren ein einziger, viel bewunderter, viel beneideter Aufstieg. Jetzt hat er Angst, er fühlt sich gebunden durch Hunderte Verpflichtungen, hunderte unsichtbare Fesseln. Es gibt keine Lösung, gibt keinen Halt. Aber es gibt diesen Sommer, in dem sich alles noch einmal wenden soll. Hier, an diesem überbreiten Boulevard mit den prachtvollen weißen Häusern, dem großen Casino, diesem phänomenalen Palast des Glücks. Urlaubsstimmung, Ausgelassenheit, Eiscreme, Sonnenschirme, Trägheit, Wind und bunte Bretterbuden.

*

Es ist lange her, seit er zum ersten Mal hier gewesen ist, an diesem Ort, an dem das Unglück 1914 begonnen hatte; mit den Nachrichten, den Zeitungsjungs an der Strandpromenade, die jeden Tag aufgeregter geschrien hatten, aufgeregter und freudiger, weil sie das Geschäft ihres Lebens machten.

Vor allem die deutschen Badegäste hatten ihnen die Blätter aus den Händen gerissen. Die Jungs brüllten die Schlagzeilen heraus: »La Russie provoque l'Autriche«, »L'Allemagne prépare la mobilisation«. Und auch Zweig – blass, gut gekleidet, mit dünnrandiger Brille – war deswegen mit der Straßenbahn herübergekommen, um den Nachrichten näher zu sein.

Die Schlagzeilen wirkten elektrisierend auf ihn, er fühlte sich angenehm aufgewühlt und erregt. Natürlich war ihm klar, dass die ganze Aufregung nach kurzer Zeit wieder der großen Stille gewichen sein würde. Aber in diesem Moment wollte er es einfach nur genießen. Die Möglichkeit eines großen Ereignisses. Die Möglichkeit eines Krieges. Die Möglichkeit einer grandiosen Zukunft, einer Welt in Bewegung.

Seine Freude war besonders groß, wenn er in die Gesichter seiner belgischen Freunde blickte. Sie waren blass geworden in den letzten Tagen. Sie waren nicht bereit, das Spiel mitzuspielen. Sie schienen die ganze Sache irgendwie sehr ernst zu nehmen. Stefan Zweig lachte. Er lachte über die mickrigen Trupps belgischer Soldaten auf der Promenade. Lachte über ein Hündchen, das ein Maschinengewehr hinter sich herzog. Lachte über den ganzen heiligen Ernst seiner Freunde.

Er wusste, dass sie nichts zu befürchten hatten. Er wusste, dass Belgien ein neutrales Land war, er wusste, dass Deutschland und Österreich niemals in ein neutrales Land einfallen würden. »An dieser Laterne könnt ihr mich aufknüpfen, wenn die Deutschen hier einmarschieren«, rief er den Freunden zu. Sie blieben skeptisch. Und mit jedem Tag wurden ihre Mienen düsterer.

Wo war sein Belgien plötzlich hin? Das Land der Vitalität, Kraft, Energie und eines intensiven, eines anderen Lebens. Das war es, was er an diesem Land, an diesem Meer so liebte. Und weshalb er den größten Dichter des Landes so verehrte. [...]

Die deutschen Urlaubsgäste verließen als Erste das Land, dann auch die Engländer. Zweig blieb. Seine Erregung wuchs. Am 28. Juli erklärte Österreich Serbien den Krieg, an der Grenze zu Russland waren die Truppen aufmarschiert. Jetzt musste auch Stefan Zweig langsam einsehen, dass es Ernst werden könnte. Er kaufte sich eine Fahrkarte für den Ostende-Express am 30. Juli. Es war der letzte Zug, der Belgien in diesem Sommer in Richtung Deutschland verließ.

Alle Waggons waren überfüllt, die Menschen standen auf den Gängen. Jeder kannte ein anderes Gerücht. Jedes wurde geglaubt, und als sich der Zug der deutschen Grenze näherte und plötzlich auf offener Strecke stehen blieb und Stefan Zweig Lastzüge sah, die ihnen entgegenkamen, alle mit Planen bedeckt, und darunter die Umrisse von Kanonen zu erkennen glaubte, begann er allmählich zu begreifen, wohin dieser Zug fuhr. Er fuhr in den Krieg, der jetzt nicht mehr aufzuhalten war.

*

Stefan Zweig fuhr in einen Taumel hinein. Er schrieb alles auf, sofort, exakt und rasend in sein Tagebuch, das er wieder zu führen begann. Er konnte nicht mehr schlafen, er bebte, er schrieb: »Ich bin ganz zerbrochen, ich kann nichts essen, meine Nerven flimmern.« Er schämte sich vor seinen Freunden, als er auch am 3. August noch nicht einberufen worden war. Selbst Hofmannsthal war schon einberufen. Vor allem schämte er sich vor den Frauen. Er spürte ihre Blicke. Was tust du noch hier, junger Mann, schienen sie zu fragen. Er wusste es selbst nicht.

Er tat Kriegsdienst am heimischen Schreibtisch, beschrieb für die Zeitung seine Heimfahrt in den Krieg und rechtfertigte sich vor sich selbst in seinem Tagebuch, dass nur die allerletzten Zeilen seines Artikels ein wenig gelogen seien. »Nie ist mir Wien liebenswerter erschienen«, schrieb er für die Zeitung, »und ich freue mich, gerade in dieser Stunde den Weg zu ihr gefunden zu haben.« Im Tagebuch dagegen: »Wien war consterniert, als ich am 31. Juli dort eintraf. Die Leute umstanden stundenlang die Einberufungsordre, die in einem erbärmlichen Deutsch abgefasst, total unverständlich war. Am Abend versuchten einige auf Enthusiasmus zu machen, Kriegervereine, aber es klang schon recht matt.«

Kleine Lügen. Es war Krieg. Die Wahrheit war tot.

Dennoch glaubte Zweig jedes Wort, das er in den deutschen und österreichischen Zeitungen las: Vergiftete Brunnen in Deutschland, wehrlose Deutsche werden an Mauern gestellt und erschossen. Und dann, am 4. August, eine Nachricht, die ihn traf wie ein Blitz. Deutschland ist in Belgien einmarschiert! Ist das Irrsinn oder Genialität? Er konnte nicht glauben, dass das gutgehen würde. Deutschland und Österreich kämpften gegen die ganze Welt. Stefan Zweig wollte am liebsten schlafen, ein halbes Jahr lang, um diesen Untergang nicht mitzuerleben. Er zitterte am ganzen Körper. Nicht um die Freunde in Belgien, nicht um ein kleines, neutrales Land, in das die deutschen Truppen einmarschiert waren, um schneller nach Paris zu gelangen. Nicht um sein Belgien, jenes herrliche Land der Vitalität, Völkermischung, Lebensfreude, Sinnenfreude, das er in seinem Verhaeren-Buch ein Jahr zuvor als Verkörperung des wahren Europa gefeiert hatte, das all den Invasoren der Jahrhunderte heldenhaft widerstanden hatte. »Sie wollten damals nichts als ihr helles, heiteres Leben beibehalten, den freien, dionysischen Genuss, das Imperium der begehrlichen Sinne, wollten ihr Übermaß als Maß sich bewahren. Und das Leben hat mit ihnen gesiegt.« Sein Belgien. Es war ihm längst egal. Zweig zitterte jetzt nur noch um Deutschland. Und um Österreich.

Er raste durch die Straßen Wiens auf der Suche nach neuen Nachrichten, neuen Gerüchten, neuen Siegesmeldungen der deutschen Armee. Hieß es plötzlich, am Kriegsministerium werde in wenigen Minuten ein großer Sieg verkündet, eilte er mit Tausenden Wienern hinüber. Sie schwirrten um die erleuchteten Fenster wie Insekten in der Nacht. Und wieder kein Sieg. Wieder eine Nacht ohne Schlaf.

Stefan Zweig wollte hinaus, ins Feld. Er ließ sich einen Bart stehen, um entschlossen zu wirken, wild und bereit zum Kampf. Am Tag des deutschen Einmarsches in Belgien machte er sein Testament. Er nahm eine große Summe Geld aus dem Safe seiner Bank. Er schrieb in sein Tagebuch: »Die deutschen Siege sind herrlich!« Er fieberte. Er jubelte. Er schrieb: »Endlich freie Luft!« Und wie sehr er Berlin seinen Jubel neidete. [...]

Es ist wieder Juli. Ein neuer Sommer in Ostende.

Die Laternen stehen noch, an die Stefan Zweig sich hängen lassen wollte. Und auch das Meer ist dasselbe, der lange, weite Strand, die große, etwas zu breite Promenade, das geschwungene Casino mit der großen Terrasse, die Bistros, die kleinen Marmortische davor, die Badehäuschen aus Holz im Sand. Die Zeitungen liegen auf den Bistrotischen, aber kein Zeitungsjunge ruft bedrohliche Neuigkeiten aus, über die sich österreichische Touristen lustig machen könnten. Die Stimmung am Strand ist ausgelassen, die Saison hat gerade erst begonnen, es ist heiß, die ganze belgische Jugend scheint sich in diesem Sommer in der »Königin der Strandbäder«, wie die Prospekte sie preisen, versammelt zu haben. Hier, an der weißen Zuckerbäckerpromenade an der Nordsee, im Juli 1936 in Ostende.

Stefan Zweig erinnert sich – an eine letzte Sorglosigkeit, Erinnerung an eine Welt, von der er glaubte, dass sie für immer so weiter existieren würde, eine Welt der Stabilität, der Ewigkeit. Und an einen Mann mit Schiebermütze in einem Totenreich der aufziehenden Massen, einem Totenreich der Masken.

Aber Ostende ist auch die Erinnerung an plötzliche Energie und Intensität und Kraft, an einen katapulthaften Neubeginn, ein Herausreißen aus der Trägheit des Wohlgefühls, an die völlig unerwartete Möglichkeit einer neuen Welt, die Möglichkeit eines nie erwarteten Gemeinschaftsgefühls. Auch wenn damals die große Zerstörung begann, die bis in diesen Sommer hinein fortwirkt, so ist mit diesem Ort doch für immer die Hoffnung auf eine unerwartete

Wende des Weltenlaufs verbunden. Was für ein begeisterungsbereiter, junger, sehnsuchtsvoller Mensch war Stefan Zweig damals, 1914, gewesen!

Zweiundzwanzig Jahre sind vergangen seit jenem Sommer. Er ist in diesen Jahren zu einem Weltstar der Literatur geworden. Sein Name ist im Ausland so bekannt wie der von Thomas Mann, von kaum einem deutschsprachigen Schriftsteller werden in der Welt mehr Bücher verkauft als von ihm. Seine Novellen, seine historischen Biographien und *Sternstunden der Menschheit* sind Weltbestseller. Er ist ein Glückskind des Lebens, besitzt ein gelbes Schlösschen in Salzburg auf dem Kapuzinerberg im Wald über der Stadt, korrespondiert mit den Geistesgrößen des Kontinents, hat Friderike von Winternitz, die Geliebte von damals, längst geheiratet. Und ist jetzt, in diesem neuen Sommer, ein um Haltung ringender Mann.

Zweig hat sich kaum um Politik gekümmert, kaum um Religion, nicht in der Gegenwart, nicht in der Welt, in der er lebte. In der Geschichte – ja! Bei Maria Stuart, Marie Antoinette, Joseph Fouché, da kannte er jedes historische, jedes politische Detail, da kannte er die Mechanismen der Macht und der Weltgeschichte, die er in seinen Büchern stets als Geschichte der Menschen, als Geschichte einiger mächtiger Menschen erzählte. Oder, selten, als Geschichte ohnmächtiger Menschen, die in einer fulminanten Weltsekunde dazu ausersehen waren, den Lauf der Geschichte zu verändern. Mit ihm und mit seiner Welt hatte das alles nichts zu tun. […]

Aber es sind die Jahre der Entscheidungen und der Entschiedenheit. Stefan Zweig schreibt noch aus einer Welt und über eine Welt, die es nicht mehr gibt. Sein Ideal ist nutzlos, unrealistisch, lächerlich und gefährlich. Seine Analogien taugen nicht mehr für eine Gegenwart, in der der Gegner übermächtig ist. Was hilft Toleranz in einer Welt, in der man selbst und alles, wofür man lebt und schreibt, zermalmt zu werden droht.

»Kämpfen Sie oder schweigen Sie«, schrieb ihm Joseph Roth. Zweig will nicht kämpfen. Er will sich still verhalten in den ersten Jahren nach der Machtübernahme durch die Nationalsozialisten in Deutschland. Auch nachdem seine Bücher auf dem Opernplatz in Berlin verbrannt worden sind. Still – um weiter in Ruhe arbeiten, in Ruhe leben zu können. Und um so vielleicht doch zu erreichen, dass seine Bücher in Deutschland weiter verkauft werden und er somit auch künftig auf die Menschen dort, auf seine Leser einwirken kann. [...]

1936 ist ein Jahr des Abschiednehmens, ein Jahr der Entscheidungen für Stefan Zweig. Der deutsche Verlag verlegt ihn nicht mehr, der deutsche Markt ist verloren, auch Österreich, seine Sammlung, sein prachtvolles Haus – all das ist ihm nur noch eine lästige Last. Es ist nicht leicht, all das von sich zu werfen, was man in den Jahren zuvor aufgebaut hat. Ein ganzes Leben. Wird noch einmal ein Neues beginnen?

JØRN LIER HORST

Jagdhunde

I

Kräftige Regenschauer peitschten gegen das Fenster. Das Wasser lief an den Scheiben herab und tropfte vom Dachvorsprung auf die Tische draußen. Heftige Windböen ließen die nackten Äste der Pappeln über die Hauswände kratzen.

William Wisting saß an einem der Fenstertische und starrte hinaus. Festgeklebtes Herbstlaub wurde von den feuchten Gehwegen losgerissen und mit dem Wind fortgetrieben.

Draußen im Regenwetter stand ein Umzugswagen. Ein junges Paar lud ein paar große Pappkartons ein und eilte zurück in den Hauseingang.

Wisting mochte Regen. Wieso genau, wusste er nicht, aber irgendwie schien er alles abzudämpfen. Bei Regen konnte er die Schultern entspannen, und sein Pulsschlag beruhigte sich.

Weiche Jazztöne mischten sich unter das Geräusch des Niederschlags. Wisting drehte sich zum Tresen. Die Flammen der vielen Kerzen warfen zuckende Schatten auf die Wände. Suzanne lächelte zu ihm herüber, streckte die Hand nach dem Regal an der Wand aus und drehte die Musik etwas leiser.

Das länglich geformte Lokal war nicht völlig leer. Drei junge Männer saßen an einem Tisch vor dem Tresenende. Das intim und gleichermaßen urban wirkende Café war für viele Studenten der neu eröffneten Abteilung der Polizeihochschule zu einem Stammlokal geworden.

Wisting drehte sich wieder zum Fenster. *Zum Goldenen Frieden* verkündete ein bogenförmiger Schriftzug mit seitenverkehrten und vereisten Buchstaben. *Galerie und Kaffeebar.*

Das war immer Suzannes Traum gewesen. Wie lange sie ihn schon geträumt hatte, wusste er nicht. An einem kalten Winterabend hatte sie ihr Buch beseitegelegt und erzählt, es handele von einem Fährmann auf dem Hudson River. Sein ganzes Leben war er zwischen New York und Jersey hin- und hergefahren, immer wieder. Tag für Tag, Jahr für Jahr. Eines Tages dann hatte er eine große Entscheidung getroffen. Er hatte das Schiff gewendet und es mit vollem Tempo aufs Meer hinausgesteuert, auf das große Meer, von dem er sein ganzes Leben lang geträumt hatte. Am nächsten Tag hatte Suzanne das Café gekauft.

Sie hatte ihn gefragt, was sein Traum sei, aber er hatte nicht geantwortet. Nicht weil er nicht wollte, sondern weil er nicht wusste, welchen Traum er hatte. Er mochte sein Leben so, wie es war. Er war Polizist und hatte nicht den Wunsch, dass irgendetwas anders sein sollte. Seine Arbeit als Ermittler gab ihm das Gefühl, etwas Wichtiges und Bedeutsames zu tun.

Er griff nach seiner Kaffeetasse, zog die Sonntagszeitung zu sich heran und warf einen erneuten Blick in die herbstliche Dämmerung. Normalerweise saß er ganz hinten im

Lokal, wo er von anderen kaum bemerkt wurde. Doch bei diesem Wetter waren nicht so viele Menschen unterwegs. Er konnte in Frieden am Fenstertisch sitzen, ohne dass einer der Passanten ihn erkannte und hereinkam, um sich mit ihm zu unterhalten. Nach einer Weile hatte er sich daran gewöhnt, auf der Straße angesprochen zu werden. Immer häufiger hatte er sich überreden lassen, in einer Talkshow im Fernsehen aufzutreten und über einen der Fälle zu sprechen, an denen er gearbeitet hatte.

Einer der jungen Männer am Tisch vor dem Tresen hatte zu ihm hingesehen, als er hereingekommen war, und die anderen angestoßen. Wisting hatte auch ihn erkannt. Er war einer der Polizeistudenten. Zu Beginn des Semesters war Wisting eingeladen worden, einen Vortrag über Ethik und Moral zu halten. Der junge Mann war einer von denen, die in der ersten Reihe gesessen hatten.

Wisting zog die Zeitung noch näher heran. Auf der Titelseite waren Tipps zum Abnehmen, ein Wetterbericht, der noch mehr Regen ankündigte, und ein Artikel über Intrigen bei einer Realityshow im Fernsehen. Die Sonntagszeitungen brachten nur selten ganz aktuelle Nachrichten. ›Konservendosenstoff‹, so nannte Line die Sachen, die Tage und Wochen in der Redaktion gelegen hatten, bevor sie gedruckt wurden.

Seit fast fünf Jahren war seine Tochter jetzt Journalistin bei VG. Ein Beruf, der zu ihrer Neugier und dem kritischen Bewusstsein passte, über das sie verfügte. Sie hatte verschiedene Abteilungen durchlaufen, arbeitete zurzeit jedoch für die Kriminalredaktion. Mitunter geschah es, dass die Redaktion, zu der sie gehörte, über Fälle berichtete, an denen Wisting arbeitete. Das versetzte ihn in eine Doppelrolle, die er allerdings gut zu handhaben wusste. Was ihm an der Berufswahl seiner Tochter weniger gefiel, war der Gedanke, dass sie bei diesem Job mit allen Grausamkeiten des Alltags konfrontiert wurde. Wisting war seit einunddreißig Jahren Polizist. Das hatte ihm nicht nur Einblick in alle erdenklichen Formen der Brutalität und Verdorbenheit gewährt, sondern auch zahlreiche schlaflose Nächte beschert. Er wünschte sich, dass seine Tochter von so etwas verschont bliebe.

Wisting überblätterte die Kommentarspalten und durchstöberte die aktuellen Meldungen. Er rechnete nicht damit, einen Artikel von Line zu finden. Erst vor dem Wochenende hatte er mit ihr gesprochen und wusste daher, dass sie ein paar Tage freihatte.

Im Laufe der Zeit war es ihm immer wichtiger geworden, aktuelle Nachrichten mit Line zu erörtern. Es war ihm nicht leicht gefallen, das zuzugeben, aber die Unterhaltungen mit Line hatten etwas daran geändert, wie er seine eigene Rolle als Polizist begriff. Sie hatte einen unvoreingenommenen Blick auf ihn und seine Berufsgruppe, der ihn mehr als nur einmal dazu gebracht hatte, ein paar starre Ansichten über sich selbst zu hinterfragen. Spätestens bei seinem Vortrag vor Polizeistudenten, als er darüber gesprochen hatte, wie wichtig es für die Sicherheit und das Vertrauen der Menschen war, dass die Polizei mit Integrität, Anständigkeit und gutem Benehmen auftrat, war ihm klar geworden, dass Lines Ansichten einen wertvollen Aspekt darstellten. Er hatte versucht, seinen zukünftigen Kollegen zu erklären, wie wichtig die Grundwerte für die Rolle der

Polizei waren. Dass es hierbei um Sachlichkeit und Objektivität ging, um Ehrlichkeit und Aufrichtigkeit sowie eine stetige Suche nach der Wahrheit.

Als er zur TV-Programmübersicht ganz hinten in der Zeitung kam, standen die Studenten vom Tisch auf. Sie blieben vor der Tür stehen und knöpften sich die Jacken zu. Der Größte von ihnen blickte zu Wisting herüber. Wisting lächelte und grüßte mit einem Nicken.

»Heute frei?«, fragte einer der beiden anderen.

»Einer der Vorteile, wenn Sie erst mal so lange dabei sind wie ich«, erwiderte Wisting. »Arbeit von acht bis vier und an den Wochenenden frei.«

»Danke übrigens für den tollen Vortrag.«

Wisting nahm seine Kaffeetasse. »Freut mich, dass Sie das sagen.«

Der Student wollte noch etwas hinzufügen, doch Wistings Telefon klingelte. Er zog es hervor, sah, dass Line anrief, und nahm das Gespräch an.

»Hallo Papa«, sagte sie. »Hat dich irgendwer von der Zeitung angerufen?«

»Nein«, sagte Wisting und nickte den drei Studenten zu, die auf dem Weg nach draußen waren. »Warum sollten sie? Ist was passiert?«

Line antwortete nicht sofort.

»Ich bin gerade in der Redaktion«, erklärte sie schließlich.

»Hast du nicht frei?«

»Doch, aber ich war beim Training und hab nur mal kurz vorbeigeschaut.«

Wisting trank einen Schluck Kaffee. In seiner Tochter

erkannte er viel von sich selbst wieder. Die Wissbegier und den Wunsch, immer dort zu sein, wo die Dinge passierten.

»Morgen wird was über dich in der Zeitung stehen«, sagte Line. Sie machte eine Pause und fuhr dann fort: »Aber diesmal bist du es, hinter dem sie her sind. Sie wollen dich fertigmachen.«

2

Line hörte den Atem ihres Vaters im Hörer. Ziellos zog sie den Mauszeiger über den Bildschirm. Der Artikel über ihren Vater war bereit zum Publizieren. Sein Gesicht prangte auf der Titelseite.

»Es geht um den Cecilia-Fall«, erklärte sie.

»Den Cecilia-Fall?«, wiederholte Wisting am anderen Ende der Leitung.

Seine Stimme klang zögernd. Das war einer der Fälle, über die er nie hatte sprechen wollen. Eine schwierige und schmerzhafte Sache.

»Cecilia Linde«, präzisierte Line, wusste aber genau, dass ihr Vater keine Auffrischung seiner Erinnerung benötigte. Damals war er ein junger Ermittler gewesen, und die Sache hatte zu den meistdiskutierten Mordfällen des Jahrzehnts gehört.

Sie hörte ihren Vater schlucken und vernahm das Geräusch einer Tasse, die auf den Tisch gestellt wurde.

»Ja, und?«, sagte er schließlich.

Line blickte vom Bildschirm auf. Der Redaktionsleiter erhob sich vom Newsdesk und ging auf die Treppe zu, die in die darüberliegende Etage führte. Es war Zeit für die abendliche Redaktionssitzung, auf der die letzten Feinheiten für die morgige Ausgabe abgestimmt wurden und entschieden werden sollte, was auf die Titelseite kam. Der Artikel über ihren Vater füllte zwei ganze Seiten und sollte offenbar auf der Titelseite beginnen. Der Mord an Cecilia Linde war den Lesern immer noch gut in Erinnerung und würde sich auch jetzt noch, siebzehn Jahre später, gut verkaufen.

»Haglunds Anwalt hat einen Antrag bei der Wiederaufnahmekommission eingereicht«, erläuterte Line, nachdem der Redaktionsleiter gegangen war.

Am anderen Ende der Leitung herrschte Stille.

Der Nachrichtenchef schob einen Stapel Papiere zusammen und folgte dem Redaktionsleiter in die Sitzung. Line überflog den Artikel noch einmal. Eigentlich enthielt er mehr Fragen als Antworten, und sie begriff, dass diese Sache als unterhaltsamer Feuilletonstoff gehandelt werden würde, nicht nur in ihrer Zeitung.

»Ein Privatdetektiv hat an dem Fall gearbeitet«, fuhr sie fort.

»Was hat das eigentlich mit mir zu tun?«, fragte Wisting, doch Line hörte an seiner Stimme, dass er genau wusste, was nun passieren würde.

Damals, vor siebzehn Jahren, hatte ihr Vater die Ermittlungen geleitet. Inzwischen war er zu einem profilierten Polizeibeamten herangereift. Ein bekanntes Gesicht, das zur Verantwortung gezogen werden konnte und es einfacher machte, die Tagesordnung zu bestimmen.

»Sie behaupten, es hätte manipulierte Beweise gegeben«, erklärte Line.

»Welche Beweise?«

»Die DNA-Probe. Sie glauben, die Polizei hätte sie gefälscht.«

Line konnte ahnen, wie sich die Finger ihres Vaters um die Kaffeetasse auf dem Tisch vor ihm krallten.

»Und womit begründen sie das?«, wollte er wissen.

»Der Anwalt hat die Beweisstücke erneut analysieren lassen und glaubt, dass die Zigarettenkippe, auf der die Probe gefunden wurde, vertauscht war.«

»Das ist doch Unsinn.«

»Der Anwalt meint, er könne es beweisen, und hat die ganze Dokumentation an die Wiederaufnahmekommission geschickt.«

»Ich verstehe nicht, wie er da was beweisen will«, murmelte Wisting.

»Sie haben auch einen neuen Zeugen«, fuhr Line fort. »Er kann Haglund ein Alibi geben.«

»Und wieso hat der Zeuge dann damals nicht ausgesagt?«

»Das hat er«, sagte Line und schluckte. »Er soll angeblich damals angerufen und mit dir geredet haben, aber dann sei nichts mehr passiert.«

Am anderen Ende der Leitung wurde es still.

»Ich muss jetzt ins Abendmeeting«, sagte Line. »Aber irgendwer wird dich noch anrufen und um eine Stellungnahme bitten. Du solltest dir genau überlegen, was du sagst.«

Wisting schwieg weiter.

Line ließ den Blick auf dem Bildschirm ruhen. Das Foto ihres Vaters nahm fast den ganzen Platz ein. Sie hatten ein Bild gewählt, das ihn in dieser Talkshow vor fast einem Jahr zeigte. Die Studiokulissen waren leicht wiederzuerkennen und betonten auf subtile Weise, dass es sich um einen bekannten Ermittler handelte, dem nun ein Gesetzesbruch vorgeworfen wurde.

Auf dem Bild war sein dichtes schwarzes Haar leicht in Unordnung geraten. Ein verkniffenes Lächeln spielte um seinen Mund, und die Falten in seinem Gesicht verrieten, dass er schon einiges erlebt hatte. Seine dunklen Augen blickten bedächtig in die Kamera. In der Fernsehsendung war er als rechtschaffener und erfahrener Polizist aufgetreten, aber auch als fürsorglicher und rücksichtsvoller Ermittler mit einem ausgeprägten Sinn für gesellschaftliches Engagement. Morgen würde ihn die Bildunterschrift in den Augen der Leser völlig anders erscheinen lassen. Sein Blick könnte als kalt, sein verkniffenes Lächeln als falsch aufgefasst werden. Die Macht der Medien würde zu Ohnmacht führen.

»Line?«

Sie hielt den Hörer dichter ans Ohr.

»Ja?«

»Das ist alles nicht wahr. Nichts von dem, was sie sagen, ist wahr.«

»Ich weiß, Papa. Das brauchst du mir nicht zu sagen, aber ungeachtet dessen wird es morgen in der Zeitung stehen.«

3

In den Redaktionsräumen hatte sich abendliche Stille ausgebreitet. Die Meldungen der ausländischen Nachrichtenkanäle huschten über die stummen Fernsehbildschirme, nur unterbrochen von einzelnen, leise geführten Telefonaten und dem Geräusch geübter Finger, die über Tastaturen flogen.

Line wollte sich gerade aus dem Computer ausloggen, als der Redaktionsleiter vom Abendmeeting zurückkam. Er hieß Joakim Frost, wurde aber von allen nur Frosten genannt.

Er blickte über die Redaktionsräume, bevor er zu ihr herüberkam. Sein Blick war kalt, so als würde er durch sie hindurchsehen. Es wurde gemunkelt, dass er seine Stellung als Redaktionsleiter gerade deswegen bekommen hätte, weil er außerstande war, die menschlichen Tragödien hinter den Schlagzeilen zu sehen. Sein Mangel an Empathie hatte ihm also die passende Qualifikation verschafft.

»Tut mir leid«, sagte er und schien offenbar davon auszugehen, dass sie den vorbereiteten Artikel über ihren Vater gelesen hatte. »Eigentlich wollte ich dich anrufen und informieren, aber jetzt bist du ja hier.«

Line nickte. Sie wusste, dass er den Artikel maßgeblich vorangetrieben hatte, und kannte ihn zu gut, um jetzt eine Diskussion darüber zu beginnen. Er war ein standhafter Verfechter der kommerziellen Interessen der Zeitung. Für ihn ging es darum, Leitartikel zu produzieren, und sie hatte keinerlei Interesse, ihn jetzt womöglich über eine freie und unabhängige Presse schwafeln zu hören. Außerdem wäre er wohl ohnehin nicht an ihren Gegenargumenten interessiert. Frosten war jetzt schon fast vierzig Jahre bei der Zeitung. In seinen Augen war sie noch immer eine unbedeutende Anfängerin.

»Das ist eine Sache, die wir nicht aufhalten können«, sagte er.

Line nickte wieder.

»Hast du mit deinem Vater gesprochen?«

»Ja.«

»Und was sagt er?«

»Dazu wird er selbst einen Kommentar abgeben.«

Frosten nickte. »Er hat natürlich das Recht, sich zu äußern.«

Line gestattete sich ein schiefes Grinsen. Eine Erwiderung auf Beschuldigungen zu geben, die auf der Titelseite erschienen, war kaum einen feuchten Dreck wert. Außerdem war es ein hoffnungsloses Unterfangen, kurz vor Drucklegung der Zeitung am Telefon auf eine Sache einzugehen, an der die ganze Redaktion gearbeitet hatte.

»Hör zu, Line«, fuhr Frosten fort. »Ich verstehe, dass das nicht einfach ist. Das war es auch für mich nicht, aber bei dieser Sache geht es um weitaus mehr als Gedanken und Gefühle. Es ist sehr wichtig, dass die Presse als kritischer Beobachter auftritt. Das hier ist eine Sache von allgemeinem und nationalem Interesse.«

Line stand auf. Seine Argumente waren scheinheilig und konnten nur mühsam überdecken, was ihm wirklich wichtig war: die Höhe der verkauften Auflage. Die Integrität der Zeitung konnte sicherlich auch bewahrt werden, ohne eine Sensationsausgabe mit ihrem Vater als Hauptperson zu fabrizieren. Die Sache musste doch überhaupt nicht an eine bestimmte Person gebunden sein. Genauso gut hätten die Vorwürfe an die Polizei als Organisation und öffentliche Behörde gerichtet sein können. Aber so etwas würde sich natürlich nicht so gut verkaufen.

»Wenn du Zeit für dich brauchst, kannst du gern ein paar

Tage freinehmen«, bot ihr der Redaktionsleiter an. »Meinetwegen kannst du auch erst zurückkommen, wenn das alles vorbei ist.«

»Nein, danke.«

»Ich glaube, das hätte alles noch viel hässlicher werden können, wenn wir da jemand anderen rangelassen hätten.«

Line schaute weg. Der Gedanke an das Gesicht ihres Vaters auf der Titelseite der morgigen Zeitung verursachte ihr Übelkeit.

»Lass es gut sein«, bat sie.

»Line!«

Der Ruf kam vom Nachrichtenchef. Er stand mit einer der Abendreporterinnen zusammen, riss ein Blatt von ihrem Notizblock ab und kam mit schnellen Schritten näher.

»Ich weiß, du hast frei und es passt bestimmt ganz schlecht. Aber könntest du vielleicht eine Sache übernehmen?«

Line kam gar nicht zum Nachdenken, sondern fragte nur automatisch: »Um was geht's denn?«

»Mord in Gamlebyen in Fredrikstad. Wir haben zwar noch keine Bestätigung von der Polizei, aber wir haben einen Tipp von jemandem bekommen, der neben einer blutigen Leiche steht.«

Line spürte, wie die Neuigkeit sie elektrisierte und gleichzeitig beruhigte. Es waren genau solche Sachen, mit denen sie gern arbeitete. Darin war sie gut. Sie hatte einen Riecher, um an Quellen heranzukommen, und eine ganz eigene Fähigkeit entwickelt, diese anzuzapfen und zu analysieren, so dass sie wusste, welche sie verwenden konnte und welchen eher nicht zu trauen war.

Frostens Gesicht verzog sich zu einem Grinsen. »Er ruft uns vom Tatort an?«

»Erst die Polizei, dann uns.«

»Falsche Reihenfolge, aber okay. Wer besorgt uns denn Fotos?«

»In zehn Minuten ist ein Freelancer zur Stelle, aber wir brauchen einen Reporter.«

Joakim Frost drehte sich zu Line. »Wenn du keine freien Tage nehmen möchtest, dann solltest du jetzt besser aufbrechen«, sagte er und ging mit schnellen Schritten zu seinem Schreibtisch.

Line betrachtete seinen Rücken und begriff, dass es wohl wesentlich angenehmer für ihn und die anderen wäre, wenn sie die nächsten Tage in der Østfold-Provinz verbrächte, als hier in der Redaktion zu hocken.

Der Nachrichtenchef reichte ihr einen Zettel mit Namen und Telefonnummer des Anrufers, der die Leiche gefunden hatte. »Das könnte sehr interessant sein«, sagte er und fügte mit leiser Stimme hinzu: »Die Titelseite geht erst in vier Stunden in Druck.«

4

Der Journalist rief kurz vor zehn an. Wisting verstand seinen Namen nicht, begriff aber sehr wohl, dass er für *Verdens Gang* arbeitete.

»Wir bringen morgen etwas über den Cecilia-Fall«, setzte er an. »Rechtsanwalt Sigurd Henden hat einen Antrag bei der Wiederaufnahmekommission eingereicht.«

»Aha.«

»Wir hätten gerne Ihre Stellungnahme zu den Vorwürfen, dass Sie die Beweise gefälscht haben, die zu Rudolf Haglunds Verurteilung führten.«

Wisting räusperte sich und fragte mit fester Stimme: »Wie war Ihr Name bitte?«

Der Journalist zögerte, und Wisting bekam den Verdacht, dass er sich absichtlich so undeutlich vorgestellt hatte.

»Eskild Berg.«

Wisting räusperte sich erneut. Es musste sich um einen Nachrichtenjournalisten handeln und nicht um einen der Leute aus der Kriminalredaktion, mit denen er normalerweise sprach, wenn es etwas gab. Er glaubte, seinen Namen schon einmal gelesen zu haben, konnte sich aber nicht erinnern, dass er bereits mit ihm zu tun gehabt hatte.

»Wie lautet Ihre Stellungnahme zu den Vorwürfen, dass Sie Beweise gefälscht haben?«, wiederholte der Journalist.

Wisting spürte einen unangenehmen Schauer über Nacken und Rücken kriechen, schaffte es aber, seine Stimme ruhig zu halten. »Ich kann das nur schwer kommentieren …«, erwiderte er, »… da ich den Inhalt der Beschuldigungen nicht kenne.«

»Rechtsanwalt Henden behauptet, er könne beweisen, dass Rudolf Haglund aufgrund gefälschter Beweise verurteilt wurde.«

»Davon weiß ich nichts.«

»Sie waren doch verantwortlich für die Ermittlungen?«

»Das ist richtig.«

»Und stimmen die Vorwürfe? Wurden Beweise gefälscht?«

Wisting schwieg, während er sich im Kopf eine Antwort zurechtlegte. Der Journalist konnte wohl kaum erwarten, eine Bestätigung der Vorwürfe zu bekommen, war aber anscheinend darauf aus, ihm einen Kommentar zu entlocken.

»Mir sind die Hintergründe der Behauptung Hendens nicht bekannt«, sagte er langsam, damit der Journalist mitschreiben konnte. »Und ebenso wenig ist mir bekannt, dass es irgendwelche Unregelmäßigkeiten bei den Ermittlungen gegeben hat.«

»Es soll auch einen Zeugen geben, dem es verwehrt wurde, eine Aussage zu machen«, fuhr der Journalist fort. »Einen Zeugen, der sich zugunsten Haglunds äußern wollte.«

»Das ist mir ebenfalls nicht bekannt, aber wenn dem so ist, dann bin ich sicher, dass sich die Kommission damit beschäftigen wird.«

»Aber finden Sie nicht, dass das hier ziemlich heftige Anschuldigungen gegen Sie als zuständigen Ermittlungsleiter sind?«

Offenbar versuchte der Journalist, persönliche Reflexionen aus ihm herauszuholen.

»Sie können gerne zitieren, was ich eben gesagt habe«, entgegnete Wisting. »Mehr habe ich heute Abend nicht hinzuzufügen.«

Der Journalist machte noch zwei neue Versuche, kam aber nicht weiter. Wisting legte auf. Er wusste, dass seine Äußerungen ohnehin nicht das Interessanteste an der Sache waren. Er hatte großes Verständnis für die Rolle der Presse als Wachhund. Schließlich war es ihre Aufgabe, Politiker, Machtmenschen und öffentliche Organe zu kritisieren und im Auge zu behalten. Die Presse sollte das Recht verteidigen und Betrug und Unrecht aufdecken. Das waren Prinzipien, die er gerne teilte. Jetzt allerdings schien ihm, dass das Recht sich gegen ihn selbst wendete.

Wistings Blick traf wieder auf die regennasse Fensterscheibe. Gedankenverloren starrte er sein eigenes Spiegelbild an. Das schummrige Licht verwischte die Konturen in seinem Gesicht und machte ihn zu einem Fremden.

Er kannte Rechtsanwalt Henden aus verschiedenen Zusammenhängen. Zwar war er während des Prozesses vor siebzehn Jahren nicht Haglunds Verteidiger gewesen, arbeitete aber als anerkannter und profilierter Anwalt in einer der größten und renommiertesten Kanzleien des Landes und hatte Erfahrungen aus seiner Tätigkeit als Staatssekretär und persönlicher Berater im Justizministerium gesammelt. Wann immer Wisting mit ihm zu tun gehabt hatte, war er ordentlich und korrekt aufgetreten. Er veranstaltete kein Schauspiel für die Zuschauerbänke und hatte für gewöhnlich solide Karten in der Hand, wenn er sich gegenüber den Medien äußerte.

Wisting wusste, dass Henden an dem Fall arbeitete. Vor zwei Monaten hatte der Anwalt darum gebeten, ein paar Dokumente ausleihen zu dürfen. Manchmal geschah es, dass Journalisten, Privatdetektive oder Rechtsanwälte die Polizei zum Öffnen der Archivschränke bewegen konnten, aber nur selten oder fast nie führte das zu irgendwelchen Konsequenzen.

Sigurd Henden war nicht der Typ Anwalt, der Briefe oder Anträge nur deswegen formulierte, um sich bei seinen Mandanten einzuschmeicheln. Er arbeitete auf hohem professionellem Niveau und musste in den alten Falldokumenten etwas gefunden haben, durch das er eine Wiederaufnahme des alten Mordverfahrens bewirken konnte. Wisting allerdings wusste nicht, was das sein könnte, und spürte eine gewisse Beunruhigung.

Suzanne riss ihn aus seinen Gedanken.

»Hilfst du mir mal?«, fragte sie und öffnete den Geschirrspüler. Der heiße Dampf traf ihr Gesicht, so dass sie einen Schritt zurücktreten musste.

Wisting erhob sich, lächelte ihr zu und trat hinter den Tresen, um die Gläser aus der Maschine zu räumen.

Suzanne ging zur Tür, schloss ab und drehte das *Geschlossen*-Schild so herum, dass es nach außen zeigte. Dann machte sie sich daran, die Kerzen auszublasen.

Wisting öffnete den Mund, um Suzanne von Cecilia Linde zu erzählen, wusste jedoch nicht, wo er beginnen sollte, und machte ihn wieder zu. […]

7

»Lass sie brennen«, bat Wisting.

Suzanne stand über den hintersten Tisch gebeugt und wollte gerade die letzte Kerze ausblasen, als Wisting sie unterbrach. Fragend sah sie ihn an.

»Setz dich mal hin«, sagte er und trat auf den Tisch zu.

Suzanne blickte ihn verständnislos an, setzte sich aber. Die Kerzenflamme beleuchtete ihr Gesicht. Die Pupillen ihrer walnussbraunen Augen waren von hellgrauen Sprenkeln umkränzt, die ähnlich wie Quarzkristalle wirkten und das Licht zurückwarfen.

Wisting schloss die Augen und konzentrierte sich, bevor er ihr gegenüber Platz nahm. Als Suzanne es dem Fährmann auf dem Hudson River gleichgetan hatte, war es Wisting vorgekommen, als würde sie ihm davonsegeln. Nachdem sie das Café eröffnet hatte, das lange in ihrem Kopf herumgespukt war, schien es ihm, als wäre sie zu einer anderen Frau geworden als der, die er in sein Leben gelassen hatte. Am ehesten ging es dabei vielleicht darum, dass sie keinen Anteil mehr an seinem Leben nahm. Das Cafe war für sie das Wichtigste geworden und verlangte ihr einiges ab. Sechs Tage pro Woche war es geöffnet, jeden Tag zwölf oder vierzehn Stunden. Fast die ganze Summe, die ihr nach dem Verkauf ihres Hauses und ihrem Einzug bei Wisting geblieben war, hatte sie in das Café investiert. Zeit allerdings war die wichtigste Investition. Zwar beschäftigte sie ein paar Aushilfen, erledigte das meiste jedoch selbst, einschließlich Putzen und Buchhaltung. Als sie zusammenzogen, hatte sie eine Leere und einen Mangel ausgefüllt, die nach Ingrids Tod entstanden waren. Jetzt war viel von dieser Leere zurückgekehrt, und nur selten hatten sie Zeit, miteinander zu reden. Meist gab es nur ein paar kurze Stunden, so wie jetzt nach Geschäftsschluss.

Wisting streckte seine Hände über die Tischplatte und verschränkte sie mit Suzannes. Er war unsicher, wo er anfangen sollte. Noch immer konnte ihm der Cecilia-Fall schlaflose Nächte bereiten, aber nur selten sprach er darüber.

»Vor siebzehn Jahren verschwand ein Mädchen namens Cecilia Linde«, setzte er an.

»Ich kann mich daran erinnern«, unterbrach ihn Suzanne

und blickte in dem leeren Café umher, so als wäre sie ungeduldig. »Damals bin ich gerade hierhergezogen. Sie war die Tochter von Johannes Linde.«

Wisting nickte. Johannes Linde war ein umtriebiger Immobilieninvestor und Geschäftsmann, der Mitte der Achtzigerjahre durch die Gründung eines eigenen Modelabels bekannt geworden war. Jeder zweite Jugendliche war mit einem von diesen unförmigen *Canes*-Pullovern herumgelaufen. Seine Tochter hatte auf den zahlreichen Werbeplakaten als Fotomodell posiert.

»Sie hatten draußen bei Rugland ein Landhaus«, fuhr Wisting fort. »Dahin fuhren sie jeden Sommer. Johannes, seine Frau und die beiden Kinder Cecilia und Casper. In jenem Sommer war Cecilia zwanzig. Eines Nachmittags, am Samstag, dem 15. Juli, verschwand sie einfach.«

Die Kerze auf dem Tisch flackerte. Das Wachs lief in dünnen Streifen am Kerzenstumpf herab und bildete schnell trocknende Pfützen auf der Tischdecke. Suzanne blickte ihn weiter an und wartete auf eine Fortsetzung.

»Kurz nach zwei machte sie sich auf zu einer Joggingtour«, erläuterte Wisting. »Kurz vor sieben meldete sie ihr Vater als vermisst.«

Ein Windstoß brachte das Haus zum Ächzen. Der Regen prasselte gegen die Fenster.

»Es war der Sommer, in dem es so heiß war«, erinnerte sich Wisting wie nebenbei. »Cecilia Linde trainierte fast täglich. Sie lief lange Touren, hatte aber keine feste Route. Es gibt da draußen ein Gewirr aus Wanderwegen und schmalen Pfaden, das sie gerne erforschte, und manchmal konnte sie zwei Stunden am Stück unterwegs sein. Die Suchaktion wurde dadurch ziemlich erschwert. Ihre Familie glaubte, sie hätte sich vielleicht den Fuß verrenkt oder wäre gestürzt und hätte sich dabei verletzt. Aber es war noch nicht die Zeit, in der alle ein Handy hatten, und demnach hätte sie auch nicht einfach anrufen und um Hilfe bitten können. Die Lindes suchten sie in der näheren Umgebung, doch als sie sie nicht fanden, riefen sie die Polizei. Ich war der erste von der Fahndungsabteilung, der mit der Familie sprach, und so wurde es meine Aufgabe, sie zu finden.«

Wisting schloss für einen Moment die Augen. Vor siebzehn Jahren hatte er eng mit Frank Robbek zusammengearbeitet. Er war ein Jahr jünger als Wisting und hatte die Polizeischule kurz nach ihm beendet. Sie hatten gut harmoniert, doch während der Cecilia-Sache war irgendetwas geschehen. Robbek hatte sich zurückgezogen und mit anderen Fällen beschäftigt. Weder Wisting noch die Kollegen tadelten ihn deswegen. Denn sie alle wussten, was er durchmachte und dass Cecilias Verschwinden ein persönliches Leid für ihn darstellte.

»Wir suchten den Abend und die ganze Nacht hindurch«, fuhr Wisting fort. »Immer neue Mannschaften kamen hinzu. Hundestaffeln, Zivilschutz, Rotes Kreuz, Pfadfinder, Nachbarn und andere Freiwillige. Als es hell wurde, kam ein Helikopter zum Einsatz. Manchmal war Cecilia nach ihrer Joggingtour noch schwimmen gegangen, also wurde der Suchradius bis zum Meer hin ausgeweitet.«

»Ihr habt sie nach zwei Wochen gefunden«, erinnerte sich Suzanne.

»Zwölf Tage«, bestätigte Wisting. »Man hatte sie draußen bei Askeskogen irgendwo an den Straßenrand geworfen, aber schon lange davor hatten wir begriffen, dass sie einem Verbrechen zum Opfer gefallen war.«

»Und wieso?«

Wisting löste seine Finger aus der Verschränkung mit Suzannes Händen. »Sie war verschwunden«, sagte er. »Aber niemand verschwindet einfach nur *so.*«

Er räusperte sich, wie um das zu lösen, was die Erinnerungen an die alte Ermittlung anscheinend zurückhielt.

»Es gab viele, die sie gesehen hatten«, fuhr er fort. »Nachdem sich die Nachrichten verbreitet hatten, meldeten sich Zeugen. Wanderer, Hüttenbewohner, Jugendliche und Bauern. Erst war sie in westliche Richtung gelaufen, hinunter nach Nalumstranda. Dann war sie dem Küstenweg nach Osten und bis zum Gumserød-Hof gefolgt. Dort endeten alle Spuren.«

Wisting erinnerte sich an die Karte, die an seiner Bürowand gehangen hatte, mit all den roten Markierungen, die jeden Ort kennzeichneten, an dem Zeugen sie gesehen hatten. Von Punkt zu Punkt hatten sie eine Linie ziehen können, ungefähr wie bei einem Malen-nach-Zahlen-Spiel in irgendeinem Zeichenheft, und waren so dem Lauf ihrer schicksalhaften Joggingtour gefolgt.

»Am Dienstagmorgen, drei Tage nach Cecilias Verschwinden, tauchte Karsten Brekke im Polizeipräsidium auf. Wie alle anderen hatte er über die Sache gelesen. Die Zeitungen hatten diese Reklamefotos für die *Canes*-Pullover verwendet, als sie die Vermisstenmeldung auf die Titelseiten setzten.«

»Und hatte er sie gesehen?«, fragte Suzanne.

»Nein, aber er hatte denjenigen gesehen, von dem wir

annehmen mussten, dass es sich um den Mörder handelte«, erwiderte Wisting. »Brekke war auf einem Traktor über die Landstraße nach Stavern hineingefahren. An der Kreuzung, wo der Weg vom Gumserød-Hof auf den Helgeroaveien trifft, hatte er einen Opel Rekord mit Rostflecken stehen sehen. Der Kofferraum war offen, und ein Mann lief auf dem Kiesweg hin und her.«

Wisting konnte sich noch immer an die Beschreibung erinnern, die sie bekommen hatten. Von seinem Traktor aus hatte Karsten Brekke genügend Zeit gehabt, um den fremden Mann zu beobachten.

Weißes T-Shirt und Jeans. Breites Gesicht mit kräftigem Kinn. Dicht zusammenstehende Augen und eine von Falten zerfurchte Stirn, so als hätte er sich um irgendetwas Sorgen gemacht. Das Wichtigste allerdings waren zwei kleine Details. Der Mann hatte eine gebrochene Nase, und in seinem Mundwinkel hatte eine Zigarette gehangen.

Wisting hatte die Kriminaltechniker zu der Zufahrt zum Gumserød-Hof geschickt. Sie hatten nur darauf gewartet, mit irgendetwas arbeiten zu können, und durchkämmten die ganze Gegend an der Wegkreuzung. Neben allen Sachen, die sie in den Asservatenbeuteln mitbrachten, waren drei Zigarettenkippen.

»Da wurde doch auch noch was anderes gefunden«, warf Suzanne ein. Offenbar erinnerte sie sich an immer weitere Einzelheiten des Falls. »War das nicht ein Kassettenrekorder oder so was?«

»Cecilias Walkman«, bestätigte Wisting und musste daran denken, wie sich die Zeiten im Laufe der vergangenen Jahre geändert hatten. Heutzutage wurde die Musik drahtlos auf hosentaschengroße Mobiltelefone geladen, die eigentlich ziemlich avancierte Computer waren. Damals musste man noch ein Tonband abspielen.

»Wir bekamen das Gerät am selben Nachmittag herein«, fuhr Wisting fort. »Cecilia hörte beim Laufen immer Musik. Das hatte in den Zeitungen gestanden. Zwei kleine Mädchen hatten den Walkman im Straßengraben an der Landstraße 302 gefunden, nahe der Einfahrt zum *Schloss Fritzøehus.*«

»Das ist ja fast auf der anderen Seite der Stadt.«

»Das nicht unbedingt, aber eben auch kein logischer Fundort im Verhältnis zur Laufstrecke und dem Zigarettenmann.«

»Zigarettenmann?«

»So haben ihn die Zeitungen getauft, nachdem sie erfuhren, dass man ihn beobachtet hatte. Und so haben wir ihn dann auch genannt.« Wisting strich mit der Hand über die Tischplatte. »Aber genug davon. Es gab keinen Zweifel, dass es sich um Cecilias Walkman handelte.«

Er schluckte. Mit jedem Wort kamen immer mehr Details aus dem alten Fall an die Oberfläche. Eine gelbe Kassette der Firma AGFA. Neunzig Minuten Spielzeit.

»Sie hatte ihre Initialen draufgeschrieben«, fuhr Wisting fort. »CL, und den Namen der Sendung, die sie im Radio aufgenommen hatte. *Poprush.*«

Wisting schluckte erneut und sah, wie sich Suzanne auf ihrem Stuhl unruhig hin und her bewegte. Sie erinnerte sich an den Fall und wusste, was er als Nächstes berichten würde. Die Schlagzeilen waren voll davon gewesen, nachdem sich die Neuigkeiten erst einmal verbreitet hatten.

»Die Kriminaltechniker hatten noch immer nicht viel zu tun und untersuchten den Walkman nach Fingerabdrücken. Aber sie fanden nur die Abdrücke einer einzigen Person.«

»Cecilias.«

Wisting nickte und schluckte noch mal.

»Der Walkman lag drei Tage in meinem Büro, bis ich überhaupt auf den Gedanken kam, das Band abzuspielen.«

HENNING MANKELL

Der Mann am Strand

Am Nachmittag des 26. April 1987 saß Kriminalkommissar Kurt Wallander in seinem Dienstzimmer im Polizeipräsidium von Ystad und schnitt sich gedankenverloren Haare aus dem einen Nasenloch. Es war kurz nach fünf. Er hatte gerade eine Mappe zugeklappt, in der Material über die trostlose Fahndung nach einer Autoschieberbande gesammelt war, die gestohlene Luxusautos nach Polen schmuggelte. Die Ermittlung konnte sich inzwischen, gewisse Unterbrechungen eingerechnet, der zweifelhaften Ehre eines zehnjährigen Bestehens erfreuen. Sie war angelaufen, als Wallander gerade erst in Ystad zu arbeiten begonnen hatte. Insgeheim hatte er sich oft gefragt, ob sie auch an dem in ferner Zukunft liegenden Tag seiner Pensionierung noch weiterlaufen würde.

Auf seinem Schreibtisch war ausnahmsweise einmal vollkommene Ordnung. Längere Zeit hatte dort das Chaos geherrscht, und er hatte das schlechte Wetter zum Vorwand genommen, um zu arbeiten, denn er war Strohwitwer.

Einige Tage zuvor waren Mona und Linda auf die Kanarischen Inseln geflogen. Für Wallander war diese Reise eine totale Überraschung gewesen. Er hatte nichts davon gewusst, dass Mona das Geld dafür zusammengespart hatte, und auch Linda hatte nichts gesagt. Gegen den Widerstand ihrer Eltern hatte sie vor kurzem das Gymnasium geschmissen. Im Augenblick machte sie vor allem einen zornigen, müden und verwirrten Eindruck. Er hatte die beiden frühmorgens nach Sturup gefahren und auf dem Rückweg nach Ystad gedacht, dass er eigentlich nichts dagegen hatte, ein paar Wochen ganz für sich allein zu haben. Seine Ehe mit Mona knackte in allen Fugen. Woran es lag, wusste keiner von ihnen. Aber beiden war klar, dass in den letzten Jahren Linda ihre Beziehung zusammengehalten hatte. Was würde passieren, jetzt, wo sie die Schule aufgegeben und angefangen hatte, ihren eigenen Weg zu gehen?

Er stand auf und trat ans Fenster. Der Wind zerrte und rüttelte an den Bäumen auf der anderen Straßenseite. Es nieselte. Das Thermometer zeigte vier Grad über null. Noch war der Frühling in weiter Ferne.

Er zog die Jacke an und verließ das Zimmer. An der Anmeldung nickte er der Wochenendvertretung zu, die am Telefon sprach. Er fuhr mit dem Wagen ins Zentrum. Während er überlegte, was er fürs Abendessen einkaufen sollte, schob er eine Kassette mit Maria Callas in den Kassettenspieler.

Sollte er überhaupt etwas einkaufen? Hatte er überhaupt Hunger? Seine Unentschlossenheit ärgerte ihn. Gleichzeitig hatte er keine Lust, wieder in seine alte Unart zu verfallen und an irgendeinem Imbissstand Hamburger zu essen. Mona hatte ihn immer öfter darauf hingewiesen, dass er dick würde. Und sie hatte recht. Vor ein paar Monaten hatte er plötzlich eines Morgens sein Gesicht im Badezimmerspiegel angestarrt und eingesehen, dass seine Jugend unwiderruflich vorbei war. Er würde bald vierzig sein, sah aber älter aus. Früher hatte er eher jünger ausgesehen, als er war.

Verstimmt fuhr er auf den Malmöväg und hielt bei einem der Supermärkte an. Er wollte gerade die Tür zuschlagen, als im Wageninneren sein Autotelefon zu summen begann. Einen Moment lang überlegte er, ob er es ignorieren sollte. Was es auch sein mochte, sollte sich doch ein anderer darum kümmern. Im Augenblick hatte er mit seinen eigenen Problemen genug zu tun. Aber er überlegte es sich doch, griff zum Hörer und meldete sich.

»Wallander?«, hörte er seinen Kollegen Hansson fragen.

»Ja.«

»Wo bist du?«

»Ich wollte gerade einkaufen.«

»Mach das nachher. Komm stattdessen her. Ich bin im Krankenhaus. Ich warte draußen auf dich.«

»Was ist denn los?«

»Es ist ein bisschen schwer zu erklären. Es ist besser, wenn du gleich kommst.«

Das Gespräch war vorbei. Wallander wusste, dass Hansson nicht angerufen hätte, wenn es nichts Ernstes wäre. Er brauchte nur ein paar Minuten zum Krankenhaus. Vor dem Eingang kam Hansson ihm schon entgegen. Er schien zu frieren. Wallander versuchte, von seinem Gesicht abzulesen, was passiert war.

»Was ist denn los?«

»Da drinnen sitzt ein Taxifahrer, der Stenberg heißt«, sagte Hansson. »Er trinkt Kaffee und ist völlig außer sich.«

Wallander folgte Hansson fragend durch die Glastüren.

Die Cafeteria lag rechts. Sie gingen an einem alten Mann

vorbei, der im Rollstuhl saß und langsam einen Apfel kaute. Wallander erkannte Stenberg, der allein an einem Tisch saß. Er war ihm schon einmal begegnet, konnte sich aber nicht erinnern, in welchem Zusammenhang. Stenberg war um die fünfzig, korpulent und fast kahl. Seine Nase war verbogen, als sei er in seiner Jugend Boxer gewesen.

»Sie kennen vielleicht Kommissar Wallander?«, sagte Hansson. Stenberg nickte und stand auf, um Wallander zu begrüßen.

»Bleiben Sie doch sitzen«, sagte Wallander. »Erzählen Sie lieber, was passiert ist.«

Stenbergs Blick flackerte. Wallander erkannte, dass der Mann entweder sehr beunruhigt war oder Angst hatte. Was von beidem zutraf, konnte er noch nicht sagen.

»Ich bekam eine Fahrt von Svarte«, sagte Stenberg. »Der Kunde wollte an der Hauptstraße warten. Er hieß Alexandersson. Als ich ankam, stand er da auch. Er setzte sich auf die Rückbank und sagte, er wolle in die Stadt. Ich sollte am Markt halten.

Ich sah im Rückspiegel, dass er die Augen zumachte. Ich dachte, er schliefe. Als wir in die Stadt kamen, hielt ich am Markt und sagte, dass wir da seien. Er reagierte überhaupt nicht. Ich stieg aus, öffnete die hintere Tür und fasste ihn ganz leicht an. Aber er reagierte nicht. Daher glaubte ich, er sei krank, und fuhr ihn hierher zur Notfallambulanz. Da sagten sie, er wäre tot.«

Wallander zog die Stirn kraus.

»Tot?«

»Sie haben Wiederbelebungsversuche gemacht«, sagte Hansson. »Aber es half nicht. Er war tot.«

Wallander überlegte.

»Sie brauchen fünfzehn Minuten von Svarte in die Stadt«, sagte er zu Stenberg. »Er machte nicht den Eindruck, als ginge es ihm nicht gut, als er einstieg?«

»Wenn er krank gewesen wäre, hätte ich es gemerkt«, sagte Stenberg. »Außerdem hätte er sich dann wohl zum Krankenhaus fahren lassen.«

»Und soweit Sie sehen konnten, war er nicht verletzt?«

»Nein. Er trug einen Anzug und einen blauen Mantel.«

»Hatte er etwas in den Händen? Eine Tasche oder sonst etwas?«

»Nichts. Ich dachte, es wäre am besten, die Polizei anzurufen. Obwohl das Krankenhaus das wohl auch muss, nehme ich an.«

Stenbergs Antworten kamen prompt und ohne Zögern. Wallander wandte sich an Hansson.

»Wissen wir, wer er ist?«

Hansson holte seinen Notizblock hervor.

»Göran Alexandersson«, sagte er. »Neunundvierzig Jahre alt. Selbständiger Unternehmer in der Elektronikbranche. Wohnhaft in Stockholm. Er hatte eine Menge Geld in der Brieftasche. Und viele Kreditkarten.«

»Komisch«, meinte Wallander. »Aber ich nehme an, er hatte einen Herzinfarkt. Was sagen denn die Ärzte?«

»Dass nur eine Obduktion eine eindeutige Klärung der Todesursache ergeben kann.«

Wallander nickte und stand auf.

»Sie müssen die Bezahlung für die Fahrt aus der Hinterlassenschaft beantragen«, sagte er zu Stenberg. »Wir melden uns, wenn wir noch Fragen haben.«

»Es war zwar unangenehm«, sagte Stenberg mit Nachdruck. »Aber ich werde den Teufel tun und mir von den Hinterbliebenen einen Leichentransport bezahlen lassen.«

Dann ging er.

»Ich würde ihn mir gern ansehen«, sagte Wallander. »Du brauchst nicht mitzukommen, wenn du nicht willst.«

»Lieber nicht«, gab Hansson zurück. »Ich versuche in der Zwischenzeit, seine Angehörigen zu erreichen.«

»Was hat er in Ystad gemacht?«, fragte Wallander nachdenklich. »Das sollten wir vielleicht auch herausfinden.«

Wallander blieb nur einen kurzen Augenblick an der Bahre, die in einem Raum in der Notfallambulanz stand. Vom Gesicht des Toten konnte er nichts ablesen. Er untersuchte seine Kleidung. Sie war wie die Schuhe von bester Qualität. Sollte sich zeigen, dass ein Verbrechen vorlag, müssten die Techniker die Kleidung genauer unter die Lupe nehmen. In der Brieftasche fand Wallander nichts außer dem, was Hansson schon genannt hatte. Anschließend sprach er mit einem der Ärzte in der Notfallambulanz.

»Es sieht ganz nach einem natürlichen Tod aus«, meinte der Arzt. »Keine Anzeichen von Gewalt, keine Verletzungen.«

»Und wer hätte ihn auf dem Rücksitz eines Taxis erschlagen sollen?«, sagte Wallander. »Aber ich möchte trotzdem so schnell wie möglich das Resultat der Obduktion haben.«

»Wir lassen ihn jetzt in die Gerichtsmedizin nach Lund bringen«, sagte der Arzt. »Falls die Polizei nichts dagegen hat.«

»Nein«, erwiderte Wallander. »Warum sollten wir?«

Er fuhr zurück ins Polizeipräsidium und ging zu Hansson, der gerade ein Telefonat beendete. Während Wallander wartete, befühlte er missmutig seinen Bauch, der oberhalb des Gürtels hervorzuquellen begann.

»Ich habe gerade mit Alexanderssons Büro in Stockholm gesprochen«, sagte Hansson, nachdem er aufgelegt hatte. »Sowohl mit seiner Sekretärin als auch mit seinem engsten Mitarbeiter. Sie sind natürlich geschockt. Aber sie konnten mir wenigstens sagen, dass Göran Alexandersson seit sechs Jahren geschieden war.«

»Hatte er Kinder?«

»Einen Sohn.«

»Dann müssen wir den ausfindig machen.«

»Das geht nicht«, antwortete Hansson.

»Warum nicht?«

»Weil er tot ist.«

Wallander konnte sich oft über Hanssons umständliche Art, etwas auf den Punkt zu bringen, aufregen. Dies war ein solcher Fall.

»Tot? Wieso tot? Muss man dir alles aus der Nase ziehen?«

Hansson versuchte, seine Notizen zu entziffern.

»Sein einziges Kind, ein Sohn, starb vor fast sieben Jahren. Anscheinend war es irgendein Unglücksfall. Ich habe das Ganze noch nicht durchschaut.«

»Hatte dieser Sohn möglicherweise einen Namen?«

»Bengt.«

»Hast du gefragt, was Göran Alexandersson in Ystad wollte? Oder in Svarte?«

»Er hat gesagt, er wolle eine Woche Urlaub machen. Er

wollte im Hotel Kung Karl wohnen. Er kam vor vier Tagen her.«

»Dann fahren wir jetzt dahin«, sagte Wallander.

Sie durchsuchten Alexanderssons Hotelzimmer über eine Stunde, ohne irgendetwas von Interesse zu finden. Der Koffer war leer. Die Kleider waren ordentlich in den Schrank gehängt. Ein Extrapaar Schuhe.

»Kein Stück Papier«, sagte Wallander nachdenklich. »Nicht ein Buch. Nichts.«

Dann nahm er den Telefonhörer ab und fragte in der Rezeption nach, ob Göran Alexandersson selbst telefoniert oder Telefongespräche empfangen oder Besuch gehabt habe. Die Antwort war eindeutig. Niemand hatte Zimmer 211 angerufen. Niemand war zu Besuch gekommen.

»Er hat ein Zimmer hier in Ystad«, sagte Wallander. »Aber er ruft aus Svarte ein Taxi an. Fragt sich, wie er dahin kam.«

»Ich frage bei den Taxiunternehmen nach«, sagte Hansson.

Sie fuhren ins Präsidium zurück. Wallander blieb am Fenster stehen und betrachtete abwesend den Wasserturm auf der anderen Straßenseite. Er dachte an Mona und Linda. Vermutlich saßen sie in irgendeinem Straßenrestaurant und aßen zu Abend. Aber worüber sprachen sie? Bestimmt darüber, was Linda jetzt anfangen wollte. Er versuchte sich ihr Gespräch vorzustellen. Aber alles, was er hörte, war das Rauschen des Heizkörpers. Er setzte sich an den Schreibtisch, um einen vorläufigen Bericht abzufassen, während Hansson mit den Taxiunternehmen in Ystad telefonierte.

Bevor er anfing, ging er jedoch noch einmal in den Essraum und raffte ein paar Stücke Gebäck an sich, die verloren auf einem Teller lagen. Es war fast acht, als Hansson an seine Tür klopfte und eintrat.

»Er ist in den vier Tagen, die er schon hier in Ystad war, dreimal nach Svarte gefahren«, sagte Hansson. »Er hat sich am Ortsrand absetzen lassen. Am frühen Morgen ist er rausgefahren, und am Nachmittag hat er ein Taxi gerufen.«

Wallander nickte abwesend.

»Das ist ja nicht verboten«, sagte er. »Vielleicht hatte er da draußen eine Geliebte?«

Wallander stand auf und trat ans Fenster. Der Wind hatte an Stärke zugenommen.

»Wir lassen ihn durch unsere Register laufen«, sagte er nach einer Weile. »Mein Gefühl sagt mir, dass es nichts bringt. Aber auf jeden Fall. Und dann können wir nur die Obduktion abwarten.«

»Es war bestimmt ein Herzinfarkt«, sagte Hansson und stand auf.

»Bestimmt«, sagte Wallander.

Anschließend fuhr er nach Hause und machte eine Dose Pyttipanna auf. Er hatte schon angefangen, Göran Alexandersson zu vergessen. Nachdem er sein kärgliches Mahl verzehrt hatte, schlief er vor dem Fernseher ein.

Am Tag danach ließ Wallanders Kollege Martinsson den Namen Göran Alexandersson durch alle zugänglichen Register laufen. Ohne Ergebnis. Martinsson war der Jüngste in der Kriminalabteilung und derjenige von ihnen, der für die neue Technik am aufgeschlossensten war.

Wallander widmete den Tag den gestohlenen Luxuswagen, die in Polen herumfuhren. Am Abend besuchte er seinen Vater in Löderup und spielte ein paar Stunden Karten. Es endete damit, dass sie sich darüber stritten, wer wem wie viel schuldig war. Auf dem Heimweg im Auto fragte Wallander sich, ob er, wenn er alt wurde, auch so werden würde wie sein Vater. Oder hatte er schon angefangen, zu werden wie er? Boshaft, griesgrämig und unfreundlich. Er sollte einmal jemanden fragen. Vielleicht nicht gerade Mona.

Am Morgen des 28. April klingelte Wallanders Telefon. Es war die Gerichtsmedizin in Lund.

»Ich rufe an wegen einer Person namens Göran Alexandersson«, sagte der Arzt. Er hieß Jörne, und Wallander kannte ihn aus seiner Malmöer Zeit.

»Was ist es denn?«, fragte Wallander. »Gehirnblutung oder Schlaganfall?«

»Keins von beiden«, erwiderte Jörne. »Entweder hat er Selbstmord begangen, oder er ist ermordet worden.«

Wallander fuhr zusammen.

»Ermordet? Was meinst du damit?«

»Genau das, was ich sage.«

»Aber das ist undenkbar. Er kann nicht im Fond eines Taxis ermordet worden sein. Stenberg, der ihn gefahren hat, bringt keine Leute um. Aber er kann ja wohl auch kaum Selbstmord begangen haben?«

»Wie es zugegangen ist, kann ich nicht beurteilen«, sagte Jörne ungerührt. »Dagegen kann ich mit Sicherheit sagen, dass er an einem Gift starb, das er mit einem Getränk oder mit etwas zu essen zu sich genommen hat. Und für mich deutet das auf Mord. Aber das rauszufinden ist natürlich euer Job.«

Wallander sagte nichts.

»Ich faxe euch die Papiere rüber«, sagte Jörne. »Bist du noch da?«

»Ja«, sagte Wallander. »Ich bin noch da.«

Er bedankte sich bei Jörne, legte auf und dachte nach über das, was er gerade gehört hatte. Dann drückte er das Haustelefon und bat Hansson, zu ihm herüberzukommen. Er zog einen seiner Notizblöcke heran und schrieb zwei Wörter.

Göran Alexandersson.

Draußen hatte der Wind weiter zugenommen. In den Böen erreichte er schon Sturmstärke.

Der böige Wind wehte weiter über Schonen. Wallander saß zurückgezogen in seinem Zimmer und musste sich eingestehen, dass er noch immer nicht wusste, was mit dem Mann passiert war, der vor zwei Tagen auf der Rückbank eines Taxis gestorben war. Um zehn Uhr am Vormittag begab er sich zu einem der Sitzungszimmer des Präsidiums und schloss die Tür hinter sich. Hansson und Rydberg saßen schon am Tisch. Wallander war überrascht, als er Rydberg sah. Er war wegen Rückenschmerzen krankgeschrieben und hatte seine Rückkehr nicht angekündigt.

»Wie geht es dir denn?«, fragte Wallander.

»Ich sitze hier«, sagte Rydberg abweisend. »Was ist denn das für ein Quatsch von einem Mann, der im Fond eines Taxis ermordet worden ist?«

»Lass uns vorne anfangen«, entgegnete Wallander.

Dann blickte er in die Runde. Einer fehlte.

»Wo ist Martinsson?«

»Er hat angerufen und sich entschuldigt, er hat einen geschwollenen Hals«, antwortete Rydberg. »Aber vielleicht kann Svedberg dazukommen?«

»Wir warten ab, ob es nötig wird«, sagte Wallander und sortierte seine Papiere. Das Fax aus Lund war gekommen.

Dann sah er seine Kollegen an.

»Die Geschichte, die anfänglich so simpel zu sein schien, könnte sich als bedeutend schwieriger erweisen, als ich geglaubt habe. Ein Mann stirbt auf dem Rücksitz eines Taxis. Der Gerichtsmediziner in Lund hat festgestellt, dass er an einem Gift gestorben ist. Was wir immer noch nicht wissen, ist, wie viel Zeit zwischen der Einnahme des Giftes und dem Augenblick des Todes vergangen ist. Aber Lund hat versprochen, uns in ein paar Tagen Bescheid zu geben.«

»Mord oder Selbstmord?«, wollte Rydberg wissen.

»Mord«, antwortete Wallander entschieden. »Ich kann mir nur schwer einen Selbstmörder vorstellen, der erst Gift schluckt und dann nach einem Taxi telefoniert.«

»Könnte er das Gift vielleicht durch einen Irrtum genommen haben?«, fragte Hansson.

»Unwahrscheinlich«, sagte Wallander. »Den Ärzten zufolge ist es eine Giftmischung, die es eigentlich gar nicht gibt.«

»Was heißt das?«, fragte Hansson.

»Dass nur ein Spezialist sie mischen kann, ein Arzt zum Beispiel, ein Chemiker oder ein Biologe.«

Es wurde still.

»Also sollten wir es als Mord betrachten«, sagte Wallander. »Was wissen wir über diesen Göran Alexandersson?«

Hansson blätterte in seinen Aufzeichnungen.

»Er war Geschäftsmann«, begann er. »Er hatte zwei Elektronikläden in Stockholm, einen in Västberga, den anderen am Norrtull. Er wohnte allein in einer Wohnung in der Åsögata. Familie scheint er nicht gehabt zu haben. Seine geschiedene Frau soll in Frankreich wohnen. Sein Sohn starb vor sieben Jahren. Und die Angestellten von ihm, mit denen ich geredet habe, charakterisierten ihn wortwörtlich gleich.«

»Und wie?«, unterbrach ihn Wallander.

»Er galt als nett.«

»Nett?«

»Das war das Wort, das sie benutzten: nett.«

Wallander nickte. »Sonst noch etwas?«

»Er scheint ein ziemlich eintöniges Leben geführt zu haben. Seine Sekretärin vermutete, dass er Briefmarken sammelte. Es kamen regelmäßig Kataloge ins Büro. Enge Freunde scheint er keine gehabt zu haben. Jedenfalls keine, die seine Mitarbeiter kannten.« Es wurde still.

»Wir müssen Stockholm wegen seiner Wohnung um Hilfe bitten«, sagte Wallander, als das Schweigen allzu drückend wurde. »Und wir müssen Kontakt mit seiner Frau aufnehmen. Ich selbst werde versuchen herauszufinden, was er hier unten gemacht hat, in Ystad und Svarte. Wen hat er getroffen? Wir treffen uns heute Nachmittag wieder und stimmen unsere Ergebnisse miteinander ab.«

»Eins frage ich mich«, sagte Rydberg. »Kann ein Mensch ermordet werden, ohne selbst davon zu wissen?«

Wallander nickte.

»Es ist ein interessanter Gedanke«, sagte er. »Jemand gibt Göran Alexandersson unbemerkt ein Gift, das erst eine Stunde später wirkt. Ich werde Jörne danach fragen.«

»Wenn er es weiß«, murmelte Rydberg. »Da wäre ich nicht so sicher.«

Die Sitzung war beendet. Sie gingen auseinander, nachdem sie die Arbeit unter sich verteilt hatten. Wallander stellte sich mit einer Kaffeetasse in der Hand ans Fenster und versuchte zu entscheiden, womit er anfangen sollte.

Eine halbe Stunde später setzte er sich in sein Auto und fuhr nach Svarte hinaus. Der Wind hatte langsam abgenommen. Die Sonne schien durch die aufreißenden Wolken. Wallander hatte zum ersten Mal in diesem Jahr das Gefühl, dass der Frühling endlich auf dem Weg war. Als er an den Ortsrand von Svarte kam, hielt er an und stieg aus.

Hierher kam Göran Alexandersson, dachte er. Er kam am Morgen und fuhr am Nachmittag nach Ystad zurück. Beim vierten Mal wurde er vergiftet und starb auf dem Rücksitz eines Taxis.

Er ging in Richtung Ortsmitte. Viele der Häuser auf der Strandseite der Straße waren Sommerhäuser und jetzt verbarrikadiert.

Auf seinem Gang durch den Ort begegnete Wallander nur zwei Menschen. Die Verlassenheit des Ortes bedrückte ihn plötzlich. Er machte kehrt und ging schnell zurück zum Auto.

Als er schon den Motor angelassen hatte, entdeckte er eine ältere Frau, die sich an einem Blumenbeet in einem Garten neben dem Wagen zu schaffen machte. Er stellte den Motor wieder ab und stieg aus. Als er die Wagentür zuschlug, schaute die Frau in seine Richtung. Wallander ging zum Zaun und hob die Hand zum Gruß.

»Ich hoffe, ich störe Sie nicht«, sagte er.

»Hier stört niemand.« Die Frau sah ihn neugierig an.

»Ich heiße Kurt Wallander und bin Kriminalbeamter in Ystad«, sagte er.

»Ich kenne Sie«, sagte die Frau. »Habe ich Sie nicht in einem Diskussionsprogramm im Fernsehen gesehen?«

»Ich glaube kaum«, erwiderte er. »Aber leider hat es dann und wann Bilder von mir in der Zeitung gegeben.«

»Agnes Ehn«, sagte die Frau und reichte ihm die Hand.

»Wohnen Sie das ganze Jahr über hier?«, fragte Wallander.

»Nur im Sommerhalbjahr. Ich komme Anfang April hier heraus. Und bleibe bis Oktober. Im Winter wohne ich in Halmstad. Ich bin pensionierte Lehrerin. Mein Mann ist vor ein paar Jahren gestorben.«

»Es ist schön hier«, sagte Wallander. »Schön und still. Jeder kennt jeden.«

»Ich weiß nicht«, sagte sie. »Es kann auch so sein, dass man seinen eigenen Nachbarn nicht kennt.«

»Ihnen ist nicht zufällig ein Mann aufgefallen, der in der vergangenen Woche ein paar Mal mit dem Taxi nach Svarte gekommen ist? Und der am Nachmittag wieder von einem Taxi abgeholt worden ist?«

Ihre Antwort überraschte ihn.

»Er hat mein Telefon benutzt, um das Taxi zu bestellen«, sagte sie. »An vier Tagen hintereinander. Wenn es wirklich der gleiche Mann war.«

»Hat er gesagt, wie er heißt?«

»Er war sehr höflich.«

»Und hat sich vorgestellt?«

»Man kann höflich sein, auch ohne seinen Namen zu sagen.«

»Und er bat Sie darum, Ihr Telefon benutzen zu dürfen?«

»Ja.«

»Hat er sonst noch etwas gesagt?«

»Ist denn etwas passiert?«

Wallander fand, dass es keinen Grund gab, ihr nicht zu sagen, was passiert war.

»Er ist tot.«

»Das ist ja schrecklich. Und was ist geschehen?«

»Das wissen wir nicht. Im Moment wissen wir nur, dass er tot ist. Wissen Sie, was er hier in Svarte gemacht hat? Hat er gesagt, wen er besuchte? Und in welche Richtung ging er? War er in Begleitung? Alles, woran Sie sich erinnern können, ist wichtig.«

Wieder überraschte sie ihn mit ihrer klaren Antwort.

»Er ging unten am Strand spazieren«, sagte sie. »Hinter meinem Haus führt ein Pfad hinunter zum Strand. Dem folgte er. Dann ging er in westliche Richtung. Und er kam erst am Nachmittag zurück.«

»Er ging am Strand spazieren? War er allein?«

»Das kann ich doch nicht wissen. Der Strand macht eine Biegung. Er kann da hinten jemanden getroffen haben, wo ich es nicht mehr sehen kann.«

»Hatte er irgendetwas bei sich? Eine Tasche oder ein Paket?«

Sie schüttelte den Kopf.

»Machte er irgendwie einen beunruhigten Eindruck?«

»Nicht, soweit ich sehen konnte.«

»Er benutzte also gestern Ihr Telefon?«

»Ja.«

»Und Sie haben nichts Auffälliges an ihm bemerkt?«

»Er machte den Eindruck eines netten und freundlichen Mannes. Er bestand darauf, die Telefongespräche zu bezahlen.«

Wallander nickte.

»Sie haben mir sehr geholfen«, sagte er und gab ihr eine Karte mit seiner Telefonnummer. »Wenn Ihnen noch etwas einfällt, möchte ich Sie bitten, mich anzurufen.«

»Das ist tragisch«, sagte sie. »Ein so angenehmer Mann.«

Wallander nickte und ging hinter das Haus, wo ein Weg zum Strand hinunterführte. Er ging bis ganz an die Wasserkante. Der Strand war verlassen. Als Wallander sich umdrehte, sah er Agnes Ehn dastehen und ihm nachschauen.

Er muss jemanden getroffen haben, dachte er. Etwas anderes ist undenkbar. Die Frage ist nur, wen.

Er fuhr zurück ins Präsidium. Rydberg hielt ihn auf dem Flur an und sagte, es sei ihm gelungen, Alexanderssons Exfrau an ihrem Wohnort an der Riviera ausfindig zu machen.

»Aber es nimmt niemand ab«, sagte er. »Ich versuche es weiter.«

»Gut«, sagte Wallander. »Sag mir Bescheid, wenn du sie erreicht hast.«

»Martinsson war hier«, fuhr Rydberg fort. »Man konnte kaum hören, was er sagte. Ich habe ihm gesagt, er soll wieder nach Hause gehen.«

»Das hätte ich wohl auch getan«, sagte Wallander.

Er ging in sein Zimmer, schloss die Tür und zog den Kollegblock an sich, auf dem er zuvor den Namen Göran Alexandersson aufgeschrieben hatte. Wen hast du am Strand getroffen?, dachte er. Wen? Das muss ich wissen.

Um ein Uhr war Wallander hungrig. Er hatte schon die Jacke an und wollte gerade gehen, als Hansson an seine Tür klopfte. Es war ihm sofort anzusehen, dass er etwas Wichtiges zu sagen hatte.

»Ich habe da etwas, was sich möglicherweise als bedeutsam herausstellen könnte.«

»Was denn?«

»Wie du dich erinnerst, hatte Göran Alexandersson einen Sohn, der vor sieben Jahren starb. Er wurde erschlagen. Und soweit ich sehen kann, wurde nie ein Täter gefasst und verurteilt.«

Wallander sah Hansson lange an.

»Gut«, sagte er schließlich. »Jetzt haben wir einen Anhaltspunkt. Obwohl ich nicht richtig sagen kann, worin er eigentlich besteht.«

Der Hunger, den er eben noch verspürt hatte, war verschwunden.

Kurz nach zwei Uhr am Nachmittag des 28. April klopfte Rydberg an Wallanders halbgeöffnete Tür.

»Ich habe Alexanderssons Frau erreicht«, sagte er und kam herein. Als er sich auf Wallanders Besucherstuhl setzte, verzog er das Gesicht.

»Was ist mit deinem Rücken?«, fragte Wallander.

»Ich weiß nicht«, erwiderte Rydberg. »Aber irgendetwas stimmt nicht.«

»Du hast vielleicht zu früh wieder angefangen zu arbeiten?«

»Es wird nichts besser davon, dass ich zu Hause liege und an die Decke starre.«

Damit war das Gespräch über Rydbergs Rücken beendet. Wallander wusste, dass es keinen Sinn hatte, ihn dazu überreden zu wollen, wieder nach Hause zu gehen und sich auszuruhen.

»Was hat sie gesagt?«, fragte er stattdessen.

»Sie war natürlich geschockt. Ich glaube, es dauerte eine Minute, bis sie etwas sagte.«

»Das wird teuer für die Staatskasse«, sagte Wallander. »Aber dann? Nachdem die Minute vorbei war?«

»Sie wollte natürlich wissen, was passiert ist. Ich sagte es ihr, wie es war. Sie hatte Schwierigkeiten zu verstehen, wovon ich redete.«

»Kein Wunder.«

»Ich habe auf jeden Fall erfahren, dass sie keinen Kontakt hatten. Der Ehefrau zufolge haben sie sich scheiden lassen, weil sie es zusammen so langweilig hatten.«

Wallander zog die Stirn in Falten.

»Was meinte sie denn damit?«

»Ich glaube, das ist eine häufigere Ursache für Scheidungen, als man ahnt«, sagte Rydberg. »Ich glaube, es muss grässlich sein, mit einem langweiligen Menschen zusammenzuleben.«

Wallander nickte gedankenverloren. Er fragte sich, ob Mona wohl ebenso dachte. Und was dachte er selbst?

»Ich habe sie gefragt, ob sie sich jemanden vorstellen könnte, der ihn würde umbringen wollen. Aber das konnte sie nicht. Dann fragte ich sie, ob sie erklären könnte, was er hier unten in Schonen getan hätte. Das konnte sie auch nicht. Das war alles.«

»Du hast nicht nach ihrem verstorbenen Sohn gefragt? Von dem Hansson sagt, er sei ermordet worden?«

»Doch, natürlich. Aber sie wollte nicht darüber sprechen.«

»Ist das nicht ein bisschen sonderbar?«

Rydberg nickte.

»Genau, was ich dachte.«

»Ich glaube, du musst sie noch einmal anrufen«, sagte Wallander. Rydberg nickte und verließ das Zimmer. Wallander dachte, dass er bei Gelegenheit Mona fragen müsste, ob Langeweile das größte Problem in ihrer Ehe sei. Das Klingeln des Telefons riss ihn aus seinen Gedanken. Ebba von der Vermittlung teilte ihm mit, die Polizei in Stockholm wolle mit ihm sprechen. Wallander zog seinen Block heran und hörte zu. Es war ein Polizist namens Rendal, mit dem Wallander noch nie zu tun gehabt hatte.

»Wir haben uns diese Wohnung in der Äsögata angesehen«, sagte Rendal.

»Und, habt ihr etwas gefunden?«

»Wie sollten wir etwas finden können, wenn wir nicht wissen, wonach wir suchen sollen?«

Wallander konnte hören, dass Rendal gestresst war.

»Wie sah sie denn aus?«, fragte Wallander, so freundlich er konnte.

»Sauber und ordentlich«, sagte Rendal. »Geputzt. Ein bisschen pedantisch. Ich fand, es war eine typische Junggesellenwohnung.«

»Ist es ja auch«, sagte Wallander.

»Wir haben uns seine Post angesehen«, fuhr Rendal fort. »Er scheint höchstens eine Woche weg gewesen zu sein.«

»Das stimmt«, sagte Wallander.

»Er hatte einen Anrufbeantworter. Aber der war leer. Keiner hatte ihn angerufen.«

»Was hatte er selbst für eine Ansage?«, fragte Wallander.

»Nur die übliche.«

»Dann wissen wir das«, sagte Wallander. »Danke für die Hilfe. Wir melden uns wieder, wenn es noch mehr gibt.«

Wallander legte auf und sah, dass es Zeit war für das Nachmittagstreffen der Ermittlungsgruppe. Als er das Sitzungszimmer betrat, waren Hansson und Rydberg schon da.

»Ich habe gerade mit Stockholm gesprochen«, sagte Wallander. »Die Wohnung in der Äsögata hat nichts ergeben.«

»Ich habe die Frau noch einmal angerufen«, sagte Rydberg. »Sie wollte immer noch nicht über den Sohn sprechen. Aber als ich ihr erzählte, dass wir notfalls von ihr verlangen könnten, nach Hause zu kommen und uns bei der Ermittlung zu helfen, ging es etwas leichter. Ihr Sohn wurde auf offener Straße mitten in Stockholm niedergeschlagen. Es muss ein total sinnloser Überfall gewesen sein. Er ist nicht einmal beraubt worden.«

»Ich habe ein paar Unterlagen über diesen Überfall kommen lassen«, sagte Hansson. »So lange ist es ja noch nicht her, dass der Fall ad acta gelegt worden ist. Aber seit mehr als fünf Jahren hat keiner etwas in der Sache unternommen.«

»Gab es keine Tatverdächtigen?«, wollte Wallander wissen.

Hansson schüttelte den Kopf.

»Überhaupt keine. Es gab absolut nichts. Keine Zeugen, gar nichts.«

Wallander schob seinen Kollegblock von sich.

»Genauso wenig, wie wir jetzt in der Hand haben«, sagte er.

Es wurde still am Tisch. Wallander sah ein, dass er etwas sagen musste.

»Ihr müsst mit dem Personal in seinen Läden reden«, sagte er. »Wendet euch an einen Kollegen namens Rendal bei der Stockholmer Polizei und bittet ihn, euch zu helfen. Wir sehen uns morgen wieder.«

Sie verteilten die Arbeit unter sich, und Wallander ging zurück in sein Zimmer. Er hatte vor, seinen Vater in Löderup anzurufen und sich bei ihm für den Streit am Abend zuvor zu entschuldigen. Aber er nahm den Hörer nicht auf. Die Geschichte mit Göran Alexandersson ließ ihm keine Ruhe. Die ganze Situation war dermaßen absurd, dass sie allein deshalb geklärt werden musste. Seine Erfahrung sagte ihm, dass die meisten Morde, auch die meisten sonstigen Verbrechen, irgendwo einen logischen Kern hatten. Es galt nur, die richtigen Puzzlestücke in der richtigen Reihenfolge umzudrehen und nach denkbaren Zusammenhängen zwischen den verschiedenen Zeichen zu suchen, die sichtbar wurden.

Um kurz vor fünf verließ er das Präsidium und fuhr auf der Küstenstraße nach Svarte. Diesmal parkte er seinen Wagen weiter im Ort. Er nahm ein Paar Gummistiefel aus dem

Kofferraum und ging hinunter zum Strand. In der Ferne sah er ein Frachtschiff nach Westen ziehen. Er begann am Strand entlangzugehen und betrachtete die Häuser, die zu seiner Rechten lagen. In ungefähr jedem dritten Haus schienen Menschen zu sein. Er folgte dem Strand, bis er Svarte hinter sich gelassen hatte. Dann kehrte er um. Plötzlich hatte er das Gefühl, dass er hier ging und hoffte, Mona käme ihm entgegen. Er dachte zurück an damals, als sie in Skagen gewesen waren. Es war ihre beste gemeinsame Zeit gewesen. Sie hatten so viel zu reden, dass die Zeit nie ausreichte.

Er schüttelte die unerfreulichen Gedanken ab und konzentrierte sich wieder auf Göran Alexandersson. Während er weiter den Strand entlangging, versuchte er, für sich selbst eine Zusammenfassung zu machen.

Was wussten sie? Dass Alexandersson alleinstehend war, dass er zwei Elektronikläden besaß, dass er neunundvierzig Jahre alt war und nach Ystad gereist und im Kung Karl abgestiegen war. Er hatte gesagt, er wolle Urlaub machen. Im Hotel hatte er weder Besuch noch Telefongespräche bekommen. Er selbst hatte auch nicht telefoniert.

Jeden Morgen war er mit dem Taxi nach Svarte gefahren, wo er seine Tage damit verbracht hatte, am Strand entlangzulaufen. Spät am Nachmittag war er zurückgekehrt, nachdem er bei Agnes Ehn das Telefon benutzt hatte. Beim vierten Besuch hatte er sich in das Taxi gesetzt, in dem er gestorben war.

Wallander blieb stehen und sah sich um. Der Strand lag noch immer verlassen da. Fast die ganze Zeit ist Göran Alexandersson sichtbar, dachte er. Aber irgendwo hier am

Strand verschwindet er. Dann taucht er wieder auf, und ein paar Minuten später ist er tot.

Er muss hier jemanden getroffen haben, dachte Wallander. Oder richtiger gesagt: Er muss sich mit jemandem verabredet haben. Man trifft nicht aus purem Zufall einen Giftmörder.

Wallander ging weiter. Er schaute sich die Villen an, die am Strand lagen. Am nächsten Tag würde er hier Klinken putzen gehen. Jemand muss ihn dort haben gehen sehen, vielleicht hatte jemand ihn einen anderen Menschen treffen sehen.

Wallander entdeckte plötzlich, dass er nicht mehr allein am Strand war. Ein älterer Mann kam ihm entgegen. Ein schwarzer Labrador lief gehorsam an seiner Seite. Wallander blieb stehen und sah den Hund an. In der letzten Zeit hatte er mehrfach daran gedacht, ob er Mona nicht vorschlagen sollte, dass sie sich einen Hund anschafften. Aber er hatte davon abgesehen, weil er zu so unregelmäßigen Zeiten arbeitete. Ein Hund würde mit größter Wahrscheinlichkeit mehr schlechtes Gewissen bedeuten als Gesellschaft.

Der Mann lüpfte sein Käppi, als er Wallander erreichte.

»Ob es wohl noch Frühling wird?«, fragte er. Wallander fiel auf, dass er kein Schonisch sprach.

»Er kommt sicher auch dieses Jahr«, gab Wallander zurück.

Der Mann nickte und wollte weitergehen, als Wallander ihn zurückhielt.

»Ich nehme an, Sie gehen hier jeden Tag?«, sagte Wallander.

Der Mann zeigte auf eins der Häuser.

»Ich wohne hier, seit ich pensioniert bin«, antwortete er.

»Ich heiße Wallander und bin Kriminalbeamter in Ystad. Sie haben nicht zufällig einen Mann um die fünfzig gesehen, der hier in den letzten Tagen allein am Strand spazieren gegangen ist?«

Die Augen des Mannes waren blau und klar. Unter dem Käppi ragte das weiße Haar hervor.

»Nein«, sagte er und lächelte. »Wer hätte das sein sollen? Hier geht niemand außer mir. Aber im Mai, wenn es wärmer wird, dann sieht es anders aus.«

»Sind Sie ganz sicher?«, fragte Wallander.

»Ich gehe dreimal täglich mit dem Hund«, erwiderte der Mann. »Und ich habe hier keinen Mann allein entlanglaufen sehen. Bis jetzt. Bis Sie kamen.«

Wallander nickte.

»Dann will ich Sie nicht weiter stören«, sagte er.

Wallander ging weiter. Als er stehenblieb und zurückschaute, war der Mann mit dem Hund verschwunden.

Woher der Gedanke oder, genauer gesagt, das Gefühl kam, konnte er sich später nie klarmachen. Und doch war er von dem Augenblick an ganz sicher. Etwas war im Gesicht des alten Mannes aufgeblitzt, eine schwache, fast nicht wahrnehmbare Änderung in seinem Blick, als Wallander gefragt hatte, ob er einen Mann allein am Strand gesehen habe.

Er weiß etwas, dachte Wallander. Fragt sich nur, was.

Wallander blickte sich noch einmal um.

Der Strand war jetzt leer.

Er stand einige Minuten da, ohne sich zu bewegen.

Dann kehrte er zu seinem Wagen zurück und fuhr nach Hause.

Mittwoch, der 29. April, wurde in diesem Jahr der erste Frühlingstag in Schonen. Wallander wachte wie üblich früh auf. Er war verschwitzt und wusste, dass er einen Albtraum gehabt hatte, ohne sich erinnern zu können, wovon er gehandelt hatte. Vielleicht hatten ihn wieder einmal die Stiere verfolgt? Oder Mona hatte ihn verlassen? Er duschte, trank Kaffee und blätterte zerstreut Ystads Allehanda durch.

Schon um halb sieben saß er in seinem Zimmer im Polizeipräsidium. Die Sonne schien von einem klarblauen Himmel. Wallander hoffte, dass Martinsson wieder gesund wäre, damit er Hansson die Computerarbeit mit den Registern abnehmen konnte. Er pflegte schnellere und bessere Resultate zu erreichen. Wenn Martinsson gesund war, könnte er Hansson mit hinaus nach Svarte nehmen, um Klinken zu putzen. Aber das Wichtigste war im Moment vielleicht, ein so klares Bild von Alexandersson zu bekommen wie möglich. Martinsson war entschieden gründlicher, wenn es darum ging, Menschen zu befragen, die Auskünfte geben konnten. Wallander beschloss auch, dass sie ernsthaft untersuchen müssten, was eigentlich geschehen war, als Alexanderssons Sohn erschlagen wurde.

Sobald es sieben geworden war, versuchte Wallander Jörne zu erreichen, der die Obduktion von Göran Alexandersson durchgeführt hatte, aber vergebens. Er merkte, dass er ungeduldig war. Der Fall des toten Mannes auf der Rückbank von Stenbergs Taxi machte ihm Sorgen.

Um zwei Minuten vor acht trafen sie sich im Konferenzraum. Rydberg konnte ihm mitteilen, dass Martinsson immer noch Halsschmerzen und Fieber hatte. Wallander fand es typisch, dass es ausgerechnet Martinsson mit seiner Bazillenphobie so erwischt hatte.

»Dann müssen du und ich heute in Svarte die Häuser abklappern«, sagte er. »Und du, Hansson, gräbst hier zu Hause weiter. Ich würde gern mehr über Alexanderssons Sohn Bengt und seinen Tod wissen. Bitte Rendal um Hilfe.«

»Wissen wir mehr über dieses Gift?«, fragte Rydberg.

»Ich habe es heute Morgen schon versucht, aber ich erreiche niemanden«, antwortete Wallander.

Ihre Sitzung wurde sehr kurz. Wallander bat um eine Vergrößerung des Passfotos von Alexanderssons Führerschein und Kopien davon. Dann ging er zu Björk, ihrem Polizeipräsidenten. Er fand, dass Björk im Großen und Ganzen ein guter Chef war, der jeden machen ließ und keinem hineinredete. Doch manchmal raffte Björk sich auf und wollte sich einen raschen Überblick über die Lage an der Ermittlungsfront verschaffen.

»Wie geht es mit dieser Bande, die Autos exportiert?«, fragte Björk und ließ die Handflächen auf die Tischplatte fallen zum Zeichen dafür, dass er eine kurze und präzise Antwort wünschte.

»Schlecht«, antwortete Wallander wahrheitsgemäß.

»Sind irgendwelche Festnahmen aktuell?«

»Überhaupt keine«, antwortete Wallander. »Wenn ich mit dem, was ich habe, zu einem Staatsanwalt ginge und einen Haftbefehl beantragte, würde er mich rauswerfen.«

»Wir dürfen nur nicht aufgeben«, sagte Björk.

»Wo denkst du hin«, antwortete Wallander. »Ich mache weiter. Wenn wir nur erst diese Geschichte mit dem Mann, der in einem Taxi gestorben ist, aufgeklärt haben.«

»Hansson hat mich informiert«, sagte Björk. »Das klingt alles sehr sonderbar.«

»Es ist sonderbar«, sagte Wallander.

»Kann der Mann wirklich ermordet worden sein?«

»Die Ärzte behaupten es«, sagte Wallander. »Wir werden heute in Svarte Klinken putzen gehen. Irgendjemand muss ihn gesehen haben.«

»Halte mich auf dem Laufenden«, sagte Björk und stand auf zum Zeichen dafür, dass das Gespräch beendet war.

Sie fuhren in Wallanders Wagen nach Svarte.

»Schonen ist wirklich schön«, sagte Rydberg plötzlich.

»Auf jeden Fall an einem Tag wie heute«, gab Wallander zurück. »Aber im Herbst kann es hier verdammt ekelhaft sein. Wenn der Schlamm über die Türschwellen schwappt.«

»Wer will denn jetzt an den Herbst denken?«, sagte Rydberg. »Warum soll man einen Vorschuss auf die Unwetter nehmen? Sie kommen schon früh genug.«

Wallander antwortete nicht. Er konzentrierte sich darauf, einen Traktor zu überholen.

»Wir fangen mit den Häusern am Strand am westlichen Ortsrand an«, sagte er. »Wir nehmen jeder eine Seite und treffen uns nachher in der Mitte. Versuche auch herauszubekommen, wer in den Häusern wohnt, die jetzt leerstehen.«

»Was hoffst du eigentlich zu finden?«, fragte Rydberg.

»Die Lösung«, antwortete Wallander ganz einfach.

»Jemand muss ihn da draußen am Strand gesehen haben. Jemand muss gesehen haben, dass er dort einen anderen Menschen getroffen hat.«

Wallander parkte. Er ließ Rydberg mit dem Haus anfangen, in dem Agnes Ehn wohnte. Rydberg machte sich auf den Weg, während Wallander von seinem Autotelefon aus Jörne zu erreichen suchte. Aber auch diesmal bekam er keine Antwort. Er fuhr ein Stück nach Westen, stellte den Wagen ab und ging dann in östliche Richtung. Das erste Haus war ein altes und gut gepflegtes schonisches Landhaus. Er ging durch die Pforte und klingelte an der Tür. Als niemand aufmachte, klingelte er noch einmal.

Er wollte gerade gehen, als die Tür von einer Frau um die dreißig in einem fleckigen Overall geöffnet wurde.

»Ich mag es nicht, wenn man mich stört«, sagte sie und blickte Wallander irritiert an.

»Es ist aber manchmal notwendig«, entgegnete Wallander und zeigte ihr seinen Polizeiausweis.

»Und was wollen Sie?«

»Meine Frage ist vielleicht ein bisschen seltsam«, begann Wallander. »Aber ich möchte gern wissen, ob Sie in den letzten Tagen einen Mann um die fünfzig in einem hellblauen Mantel am Strand gesehen haben.«

Sie zog die Augenbrauen hoch und betrachtete Wallander amüsiert.

»Ich male bei vorgezogenen Gardinen«, sagte sie. »Ich habe nichts gesehen.«

»Sie sind Malerin«, sagte Wallander. »Ich dachte, Sie wollen Licht?«

»Ich nicht. Aber das ist ja wohl kaum strafbar?«

»Und Sie haben nichts gesehen?«

»Nein, nichts, wie schon gesagt.«

»Gibt es sonst jemand in diesem Haus, der etwas gesehen haben kann?«

»Ich habe eine Katze, die immer auf einer Fensterbank hinter den Gardinen liegt. Sie können ja mit der sprechen.«

Wallander merkte, dass er wütend wurde.

»Manchmal ist es nicht zu vermeiden, dass die Polizei Fragen stellen muss«, sagte er. »Glauben Sie nicht, dass ich das hier zu meinem Vergnügen mache. Und jetzt werde ich nicht weiter stören.«

Die Frau machte die Tür zu. Sie verschloss sie mit mehreren Schlössern. Er ging weiter zum nächsten Grundstück. Das eingeschossige Haus darauf war relativ neu erbaut. Im Garten stand ein kleiner Springbrunnen. Als Wallander klingelte, begann im Inneren des Hauses ein Hund zu bellen. Er wartete.

Der Hund hörte auf zu bellen, und die Tür wurde geöffnet. Es war der alte Mann, den Wallander am Vortag unten am Strand getroffen hatte. Wallander hatte sogleich das Gefühl, dass der Mann nicht erstaunt war, ihn zu sehen. Er hatte ihn erwartet und war auf der Hut.

»Sie wieder«, sagte der Mann.

»Ja«, gab Wallander zurück. »Ich gehe herum und klingele bei allen, die am Strand wohnen.«

»Ich sagte ja schon gestern, dass ich nichts gesehen habe.«

Wallander nickte.

»Manchmal fällt einem nachher etwas ein«, sagte er.

Der Mann trat zur Seite und ließ Wallander eintreten. Der Hund beschnüffelte ihn neugierig.

»Wohnen Sie das ganze Jahr hier?«, fragte Wallander.

»Ja«, sagte der Mann. »Ich war zweiundzwanzig Jahre Amtsarzt in Nynäshamn. Als ich pensioniert wurde, sind wir hierher gezogen, meine Frau und ich.«

»Vielleicht hat sie etwas gesehen?«, fragte Wallander. »Ist sie hier?«

»Sie ist krank«, sagte der Mann. »Sie hat nichts gesehen.«

Wallander zog einen Notizblock aus der Tasche.

»Darf ich fragen, wie Sie heißen?«, sagte er.

»Ich heiße Martin Stenholm«, sagte der Mann. »Meine Frau heißt Kajsa.«

Nachdem er die beiden Namen notiert hatte, steckte Wallander den Block wieder ein.

»Dann will ich nicht weiter stören«, sagte er.

»Aber ich bitte Sie«, sagte Martin Stenholm.

»Vielleicht kann ich in ein paar Tagen wiederkommen und mit Ihrer Frau sprechen«, sagte Wallander. »Manchmal ist es besser, wenn die Leute selbst erzählen, was sie gesehen oder nicht gesehen haben.«

»Ich glaube, das ist keine gute Idee«, sagte Stenholm. »Meine Frau ist schwer krank. Sie hat Krebs und wird bald sterben.«

»Ich verstehe«, sagte Wallander. »Dann werde ich nicht zurückkommen und stören.«

Martin Stenholm öffnete ihm die Tür.

»Ist Ihre Frau auch Ärztin?«, fragte Wallander.

»Nein«, antwortete der Mann. »Sie ist Juristin.«

Wallander ging zurück auf die Straße. Dann besuchte er noch drei Häuser, ohne etwas zu erfahren, bevor er auf Rydberg stieß.

Beide machten sogleich kehrt. Wallander holte sein Auto und wartete vor Agnes Ehns Haus auf Rydberg. Als dieser kam, hatte er nur Negatives zu berichten. Niemand hatte Göran Alexandersson am Strand gesehen.

»Und ich habe immer gehört, die Menschen seien so neugierig«, sagte Rydberg. »Besonders auf dem Land, und besonders bei Fremden.«

Sie fuhren nach Ystad zurück. Wallander saß schweigend am Steuer. Als sie im Polizeipräsidium ankamen, bat er Rydberg, Hansson zu suchen und mit in sein Zimmer zu bringen. Er rief bei der Gerichtsmedizin an und erreichte Jörne endlich. Als er das Gespräch mit diesem beendete, waren Rydberg und Hansson schon gekommen. Wallander schaute Hansson fragend an.

»Etwas Neues?«

»Nichts, was unser bisheriges Bild von Alexandersson veränderte«, antwortete Hansson.

»Ich habe gerade mit Jörne telefoniert«, sagte Wallander. »Das Gift, das ihn getötet hat, kann er sehr wohl zu sich genommen haben, ohne es zu bemerken. Man kann nicht genau sagen, wie es wirkt. Jörne vermutete, dass es mindestens eine halbe Stunde dauern könnte. Wenn der Tod dann kommt, tritt er sehr schnell ein.«

»So weit haben wir also recht«, sagte Hansson. »Hat dieses Gift einen Namen?«

Wallander las die komplizierte chemische Bezeichnung vor, die er auf seinem Block notiert hatte.

Dann berichtete er von seinem Gespräch mit Martin Stenholm in Svarte.

»Ich weiß nicht, was es ist«, sagte er. »Aber ich werde

das Gefühl nicht los, dass wir die Lösung im Haus dieses Arztes finden werden.«

»Ein Arzt kennt sich mit Gift aus«, sagte Rydberg. »Das ist schon mal ein Anfang.«

»Da hast du natürlich recht«, erwiderte Wallander. »Aber es ist noch etwas anderes. Ich komme nur nicht darauf, was es ist.«

»Soll ich die Register durchgehen?«, fragte Hansson. »Schade, dass Martinsson krank ist. Er kann das am besten.«

Wallander nickte. Dann kam ihm plötzlich ein Gedanke.

»Suche auch nach seiner Frau, Kajsa Stenholm.«

Während des Walpurgisfestes und Wochenendes ruhte die Ermittlung. Wallander verbrachte einen großen Teil der freien Zeit draußen bei seinem Vater. Einen Nachmittag benutzte er, um seine Küche neu zu streichen. Er rief auch Rydberg an und sprach mit ihm. Er hatte keinen anderen Anlass gehabt, als dass Rydberg genauso allein war wie er selbst. Doch als Wallander anrief, war Rydberg betrunken gewesen, und ihr Gespräch war schnell beendet.

Am Montag, dem 4. Mai, war Wallander früh im Präsidium. Während er darauf wartete, zu erfahren, was Hansson eventuell in seinen Registern gefunden haben konnte, beschäftigte er sich mit der Autoschmugglerbande. Erst am Tag danach, kurz nach elf Uhr, kam Hansson in sein Zimmer.

»Ich finde nichts über Martin Stenholm«, sagte er. »Er hat vermutlich während seines ganzen Lebens nie etwas Verbotenes getan.«

Wallander war nicht verwundert. Er war sich die ganze Zeit bewusst gewesen, dass sie vielleicht auf dem Weg in eine Sackgasse waren.

»Und die Frau?«, fragte er.

Hansson schüttelte den Kopf.

»Noch weniger«, sagte Hansson. »Sie war viele Jahre Staatsanwältin in Nynäshamn.«

Hansson legte einen Aktenordner mit Papieren auf Wallanders Schreibtisch.

»Ich rede noch einmal mit den Taxifahrern«, sagte er. »Vielleicht haben sie trotz allem irgendetwas gesehen.«

Als Wallander allein war, zog er den Aktenordner an sich, den Hansson ihm auf den Schreibtisch gelegt hatte. Er brauchte eine Stunde, um den Inhalt genau durchzusehen. Hansson hatte ausnahmsweise einmal nichts übersehen. Trotzdem wusste Wallander, dass Göran Alexanderssons Tod mit dem alten Arzt zu tun hatte. Er wusste es, ohne zu wissen, wie so häufig zuvor. Zwar misstraute er seiner Intuition, aber er konnte nicht abstreiten, dass sie ihn häufig richtig geleitet hatte. Er rief Rydberg an, der sofort zu ihm herüberkam. Wallander gab ihm den Aktenordner.

»Lies das mal durch«, sagte er. »Weder Hansson noch ich können irgendetwas Auffälliges entdecken. Aber ich bin sicher, dass wir etwas übersehen.«

»Hansson können wir uns schenken«, meinte Rydberg und machte kein Hehl daraus, dass sein Respekt vor dem Kollegen sich in Grenzen hielt.

Am späten Nachmittag reichte Rydberg Wallander den Ordner wieder herein und schüttelte den Kopf. Auch er hatte nichts gefunden.

»Wir müssen wieder von vorn anfangen«, sagte Wallander. »Wir treffen uns hier morgen früh und entscheiden, wie wir weiter vorgehen wollen.«

Kurz danach verließ Wallander das Präsidium und fuhr nach Svarte. Wieder machte er einen langen Spaziergang am Strand. Er traf niemanden. Danach saß er im Auto und las den Ordner, den er von Hansson bekommen hatte, noch einmal durch. Was sehe ich nicht?, dachte er. Es gibt einen Zusammenhang zwischen diesem Arzt und Göran Alexandersson. Nur ich sehe ihn nicht.

Er nahm den Ordner mit nach Hause in die Mariagata. Seit sie vor vierzehn Jahren nach Ystad gezogen waren, wohnten sie in derselben Dreizimmerwohnung.

Er versuchte, sich zu entspannen, aber der Ordner ließ ihm keine Ruhe. Spät am Abend, als es schon auf Mitternacht zuging, setzte er sich an den Küchentisch und ging das Ganze noch einmal durch.

Obwohl er inzwischen sehr müde war, fiel ihm jetzt plötzlich ein Detail auf. Er war sich dessen bewusst, dass es bedeutungslos sein konnte. Doch er beschloss, es gleich am nächsten Morgen zu untersuchen.

In dieser Nacht schlief er schlecht.

Kurz vor sieben war er wieder im Präsidium. Über Ystad fiel ein leichter Nieselregen. Wallander wusste, dass der Mann, den er jetzt aufsuchen wollte, ein ebenso früher Vogel war wie er selbst. Er ging hinüber in den Flügel des Gebäudes, in dem die Staatsanwaltschaft untergebracht war, und klopfte an Per Åkesons Tür. Wie üblich herrschte dort drinnen große Unordnung. Åkeson und Wallander arbeiteten seit vielen Jahren zusammen und hatten großes Vertrauen in das Urteilsvermögen des anderen. Åkeson schob die Brille in die Stirn und betrachtete Wallander.

»Du hier?«, sagte er. »So früh? Das bedeutet, dass du mir etwas Wichtiges zu sagen hast.«

»Ob es wichtig ist, weiß ich nicht«, entgegnete Wallander. »Aber ich brauche deine Hilfe.«

Er nahm einen Aktenstapel vom Besucherstuhl und legte ihn auf den Fußboden. Dann setzte er sich und berichtete Åkeson in knappen Worten von Alexanderssons Tod.

»Hört sich reichlich seltsam an«, sagte Åkeson, nachdem Wallander geendet hatte.

»Manchmal passieren seltsame Dinge«, sagte Wallander. »Das weißt du ebenso gut wie ich.«

»Aber du bist doch kaum um sieben Uhr in der Frühe hergekommen, um mir das Ganze zu erzählen? Ich nehme an, du möchtest vorschlagen, dass wir diesen Arzt festnehmen?«

»Ich brauche deine Hilfe wegen seiner Frau, Kajsa Stenholm«, sagte Wallander. »Sie ist deine Kollegin gewesen. Sie hat viele Jahre in Nynäshamn gearbeitet. Aber ein paar Mal war sie beurlaubt. In diesen Perioden hat sie manchmal kurzzeitige Vertretungen übernommen. Vor sieben Jahren hatte sie eine Vertretung in Stockholm. Diese Vertretung fällt in die Zeit, als Göran Alexanderssons Sohn überfallen und getötet wurde. Und ich brauche deine Hilfe, um herauszufinden, ob zwischen diesen beiden Ereignissen eine Verbindung besteht.«

Wallander blätterte in seinen Papieren, bevor er fortfuhr.

»Der Sohn hieß Bengt. Bengt Alexandersson. Er war achtzehn Jahre alt, als er starb.«

Per Åkeson balancierte auf zwei Beinen seines Stuhls und betrachtete Wallander stirnrunzelnd.

»Was stellst du dir eigentlich vor?«, fragte er.

»Ich weiß nicht«, antwortete Wallander. »Aber ich will trotzdem untersuchen, ob es eine Verbindung gibt. Ob Kajsa Stenholm in irgendeiner Weise mit der Ermittlung von Bengt Alexanderssons Tod befasst war.«

»Und ich nehme an, du möchtest die Antwort so schnell wie möglich?«

Wallander nickte.

»Du kennst mich doch inzwischen gut genug, um zu wissen, dass Geduld für mich ein Fremdwort ist«, sagte er und stand auf.

»Ich will sehen, was ich tun kann«, sagte Åkeson. »Aber erwarte nicht zu viel.«

Als Wallander kurz darauf an der Anmeldung vorüberkam, sagte er zu Ebba, dass sie Rydberg und Hansson in sein Zimmer schicken sollte, sobald sie kämen.

»Wie geht es dir eigentlich?«, fragte Ebba. »Bekommst du nachts genug Schlaf?«

»Manchmal habe ich das Gefühl, ich schlafe zu viel«, sagte Wallander ausweichend. Ebba war in der Anmeldung sozusagen ein Fels in der Brandung und hatte ein wachsames Auge auf das Wohlbefinden aller. Wallander musste sich dann und wann in aller Freundlichkeit ihrer Fürsorge erwehren.

Um Viertel nach acht kam Hansson, kurz darauf Rydberg. In knappen Worten referierte Wallander, was er in »Hanssons Papieren«, wie er sie inzwischen nannte, entdeckt hatte.

»Wir müssen abwarten, was Per Åkeson herausfindet«, schloss er. »Vielleicht ist es eine sinnlose Vermutung meinerseits. Aber wenn es sich auf der anderen Seite zeigt, dass Kajsa Stenholm zur gleichen Zeit, als Bengt Alexandersson getötet wurde, eine Vertretung hatte, und wenn sie mit der Ermittlung befasst war, dann haben wir wirklich einen Zusammenhang hergestellt.«

»Hast du nicht gesagt, dass sie auf den Tod liegt?«, fragte Rydberg.

»Das behauptet ihr Mann«, antwortete Wallander. »Sie selbst habe ich nicht gesehen.«

»Mit allem Respekt vor deiner Fähigkeit, dich durch komplizierte Verbrechensermittlungen zu manövrieren, kommt mir dies alles doch sehr vage vor«, sagte Hansson. »Nehmen wir an, du hast recht. Dass Kajsa Stenholm als Leiterin der Voruntersuchung im Fall des gewaltsamen Todes von Bengt Alexandersson tätig war. Was bedeutet das heute? Sollte eine krebskranke Frau einen Mann ermordet haben, der von irgendwoher aus ihrer Vergangenheit auftaucht?«

»Es ist sehr vage«, räumte Wallander ein. »Lasst uns einfach abwarten, was Åkeson eventuell herausbekommt.«

Nachdem die beiden anderen gegangen waren, saß Wallander lange unschlüssig da. Er fragte sich, was Mona und Linda wohl gerade machten. Und worüber sie redeten. Um kurz vor halb zehn holte er sich eine Tasse Kaffee, um halb elf noch eine. Er kam gerade in sein Zimmer zurück, als das Telefon klingelte.

Es war Per Åkeson.

»Es ging schneller, als ich dachte«, sagte er. »Hast du was zum Schreiben?«

»Ich schreibe«, antwortete Wallander.

»Zwischen dem 10. März und dem 9. Oktober 1980 hatte Kajsa Stenholm eine Vertretung als Staatsanwältin in Stockholm. Mit Hilfe eines tüchtigen Archivars beim Landgericht bekam ich auch eine Antwort auf deine zweite Frage, inwieweit sie mit der Ermittlung im Fall des Todes von Bengt Alexandersson befasst war.«

Er verstummte. Wallander wartete gespannt.

»Du hattest tatsächlich recht«, sagte Åkeson. »Sie leitete die Voruntersuchung, und sie war es auch, die die Ermittlung schließlich auf Eis legte. Ein Täter wurde nie gefasst.«

»Danke für die Hilfe«, sagte Wallander. »Ich lass mir das alles durch den Kopf gehen. Ich melde mich später wieder.«

Als er aufgelegt hatte, stand er auf und trat ans Fenster. Die Scheibe war beschlagen. Es regnete jetzt stärker als am frühen Morgen. Es gibt nur eins, dachte er. Hingehen und herausfinden, was eigentlich passiert ist. Er beschloss, nur Rydberg mitzunehmen. Über das Haustelefon rief er ihn und Hansson zu sich. Er erzählte ihnen, was Åkeson gesagt hatte.

»Donnerwetter!«, sagte Hansson.

»Ich dachte, du und ich fahren hin«, sagte Wallander zu Rydberg. »Drei ist einer zu viel.«

Hansson nickte. Er verstand.

Sie fuhren schweigend in Wallanders Wagen nach Svarte. Wallander parkte hundert Meter hinter Stenholms Haus.

»Was erwartest du von mir?«, fragte Rydberg, als sie durch den Regen gingen.

»Dass du dabei bist. Sonst nichts.«

Plötzlich wurde es Wallander bewusst, dass Rydberg zum ersten Mal ihm assistierte und nicht umgekehrt. Rydberg hatte sich nie formell als sein Vorgesetzter verhalten, es passte nicht zu seinem Temperament, Chef zu sein, sondern sie hatten immer Seite an Seite gearbeitet. Aber seit Wallander in Ystad war, hatte er Rydberg als seinen Lehrer betrachtet. Das berufliche Können, über das Wallander heute verfügte, verdankte er hauptsächlich Rydberg.

Sie traten durch die Gartenpforte und gingen zum Haus.

Wallander klingelte. Als habe er sie erwartet, öffnete der alte Arzt ihnen fast auf der Stelle die Tür. Wallander schoss der Gedanke durch den Kopf, wie merkwürdig es war, dass der Labrador sich nicht zeigte.

»Ich hoffe, ich störe nicht«, sagte Wallander. »Aber ich habe noch einige Fragen, die leider nicht warten können.«

»Was für Fragen?«

Wallander merkte, dass jede Freundlichkeit bei dem Mann jetzt verschwunden war. Er wirkte verängstigt und zugleich gereizt.

»Nach dem Mann, der am Strand spazieren ging«, sagte Wallander.

»Ich habe Ihnen doch schon gesagt, dass ich ihn nicht gesehen habe.«

»Wir würden auch gern mit Ihrer Frau sprechen.«

»Ich habe Ihnen schon gesagt, dass sie todkrank ist. Was

hätte sie denn sehen sollen? Sie liegt im Bett. Ich begreife nicht, warum Sie uns nicht in Frieden lassen können!«

Wallander nickte.

»Dann werden wir nicht mehr stören«, sagte er. »Jedenfalls im Moment nicht. Aber ich bin ziemlich sicher, dass wir wiederkommen werden. Und dann werden Sie uns hereinlassen müssen.«

Er nahm Rydberg am Arm und ging mit ihm zur Gartenpforte. Hinter ihnen wurde die Tür zugeschlagen.

»Warum hast du so schnell nachgegeben?«, fragte Rydberg.

»Das hast du mir doch beigebracht«, antwortete Wallander. »Dass es nicht schadet, die Leute zum Nachdenken zu bringen. Außerdem brauche ich von Åkeson einen Durchsuchungsbefehl.«

»Hat wirklich er Alexandersson getötet?«, sagte Rydberg.

»Ja«, sagte Wallander. »Ich bin mir sicher. Er war es. Aber wie das Ganze zusammenhängt, weiß ich noch immer nicht.«

Am gleichen Nachmittag bekam Wallander seinen Durchsuchungsbefehl. Er beschloss, bis zum nächsten Morgen damit zu warten. Um sich abzusichern, ließ er sich von Björk die Zustimmung dazu geben, das Haus solange zu bewachen.

Als Wallander in der Morgendämmerung des folgenden Tages, es war der 7. Mai, aufwachte und das Rollo hochschnappen ließ, war die Stadt in Nebel getaucht. Bevor er duschte, tat er etwas, was er am Abend zuvor vergessen hatte. Er schlug den Namen Stenholm im Telefonbuch nach. Es gab darin weder eine Kajsa noch einen Martin Stenholm. Als er die Auskunft anrief, wurde ihm mitgeteilt, die Nummer sei geheim. Er nickte stumm, als habe er genau das erwartet.

Während er Kaffee trank, überlegte er, ob er Rydberg mitnehmen oder allein nach Svarte fahren sollte. Erst als er sich ins Auto setzte, entschied er sich dafür, allein zu fahren. Über der Küste lag dichter Nebel.

Wallander fuhr sehr langsam. Kurz vor acht Uhr hielt er unmittelbar vor Stenholms Haus. Er ging durch die Gartenpforte und klingelte. Erst beim dritten Klingeln wurde aufgemacht. Als Martin Stenholm sah, dass es Wallander war, versuchte er, die Tür zuzuschlagen. Wallander konnte jedoch einen Fuß dazwischenschieben und drückte die Tür auf.

»Was gibt Ihnen das Recht, hier einzudringen?«, rief der alte Mann mit gellender Stimme.

»Ich dringe nicht ein«, sagte Wallander. »Ich habe einen Hausdurchsuchungsbefehl. Es ist das Beste, Sie akzeptieren es sofort. Können wir uns irgendwo setzen?«

Stenholm schien plötzlich zu resignieren. Wallander folgte ihm in ein Zimmer, dessen Wände voller Bücher waren. Wallander setzte sich in einen Ledersessel, der alte Mann ihm gegenüber.

»Haben Sie mir wirklich nichts zu sagen?«, fragte Wallander.

»Ich habe keinen Mann hier am Strand spazieren gehen sehen. Und meine Frau, die schwer krank ist, auch nicht. Sie liegt oben.«

Wallander beschloss, ohne Umschweife zur Sache zu kommen. Es gab keinen Grund mehr zu zweifeln.

»Ihre Frau ist Staatsanwältin gewesen«, begann er. »Den größeren Teil des Jahres 1980 hatte sie eine Vertretung in Stockholm. Sie leitete unter anderem die Voruntersuchung der Umstände, die zum Tod des damals achtzehnjährigen Bengt Alexandersson geführt hatten. Und sie war es auch, die nach einigen Monaten das Verfahren einstellte. Erinnern Sie sich an dieses Ereignis?«

»Natürlich nicht«, sagte Stenholm. »Wir hatten es uns zur Gewohnheit gemacht, zu Hause Gespräche über unsere Arbeit zu vermeiden. Weder sprach sie von Angeklagten noch ich von Patienten.«

»Der Mann, der hier am Strand spazieren ging, war der Vater des toten Bengt Alexandersson«, fuhr Wallander fort. »Er wurde außerdem vergiftet und starb auf der Rückbank eines Taxis. Finden Sie, dass dies nach Zufall aussieht?«

Stenholm antwortete nicht. Wallander meinte plötzlich, den gesamten Verlauf des Geschehens vor sich sehen zu können.

»Nach Ihrer Pensionierung ziehen Sie von Nynäshamn hier herunter nach Schonen«, sagte er langsam. »In eine kleine, anonyme Gemeinde mit Namen Svarte. Sie stehen nicht einmal im Telefonbuch, denn Ihre Nummer ist geheim. Natürlich kann der Grund dafür sein, dass Sie im Alter ungestört und anonym sein wollen. Aber vielleicht kann man sich auch eine andere Möglichkeit denken. Dass Sie in aller Heimlichkeit wegziehen, um etwas oder jemanden loszuwerden. Vielleicht einen Mann, der es nicht versteht, warum eine Staatsanwältin nicht mehr Mühe darauf verwendet, den sinnlosen Mord an seinem einzigen Kind aufzuklären. Sie ziehen fort, doch er findet Sie. Wie ihm das gelingt, werden wir wohl nie erfahren. Plötzlich steht er hier draußen am Strand. Sie begegnen ihm eines Tages, als Sie mit dem Hund gehen. Es ist natürlich ein schwerer Schock. Er wiederholt seine Anklagen. Vielleicht stößt er sogar Drohungen aus. Im Obergeschoss liegt Ihre schwerkranke Frau. Ich bezweifle nicht, dass es so ist. Der Mann am Strand kommt Tag auf Tag wieder. Er lässt nicht locker. Sie sehen keine Möglichkeit, ihn loszuwerden. Sie sehen überhaupt keinen Ausweg. Da bitten Sie ihn ins Haus. Wahrscheinlich versprechen Sie ihm, dass er mit Ihrer Frau sprechen kann. Sie geben ihm ein Gift, vielleicht in einer Tasse Kaffee. Dann bitten Sie ihn plötzlich, am nächsten Tag wiederzukommen. Ihre Frau hat starke Schmerzen, oder vielleicht schläft sie. Aber Sie wissen, er wird nie wiederkommen. Das Problem ist gelöst. Göran Alexandersson wird an etwas sterben, das aussieht wie ein Herzinfarkt. Niemand hat Sie zusammen gesehen, niemand kennt die Verbindung zwischen Ihnen. War es nicht so?«

Stenholm saß unbeweglich da.

Wallander wartete. Durchs Fenster konnte er sehen, dass der Nebel noch immer sehr dicht war. Dann hob der Mann den Kopf.

»Meine Frau hat keine Fehler gemacht«, sagte er. »Aber die Zeiten änderten sich, die Verbrechen nahmen zu und wurden schlimmer. Polizei und Staatsanwaltschaft und Gerichte waren überfordert und kämpften einen aussichtslosen Kampf. Das sollten Sie als Polizeibeamter wissen. Deshalb war es zutiefst ungerecht, dass Göran Alexandersson meiner Frau zum Vorwurf machte, dass der Mord an seinem Sohn nie aufgeklärt wurde. Er hat uns sieben Jahre lang verfolgt und bedroht und terrorisiert. Und er tat das auf eine Art und Weise, dass ihm nie beizukommen war.«

Stenholm verstummte. Dann stand er vom Stuhl auf.

»Gehen wir hinauf zu meiner Frau. Sie kann es selbst erzählen.«

»Das ist nicht mehr nötig«, sagte Wallander.

»Für mich ist es nötig«, sagte der Mann.

Sie stiegen die Treppe ins Obergeschoss hinauf. In einem großen und hellen Raum lag Kajsa Stenholm in einem Krankenbett. Auf dem Boden daneben lag der Labrador.

»Sie schläft nicht«, sagte der Mann. »Gehen Sie zu ihr und fragen sie, was Sie wollen.«

Wallander trat ans Bett. Ihr Gesicht war so abgemagert, dass die Haut sich über dem Schädel spannte.

Im gleichen Augenblick sah Wallander, dass sie tot war. Er wandte sich heftig um. Der alte Mann war in der Türöffnung stehen geblieben. Er richtete eine Pistole auf Wallander.

»Ich wusste, dass Sie kommen würden«, sagte er. »Deshalb konnte sie ebenso gut sterben.«

»Legen Sie die Pistole fort«, sagte Wallander.

Stenholm schüttelte den Kopf. Wallander spürte, wie die Angst ihn lähmte.

Dann ging alles sehr schnell. Stenholm richtete plötzlich die Waffe auf seine eigene Schläfe und drückte ab. Der Knall hallte im Raum wider. Von der Wucht des Schusses wurde der Mann fast durch die Tür hinausgeschleudert. Das Blut war über die Wände gespritzt. Wallander war nahe daran, in Ohnmacht zu fallen. Dann stürzte er durch die Tür und die Treppe hinunter. Er wählte die Nummer des Polizeipräsidiums. Ebba nahm ab.

»Hansson oder Rydberg«, sagte er. »Und zwar verdammt schnell.«

Rydberg nahm ab.

»Es ist vorbei«, sagte Wallander. »Kleine Besetzung in das Haus in Svarte. Ich habe zwei Tote hier.«

»Hast du sie getötet? Was ist passiert?«, fragte Rydberg. »Bist du verletzt? Warum bist du allein da hinausgefahren, verdammt noch mal?«

»Ich weiß nicht«, sagte Wallander. »Macht schnell. Ich bin unverletzt.«

Wallander ging aus dem Haus, während er wartete. Der Strand war nebelverhangen. Er dachte an das, was der alte Arzt gesagt hatte, über die Verbrechen, die mehr wurden und immer gröber. Wallander hatte ähnliche Überlegungen angestellt. Er kam sich mehr und mehr wie ein Polizeibeamter vor, der eigentlich einer anderen Zeit angehörte. Und das, obwohl er gerade mal vierzig war. Vielleicht brauchte die Gegenwart eine andere Sorte Polizisten?

Er wartete im Nebel, dass die Kollegen aus Ystad kamen. Er fühlte sich elend. Wieder einmal war er gegen seinen Willen gezwungen gewesen, in einer Tragödie mitzuspielen. Er fragte sich, wie lange er das noch aushalten würde.

Als die Kollegen kamen und Rydberg aus dem Wagen stieg, entdeckte er Wallander als schwarzen Schatten in dem weißen Nebel.

»Was ist passiert?«, fragte Rydberg.

»Wir haben den Fall des Mannes gelöst, der im Fond von Stenbergs Taxi gestorben ist«, sagte Wallander einfach.

Er sah, dass Rydberg auf eine Fortsetzung wartete, die nicht kommen würde. »Das ist alles«, sagte er. »Das ist alles, was wir getan haben.«

Dann drehte Wallander sich um und ging hinunter zum Strand. Nach kurzer Zeit hatte der Nebel ihn verschluckt.

RAIJA SIEKKINEN

Die schwarze Sonne

Das Leben hatte eine Falle aufgestellt, von deren Existenz ich erst wusste, als es zu spät und die Falle zugeschnappt war und die Zeit geteilt hatte: Es gab die Zeit davor und die danach, und das Einzige, was blieb, war weiterzumachen. Der Wind wehte Herbstblätter übers nasse Pflaster, Regen sprenkelte die Fensterscheiben, von morgens bis abends, Tag für Tag, und ringsum hallte die Welt, die immer unbegreiflicher wurde, ihre Farbe verlor, an einen Kranken mit zwanghaften Bewegungen erinnerte. Reden war nicht möglich, man konnte sich nur gegenseitig in die Augen sehen, bis zu dem Punkt, an dem die Augen sich wieder schlossen, und ganz dicht an den anderen heranrücken, im Dunkel, das nur kurz vom zitternden Streif des Nachmittags erhellt wurde, fröstelnd trotz warmer Kleidung und mehrerer Decken, wie nackt und allem ausgeliefert. Nachts lärmten durch ihre Träume fremde Leute, und morgens präsentierte eine immer weiter entfernte Wirklichkeit ihre schwächer werdenden Angebote: Laub harken, zum letzten Mal im Herbst den Rasen mähen, und das Telefon klingelte lange, ehe es verstummte.

Da war etwas. Ihre Gedanken umkreisten es scheu und wurden gleichzeitig von ihm angezogen: Ein abstrahlender Kern, eine schwarze Sonne, die das ganze Leben beschien.

Aber die Handwerker waren bestellt, schon im Frühjahr, und im Herbst kamen sie. Wenn sie morgens um sieben an der Tür klopften, musste man aufmachen, dastehen und zuhören. Sie brauchten die Kellerschlüssel für die Farbeimer, mussten den Farbton für die Türen wissen, benötigten die gewünschte Zaunhöhe und den Abstand zwischen den Latten, fragten, ob sie Schrauben oder Gewindestangen nehmen sollten und ob wir im Garten eine Terrasse planten, und man musste antworten, musste überlegen. Man musste mit nackten Füßen auf dem Rasen stehen, mal auf dem einen und mal auf dem anderen, da es kalt war, und die Löcher begutachten, in die die Zaunpfosten kamen, und zugleich an den Zigarettenrauch der letzten Nacht denken, der zu den soeben geöffneten Fenstern hinauszog, und dass auf dem Tisch und dem Fußboden benutzte Kaffeetassen und ungeleerte Aschenbecher standen und im Kühlschrank jede Menge Essen wartete, auf das niemand Appetit hatte und das bereits roch, und dass überall ein Verstummen lauerte und noch etwas, das sich nicht benennen ließ.

Draußen, hinter den zugezogenen Vorhängen, stand ein sieben Meter hohes Baugerüst, morgens beendete das Geräusch der Kreissäge den Schlaf. Alte Farbe wurde von den Wänden gekratzt, die Unterhaltung der Maler drang durch die Fenster. Sie sprachen über Wechsel, die demnächst fällig wurden, und solche, die bereits eingelöst worden waren, und ab und zu kam der Zimmermann und sagte den Malern, wie man ein Haus zu streichen hatte, und die Maler sagten dem Zimmermann, wie man einen Zaun baute.

Der Bauunternehmer schaute vorbei, ein dicker, lauter

Mann mit kurzen Beinen und Armen wie ein Sumoringer, und schimpfte, weil sein Geld verpulvert wurde.

»Hört auf mit dem Abkratzen, Farbe drauf und gut!«, brüllte er aufs Baugerüst.

Von oben tönte es: »So können wir das nicht lassen! Sieh zu, dass du unseren Lohn zusammenkriegst!« – »Das ist ein denkmalgeschütztes Haus!«

Der Bauunternehmer zog ab. Während der Mittagspause saßen die Maler im Park gegenüber, tranken Bier und erzählten den Passanten, dass das Haus unter Denkmalschutz stand und wie es gestrichen wurde und wie lange der Anstrich halten würde: Wenn er zwei Winter und einen Sommer unbeschadet überstand, dann mindestens zehn Jahre. Der Zimmermann aß seine Brote vor dem Haus, trank Quellwasser und redete von seinen Lachsnetzen, ob der Lachsdieb wohl wieder zugange war oder zu wenig Senkgewichte an den Netzen hingen, jedenfalls hatte er seit fast einer Woche keinen Lachs mehr gekriegt. Wir saßen auf dem von der Vormittagssonne erwärmten Rasen, unter dem die Erde schon wieder kälter wurde, und dachten uns eine Falle für den Lachsdieb aus, kamen immer wieder darauf zurück, dass wir in unserem eigenen Netz den ganzen Sommer über nur einen einzigen Lachs gehabt hatten, der jetzt in der Tiefkühltruhe lag, steifgefroren, fast einen Meter lang, wer sollte so einen Lachs essen. Dann ging es um das Meer und die Gefahren des Fischfangs im Herbst, alles hörte sich an wie aus einem früheren Leben, und wir wussten, dass das Netz nutzlos im Wasser hing, dass bereits Algen daran klebten und kein Stück Netzschnur mehr sauber war. Mit jedem Tag wurde das Netz schwerer, wer würde es heben, wer reinigen, und wann? Wir gingen ins Haus und zogen die Vorhänge zur Seite, öffneten die Fenster, redeten weiter übers Netzheben und über die Lachse, die wir noch fangen würden.

Als die Fassade gestrichen war, begannen die Handwerker zu trinken. Sie saßen mittags mit Koskenkorva-Wodka und Aperita-Rotwein im Park, auch nach Feierabend, und die Leute schauten von den Parkbänken zum Haus herüber, dessen Vorderseite mit dem spitzenartigen Schmuckstreifen frisch glänzte, während auf den übrigen drei Seiten noch die alte graue Farbe abblätterte. Der Bauunternehmer musste die Handwerker suchen gehen, ebenso – am Zahltag – die geschiedene Frau des einen Malers. Als die Herbststürme und Regenfälle kamen, hieß es, dass man jetzt nicht streichen könne, und als eine lange milde Periode einsetzte, war die Farbe alle, und der Bauunternehmer lieferte keine nach. Inzwischen zogen die Handwerker am Zahltag los und suchten den Bauunternehmer. Irgendwann saßen sie müde an der Hauswand und warteten auf sein Erscheinen. Vergeblich.

»Der hat zehntausend beim Toto verspielt, der bezahlt uns nicht.«

»Der kommt nicht mehr.«

»Nee.«

Also mussten sie den Handwerkern Geld auslegen, mit ihnen in der dunkler werdenden Küche sitzen und den Gesprächen zuhören. Einer hatte gesehen, wie ein Waldarbeiter an der Säge sein Bein verloren hatte und verblutet war, ehe er auch nur einen Satz von sich geben konnte; ein anderer war in einem Auto mitgefahren, das gleich, nachdem er ausgestiegen war – direkt an der nächsten Kreuzung –, einen Unfall hatte, niemand aus dem Auto überlebte.

»Der Nachbarsjunge ist durch die Windschutzscheibe geflogen, nur die Beine sind im Auto geblieben, er war sofort tot.«

Einer hatte zwei Männer umgebracht, aber nur der Gerechtigkeit wegen und um die gute Sache zu verteidigen, also eine Frau, und ein anderer hatte die Mutter bei seiner Geburt verloren. Die Maler tranken Kaffee und Bier, der Geschirrstapel wuchs, und als sie das Licht anmachten, kniffen die Maler die Augen zusammen. Sie hörten von einem Mann, dessen Hand abgetrennt wurde, vor Schock stand sein Blut still, erst nach einer Ohrfeige wich der Schock, der Mann verblutete. Das Bier ging zur Neige, von draußen hörte man den Feierabendverkehr, das Abbremsen und Beschleunigen klang anders als tagsüber. Die Maler fingen an, von Frauen zu reden, was für welche sie gehabt hatten und was für welche sie haben könnten, schließlich gingen sie nach Hause.

Eines klaren Morgens waren die Bäume kahl. Der Wind hatte nachts alle Zweige entlaubt und die Blätter im Park und auf der Straße ausgebreitet. Da lagen sie, wie ein goldener Teppich aus einem Kindheitsmärchen. Es amüsierte sie, dass die Leute noch immer genau da gingen, wo der Bürgersteig sein musste, in Mantel und festen Schuhen und mit einem Blick, als müsse doch endlich jemand kommen und alles freifegen. Man konnte nur zurück unter die Bettdecke schlüpfen, sich an den Haaren und der Haut des anderen festkrallen, sich auf ihn hocken, beißen, lachen oder weinen, wissend, dass vor den Fenstern längst ein neues Kapitel aufgeschlagen worden war.

Nach zwei Tagen Dauerregen war das Boot im Hafen untergegangen. Hübsch und blau hing es an der Bugkette und den Heckseilen neben dem Steg im Wasser. Der Wind und kleine Wellen gingen darüber hinweg, es wackelte leicht, die Bodenbretter und die Bänke schwammen lose umher. Wir sammelten sie ein, hoben sie auf den Steg und standen da.

»Du liebe Güte.«

»Ja.«

»Mist. Komm, wir gehen.«

Das Boot lag tagelang unter Wasser. Wir redeten darüber, was passieren würde, wenn die Kette oder die Seile rissen. Das Boot würde nur noch an einer Seite festhängen und senkrecht im Wasser stehen, schließlich würde es ganz abreißen. Nachts sanken die Temperaturen schon unter null, am Morgen waren das Treppengeländer und das Schuppendach des Nachbarn von Rauhreif überzogen. Nachts weckte uns die Kälte, die durch die Fensterritzen drang, und ich lag wach und dachte, dass man die Fenster hätte abdichten müssen und dass über dem Boot jetzt eine dünne Eisschicht wuchs, die mit jeder Nacht dicker werden würde, so lange, bis das Boot nicht mehr zu sehen und endgültig verloren war, mit dem schönen Wort auf der Bordwand.

An einem Wochenende kriegten wir das Boot dann doch gehoben. Wir stemmten es mit Kanthölzern hoch, schöpften es leer, zogen es mit dem Auto an Land und lehnten es umgedreht an einen Baumstamm. Öliges Wasser rann unter der Reling und aus der Fahrerkajüte hervor, der nasse Rumpf wurde sofort weiß, vereiste schon beim Zusehen. In der Woche danach fror das Meer zu.

Mit dem Einbruch der Kälte tranken die Maler weniger und strichen das Haus schnell fertig. Der Bauunternehmer kam nur noch selten vorbei, sagte, dass er den Lohn bald zusammenhaben würde, und verschwand sofort wieder, irgendwann kam er gar nicht mehr. Die Maler erzählten, dass er trank, seit er sein Geld beim Toto verspielt hatte, und kein neuer Auftrag in Sicht war, sie kamen ins Haus, telefonierten ihm hinterher und saßen dann in der Küche, redeten wieder über die Frauen, die einige von ihnen gehabt hatten und andere nicht. Also mussten sie ihnen noch mal Geld leihen und hörten weiter den Gesprächen zu: Wie man Farbe aus Kartoffelstärke anmischte, ein Schwein schlachtete, einen Elch befreite, der sich mit dem Geweih zwischen zwei Bäumen verfangen hatte, eine Regenwurmschachtel mit Kaffeesatz baute, in der sich die Würmer gut vermehrten und die man dann verkaufen konnte.

»Er hat versprochen, uns einen ganzen Tag in die Sauna einzuladen und mit Alkohol zu bewirten, wenn wir fertig sind.«

»Dann hieß es, eine Wodkaflasche pro Mann.«

»Und schließlich nur noch Kaffee mit Zimtschnecken.«

Der erste Schnee fiel. Der Morgen war nun lang und dunkel, der Abend kam früh, die Nacht war wie ein Grab, aus dem man morgens mühsam hervorkroch. Tags sah man durch die Fenster schwarze Äste, dahinter grauen Himmel, darunter gefrorenes Gras. Manchmal wurden die Fahnen gehisst, manchmal brannten Kerzen auf den Gräbern der Gefallenen. Einmal wurde sie vom Gesang bei einer Kranzniederlegung geweckt, mittwochs vom Sterbegeläut, das, wenn man genau hinhörte, das Geschlecht des Toten verriet, und einmal von einer Durchsage, dass gleich ein Probealarm folge, dem keinerlei Gefahr zugrunde läge.

Das Treppenhaus strichen die Maler nun in eigener Regie. Der Bauunternehmer hatte die Auszahlung des Restlohns aufgeschoben, und so liehen wir ihnen noch mal Geld. Sie zählten ihre Kompetenzen auf, sagten, was sie schon alles geleistet hatten, versprachen günstiges Kaminholz zu organisieren und Lößboden für den Garten, die Türen einzuhängen und die Fenster abzudichten. Sie redeten von ihren früheren Frauen, ihren früheren Häusern und den Jobs, die sie schon gemacht hatten, wollten alles in Form von Arbeit zurückzahlen, verließen dann das Haus.

Der Winter ging dahin. Manchmal, wenn wir den Lachs aus der Gefriertruhe holten und mit der Eisensäge ein Stück abschnitten, kamen mir der vergangene Sommer und Herbst in den Sinn: das untergegangene Boot, das im allerletzten Moment gehobene Lachsnetz, die Insel und ihre flachen, glatten Felsen. Wenn ich das Zimmer verließ, sah ich das frisch gestrichene Treppenhaus, hell wie der Schnee, und draußen den neuen Zaun, der das Haus umgab, und ich wusste, wie nahe das Ende von allem war, und dann musste ich schnell durch die verschneite Stadt gehen, bis ans Meer, und zu den weit entfernten Inseln schauen, wie zu einem anderen Land.

Ich tat allerlei. Und ich glaubte an die Zeit. Ich dachte, dass sie mich unentwegt weiter fortführte von dem, was ich hinter mir lassen wollte, spiralförmig, zwischendurch noch mal näher kommend, aber in der Summe wegführend. Und dann, beim Putzen, beförderte mich plötzlich eine vertrocknete Schnittblume oder eine tote Fliege vom letzten Sommer zurück, den ganzen weiten Weg.

Spät an einem Abend, als das Schneegestöber die leeren Straßen zugeweht hatte und der Wind im Schornstein heulte und das Kaminfeuer flackern ließ, klopfte es. Ein Maler stand vor der Tür, er wollte unbedingt seine Schulden mit Arbeit abzahlen, und obwohl wir ihn davon abhielten – unwichtig, längst vergessen –, marschierte er durchs Haus und sah, dass die Leisten noch in der Ecke standen und die Schranktüren an der Wand lehnten und dass am Kamin noch immer der eine Ziegel fehlte, und so legten wir los. Die Arbeit reichte für mehrere Abende, am Ende tranken wir jedes Mal Kaffee, und der Maler erzählte, wo er überall den Weihnachtsmann gespielt hatte und wie es bei den verschiedenen Familien gewesen war, und was ihm seine Kinder geschenkt hatten und er ihnen. An einem Abend ging ich danach noch hinaus, spazierte durch den Schnee und sah zu unserem Haus, dessen Fenster hell leuchteten, und dachte, dass ich in meinem eigenen Leben feststeckte und es keinen anderen Ort gab, an den ich gehen konnte. Ich kehrte in meinen Fußstapfen zurück, an der Tür kam mir die Wärme entgegen.

Im Frühjahr sank das Boot noch einmal. Wir waren auf der Insel, hatten uns gerade geliebt und waren drinnen unter den Decken eingeschlafen; ich träumte von einem Land, das kein Mensch je betreten hatte. Starker Wind weckte uns, am Ufer waren zwei Birken umgestürzt. Das Meer schlug gegen die Felsen, das Boot lag neben dem Steg unter Wasser. Wir holten einen Flaschenzug, befestigten ihn an einem Baum und das Drahtseil vorn am Boot. Stück für Stück zogen wir es aus dem Wasser, mussten den Flaschenzug mehrmals neu an weiter entfernten Bäumen festbinden. Damit verging der Tag, und am Ende stand das Boot auf dem klatschnassen Felsen. Ich blickte auf das straffe Drahtseil, auf die Wellen, und es kam mir vor, als wäre ich schon weit weg. Eine weiße Sonne stand über dem Meer und dem Felsen. Wenn ich die Augen schloss, wurde sie schwarz, wenn ich sie öffnete, wieder weiß.

INGO SCHULZE

Spazieren gehen

Die einzige Zeit im Jahr, da Irina und Anatoli täglich spazieren gingen, waren jene Stunden im September, wenn die Dunkelheit auch abseits der Boulevards in ein belebtes Treiben sank und zugleich noch einen Bodensatz Wärme barg. Diese an Wolkenspielen so reichen Abende erschienen Irina und Anatoli seit jeher als eine Art Urlaubszeit, die einzige, die ihnen geblieben war. Kein Wunder, dass sie gerade in jenen raren Stunden der Schönheit ihres früheren Alltags gedachten, der sie ohne größere Erschöpfung die tägliche Arbeit hatte beenden lassen. An den Abenden waren sie leidenschaftliche Darsteller im Arbeitertheater gewesen, und auch die Fahrt mit dem Trolleybus oder der Metro war ihnen erspart geblieben, weil der Betrieb für einen Wagen gesorgt hatte – und für drei Urlaubswochen, jeden Juli in Sotschi. Das war nun vorbei. Selbst vor dem Fernseher hielt es sie immer seltener. So blieb ihnen genügend Zeit, sich ganz ihrem inneren Auftrag, ihren Neigungen und Wünschen zu widmen.

Meist schlenderten Irina und Anatoli, aus einer Nebenstraße der Sadowaja, nahe der ägyptischen Brücke, kommend, die Kanäle entlang. Besonders liebten beide den Gribojedow, in dessen Geländer sie eine endlose Aneinanderreihung griechischer Lyren erkannten. Arm in Arm, die leichten Mäntel offen oder zugeknöpft, noch ohne Schal, wechselten sie jeweils an den Brücken die Uferseiten, wenn nicht eine Baustelle den Weg blockierte. Brücken mochten sie sehr, so sehr, dass sie niemals sprachen, wenn sie eine überquerten.

Die meisten Passanten überholten Irina und Anatoli, die mit ruhigen Blicken Ausschau hielten. Wer sie sah, ahnte nicht, welche Glut ihre Ehe nach dreißig Jahren noch immer besaß. Irina und Anatoli erinnerten sich ihrer Jugend, ohne etwas zu belächeln. Keine acht Wochen nach ihrer ersten Begegnung auf dem Korridor der Ökonomischen Fakultät hatten sie geheiratet – vor allem wegen des Schlüssels für die Datscha in Solnitschni. In den Wochen zuvor waren sie nachts im Jusupow-Park zusammengekommen, weil sie kein Zimmer hatten und es ihnen unmöglich gewesen wäre, nach den ersten Umarmungen wieder voneinander zu lassen. Sie hatten stets das Nächstliegende getan und dennoch Vorsorge betrieben, auch für die Kinder. Anatoli nannte es schmunzelnd ihre Küchendialektik, und die Zukunft hatte noch heller ausgesehen als das Heute.

Obwohl Irina jetzt etliche Kilo mehr auf ihren kleinen Füßen tragen musste und ihre schweren Oberarme bei der Küchenarbeit wackelten, erschien sie Anatoli von einer anrührenden Schönheit. Er, der nur zum Rasieren einen Spiegel brauchte, hatte nichts dagegen, wenn Irina seine zu tief gerutschte Hose an den Gürtelschlaufen hochzog, ihm dabei unters Hemd fuhr und an den Härchen seines Bauches zupfte.

So lange lebten sie schon zusammen und waren so oft gemeinsame Wege gegangen, dass sie trotz des beträchtlichen

Größenunterschiedes das gleiche Schrittmaß hielten. Für sich selbst nannten sie diese Spaziergänge Patrouille. Wie eine schlaffe Fahne hing der Beutel an Irinas Arm. Fand sich aber Gelegenheit, etwas preiswert zu erstehen, schaukelte er prall wie ein Kohlensack in Anatolis Händen, an denen die Henkel nie Striemen hinterließen.

Am Sennaja gingen sie auf beiden Seiten die Kioske ab, berieten sich über das Angebot, machten einen Abstecher auf den Obstmarkt, handelten, ohne am Schluss etwas zu kaufen, und ließen den Akkordeonspieler in seiner Uniformjacke nicht vergeblich auf einen Obolus warten. Nie aber konnten geräucherte Wurst, Schnittkäse, gelbe Äpfel und was sonst noch in den staatlichen Läden rar war, die beiden verleiten, ihre Zeit beim Anstehen zu vertrödeln. Sie hatten seit jeher lieber verzichtet. Nur wenn es um Karten für das Marinski-Theater ging, nahmen sie alles in Kauf.

Meist stellte die Gorochaja, spätestens aber der Apraksin-Pereulok, die unsichtbare Kehre für all ihre Spaziergänge dar. Dahinter begann schon der Lärm des Newski, den sie mieden. Sie näherten sich, von der Fontanka kommend, jenem Markt, der sich wie ein Archipel zwischen den heruntergewirtschafteten Gebäuden des Apraksin-Dwor verzweigte. Weit gingen sie nicht hinein, sondern verweilten zwischen Geldwechslern und Waffenhändlern, deren Singsang, gedämpft wie ein besonderes Versprechen, in die Ohren der Vorübergehenden drang. In der Dunkelheit waren sie lauter und ihre Offerten deutlicher.

Irina zog den widerstrebenden Anatoli von einem zum anderen, erkundigte sich nach dem Kurs von Dollar und Finnmark, fragte nach kleinen, nicht so teuren Pistolen und kam nach kurzer Zeit mit einer jungen Frau ins Gespräch, die unter ihrem Trenchcoat drei Exemplare vorwies.

»Endlich auch mal was für Frauen!«, sagte Irina, und als das nicht half, zog sie Anatoli am Revers seines Mantels zu sich heran. »Schau doch wenigstens hin!«

Die junge Frau, die schon nach wenigen Sätzen angeboten hatte, einfach Sonja zu ihr zu sagen, sprach mit unbeschwerter, klarer Stimme auf Anatoli ein. Einzig, dass sie sich immer wieder eine glänzende Haarsträhne hinters linke Ohr strich, zeugte von ihrer Unruhe. Für Anatoli existierte sie offenbar nicht, auch wenn Irina bereits »Töchterchen« sagte und Sonja ihrerseits zwanzig Patronen gratis versprach. Die Frauen wären sich einig gewesen, wenn nicht Anatoli Geschäfte dieser Art als unnötig, gefährlich, ja selbstmörderisch bezeichnet hätte. Ohne dass Irina antworten konnte, zog er sie mit sich fort. Sonja lief ein paar Schritte neben ihnen her, blieb dann stehen und sah ihnen nach. Doch Irina riss ihren Arm aus Anatolis Umklammerung und giftete: »Willst du nun oder willst du nicht?«

Sie kamen überein, diese Angelegenheit nicht hier, sondern in einem Hausflur oder am Gribojedow zu klären.

»Am Kanal«, bat Sonja, als Anatoli, der vorauslief, mit dem Kopf in eine Hofeinfahrt wies. Sie gingen über die Steinbrücke, bogen nach links und stellten sich, vielleicht dreißig Meter von der Gorochaja entfernt, hinter einen Baum. Anatoli lehnte den Beutel mit den Einkäufen ans Geländer und zog seine Handschuhe an.

Sonja gab ihm nie mehr als eine Pistole. Immer wieder verschwanden die Waffen unter ihrem Mantel, immer wieder wollte Anatoli sie sehen und vergleichen. Irina behielt die Hände in den Taschen und sah sich um.

»Nun mach schon!« Sie lächelte Sonja zu.

»Diese hier!«, entschied Anatoli. Sonja lachte.

»Na, was ist, willst du nicht mehr?«, fragte Anatoli. »Du hast das Geld!« Irina beobachtete, ohne den Kopf zu wenden, die Brücke und beide Ufer. Dann ließ sie das Portemonnaie fallen.

»Oijoi«, rief Sonja und bückte sich. Blitzschnell packte Anatoli sie am Pferdeschwanz und schleuderte sie gegen das Geländer. Den zusammensackenden Körper umschlang er mit seiner Linken und stützte ihn mit den Schenkeln. Dann rammte er Sonjas Kopf gegen das Eisen, wieder und wieder, bis er durch das obere Dreieck zwischen den griechischen Lyren passte. Das Geländer dröhnte. Anatoli spürte, wie der Schädel nachgab. Mit einem Ruck zog er ihn zurück und ließ los. Irina scharrte mit der Schuhspitze Sonjas Haare über den blutenden Mund. Während sie aus dem Einkaufsbeutel eine Flasche Wodka zog, untersuchte Anatoli Sonjas Weste, fand noch eine vierte Pistole und warf alle mitsamt den Patronen in den Kanal. Irina goss Wodka über die Leiche und drückte ihr die Flasche unter den Arm.

»Bestie!« Sie spuckte aus und verstaute das Portemonnaie. Anatoli nickte, schlug die Handschuhe, an denen lange Haare klebten, gegeneinander, streifte sie ab und legte sie auf die Einkäufe. Durch die Manteltaschen griff er nach seiner Hose, zog sie hoch, und obwohl er merkte, dass sein Hemd herausgerutscht war, schob er seinen Arm unter Irinas und presste liebevoll ihre Hand. Er nahm den Beutel. Nun war es Zeit, nach Hause zu gehen.

JAN BRANDT

Tagebuch eines Verschwundenen

In den ersten zwei Wochen sah ich ihn täglich. Wir frühstückten zusammen, aßen zusammen Mittag, abends saßen wir an der Bar. Wir sprachen kein Wort miteinander. Einmal sah er mich an, er warf mir einen Blick zu, der mich annehmen ließ, dass er mich, wenn wir uns außerhalb des Hotels begegnen würden, wiedererkennen könnte. Aus Angst, doch noch mit ihm ins Gespräch zu kommen, quartierte ich mich daraufhin in einer Pension ein, beobachtete ihn aus sicherer Entfernung. Ich folgte ihm zum Strand, in die Cafés und Restaurants, setzte mich so, dass ich ihn im Blick hatte – aber er mich nicht. Überall machte er sich Notizen, schrieb in ein kleines schwarzes Heft, das er stets in der Hosentasche bei sich trug. Als ich aus seinem Tagesablauf eine Routine herauszulesen begann, ließ ich es draufankommen, ob ich ihm begegnete oder nicht. Mittags ging ich ins Sansibar, nachmittags ins Gogärtchen, bei Sonnenuntergang stand ich auf der Düne und sah ihn unten an der Odde das Meer abschreiten.

Die Abteilung hatte mich auf ihn angesetzt, weil sie befürchtete, dass er überlaufen könnte, um sich zu retten. Ich sollte herausfinden, wohin er reiste, mit wem er sich traf – und mich bedeckt halten, jeden direkten Kontakt vermeiden. Zu viele Agenten, die sich mit seinem Fall be-

schäftigt hatten, waren nie wieder aufgetaucht. Niemand glaubte, dass sie tatsächlich verschwunden seien. Selbst ich glaubte das nicht. Wie alle anderen hatte ich keine andere Erklärung für das Phänomen als die, dass es sich um eine groß angelegte Geheimoperation handeln müsse, dass es irgendeine Art Waffe gäbe, mit deren Hilfe man Menschen entmaterialisieren konnte, das perfekte Mordinstrument, weil es kein Blutvergießen, keine Leichen gab.

Womöglich, dachte ich, als ich in den Norden aufbrach, war Schmidt auch einfach nur verrückt geworden und hatte sich deshalb bei niemandem mehr gemeldet. In Itzehoe hatte ich seine Spur verloren. Wie ich später herausfand, stand sein Wagen am Straßenrand, sein Handy lag auf freiem Feld. Dass er weiter auf eine der Inseln gereist sein könnte, hielt ich für eins seiner Ablenkungsmanöver, mit denen er mich seit Ostfriesland abzuschütteln versucht hatte. Aber in Ermangelung von Alternativen fuhr ich weiter, ließ die kleinen Inseln links liegen, nahm den Autozug über den Hindenburgdamm, klapperte die Autoverleiher, die großen Hotels ab, im dritten entdeckte ich ihn mittags an der Bar. Er war, das stand in seiner Akte, schon mehrmals hier gewesen.

Nach vier Wochen nahm ich mir einen Tag frei, ich wollte das unsichtbare Band zwischen uns so weit wie möglich abrollen lassen, wollte herausfinden, ob ich ihn, wenn ich ihm Schnur gab, wieder zurückholen könnte. Am nächsten Tag fand ich ihn zum gleichen Zeitpunkt an den gleichen Orten vor. Aus einem Tag wurden zwei, aus zwei Tagen drei. Er kam stets pünktlich auf die Minute. Seine Routine machte mich müde. Sie wiegte mich in Sicherheit. Dabei hätte ich gewarnt sein müssen. Mit dieser Methode hatte er schon viele Verfolger eingeschläfert. Ich habe mir Zeit gelassen, zu viel Zeit, wie ich jetzt weiß. Ich dachte, ich müsse nur Posten aufstellen, die Häfen kontrollieren, den Bahnhof. Zu Fuß kann er von der Insel nicht fliehen. Heute weiß ich, dass ich ihm auf Schritt und Tritt hätte folgen müssen. Womöglich hätte ich ihm nicht helfen können, aber ich wäre dabei gewesen, ich wäre Zeuge von etwas geworden, dass unseren Verstand übersteigt. Ich selbst bin nie in der Zone gewesen. Ich weiß nicht, was es heißt, mit dieser Angst zu leben, sich jeden Augenblick in nichts auflösen zu können.

Angeln habe ich von meinem Vater gelernt, manchmal hat er mich nachts geweckt und an irgendeinen See mitgenommen, stundenlang haben wir einfach nur dagesessen und aufs Wasser gestarrt. Irgendwann hat er mir erklärt, wie man Männer angelte, Angriff, Rückzug, Verteidigung. Einmal, ganz am Schluss, wollte ich Schmidt locken. Ich selbst bot mich als Köder an. Aber er biss nicht zu, verschwand in der Nacht. Das war das letzte Mal, dass ich ihn sah.

Tage später fand man seine Sachen am Ellbogen, am nördlichsten Punkt der Insel, Hose und Hemd sorgsam übereinandergelegt, die Schuhe nebeneinandergerückt, die Socken umgestülpt. Es sah aus, als wäre er schwimmen gegangen – trotz der eisigen Temperaturen. Niemand hatte ihn ins Wasser gehen sehen. Spuren im Sand, die Aufschluss über seinen Weg hätten geben können, hatte die Flut verschluckt.

4·3·

Zwischen Wilster und Burg ist es, als schwebe der Zug über der Erde, der Nebel zwischen den kahlen Bäumen, das diesige Sonnenlicht, als würde die Bahn abheben, bevor sie hinterm Nord-Ostsee-Kanal wieder landet. Dann öffnet sich das Marschland, Gräben durchziehen die Felder, vereinzelte Hecken, vertrocknetes Schilf, windschiefe Bäume, Birkenhaine, Backsteinbauten, Wege, die ins Nichts führen, von Erdwällen umgebene Neubaugebiete, die sich gegen die Wildnis wappnen, Solarfelder, einsame reglose Windräder, Stoppelfelder, weiße Schafe, schwarze Kühe, Silage mit weißer Plane und schwarzen Reifen abgedeckt. Raffinerien, Gewächshäuser, der neue Bahnhof von Heide, der nur aus Plattformen besteht und das Gefühl verstärkt, auf dem Weg ins Nirgendwo zu sein, leerstehende Molkereien. Nach Husum wird das Land hügeliger. Spitzdacheinfamilienhäuser. Folgen von Xaver: Umgestürzte Bäume und Hochsitze, ganze Baumreihen entlang der Straße liegen auf den Wiesen. Niebüll: Autozonen A, B, C, der Ort, an dem die Wagen von der Straße auf die Züge umgeladen werden, sieht wie eine Mautstelle aus. Solardächer, Biogasanlagen, reetgedeckte Häuser. Rechts und links Felder, frisch gepflügt. Grauer Himmel und doch Sonne. Dunstschleier.

In Klanxbüll steigt ein Paar zu. Sie mit Pumps, Louis-Vuitton-Tasche, Arschgeweih, rote Lippen, rote Fingernägel. Er mit Prada-Schuhen, Outdoorjacke, Blackberry. Beide Ende Dreißig. Braun gebrannt. Geföhnte getönte Haare.

Wieder nimmt der Zug eine Steigung, weißer Himmel,

und dann – hinterm Deich – das Meer, sie haben die gleiche Farbe, der Horizont: nicht mehr auszumachen. Eine Euphorie breitet sich unter den Passagieren aus, als stünde Großes bevor. Die Frau zieht sich die Lippen nach, der Schaffner ändert bei der Ansage seine Tonlage, singt fast: »Nächster Halt: Morsum. Ausstieg in Fahrtrichtung rechts.« Dabei ist von der Insel noch nicht viel mehr zu sehen als ein Hohlweg, Böschungen, Büsche. Morsum: reetgedeckte Häuser.

Drei alte Frauen mit Nordic-Walking-Stöcken steigen ein: »Dann lass uns lieber bei Gosch. Dann können wir alle gleich ein Fläschchen Wein trinken.« Im alten Bahnhof Cars & Guitars. Hinter Morsum: Marschland, alte Strommasten, Wanderer auf den Feldern, Wiesen bis zum Deich, Keitum, Pferdekoppeln, im alten Bahnhof das Alte Königliche Kunstcafé. Die Frau mit den roten Lippen sagt: »Gleich gibt's Kuchen in der Kitchen.« Sie setzt ihre Sonnenbrille auf. »Geiles Wetter heute.«

Das Erste, was ich sehe, als ich aus dem Zug steige, sind vier kotzgrüne windschiefe Riesen, die Filialen von kik und Rossmann, ein Hendlhaus und Kinskys Fleischwaren. Die Fußgängerzone in der Friedrichstraße ist voller Rentner in weißen Hosen und bunten Steppwesten, die alle in eine Richtung streben, dem Meer zu, als handele es sich dabei nicht um die Nordsee, sondern um einen Jungbrunnen.

Zwischendurch werden sie immer wieder aufgehalten, von Boutiquen und Bürstenhäusern, Imbissen und Teeläden, von der Jever Stube, vom Münchener Hahn, vom Alt Berlin – und von Schaukästen, in denen Immobilienfirmen

Reetdachmutanten »in erster Wattreihe« für sechs Millionen Euro anbieten. Je weiter ich komme, desto schrecklicher die Architektur. Gewissermaßen als großes Finale steht am Ende, direkt am Strand, ein dreizehnstöckiger Gebäuderiegel, das Neue Kurzentrum mit Kongresshalle, Tagungsräumen, Cafés und Restaurants, einer Ladenpassage und den Hotels Monbijou, Roth und Wünschmann.

Ich gehe zum Bahnhof zurück, miete mir einen weißen Audi A4 und fahre ins Budersand.

Obwohl ich seit Jahren nicht hier gewesen bin, heißen die Angestellten mich willkommen wie einen alten Bekannten. »Herr Riemeck – schön, Sie zu sehen.« Weil ich einige Wochen zu bleiben beabsichtige, miete ich eine Junior Suite mit Blick auf den Golfplatz und das Meer. Bei klarer Sicht kann man vom Balkon aus Föhr sehen.

Bevor es dunkel wird, gehe ich raus, fahre bis Rantum hoch, parke an der Straße, stapfe durch die Dünen zum Strand. Spaziere Richtung Westerland, Hobbyfotografen mit dicken Objektiven stehen minutenlang vor verwittertem Holz, eine Frau sitzt im Schneidersitz im Sand und blickt aufs Meer in die untergehende Sonne, Spaziergänger, Hundebesitzer, Hunde, die sich im Sand wälzen, ein Surfer im Neoprenanzug, Wellen, die gegens Ufer klatschen, das Knistern der Steine, Möwen, Scheidenmuscheln, Herzmuscheln, Austern.

5.3.

Spaziergang zum Strand. Diesmal in die andere Richtung. In Rantum steige ich die Holztreppen hoch. Blick auf ein Geisterdorf aus Reetdachhäusern in den Dünen – wie die Zone, nur neuer, besser instand gesetzt, in Erwartung des Nichts. Die meisten wurden, wie ich den Zahlen über den Türen entnehme, in den vergangenen fünfzehn Jahren gebaut. Auf den Häusern Namen wie Grabinschriften: Jens, Gunnar, Bianca. Auf den Hinweisschildern für Mieter: »Haustiere nehmen wir nicht auf«, »Das Rauchen in den Häusern ist nicht gestattet«.

Abends: Fußball im Hotel. Zwei Männer sitzen an der Theke, der eine arbeitet für Hoteltelefon.de und schreibt während des Spiels auf dem Laptop ein Angebot für einen Kunden in Höhe von 37 000 Euro. Was ich in einer Halbzeit über einen Menschen erfahren kann, ohne mit ihm sprechen zu müssen: seinen Namen, seine private E-Mail-Adresse, seinen Wohnort, seinen Wagen (ein weißer Porsche Cayenne, der draußen steht), seinen Beruf (Vertriebsleiter, Online-Redakteur), seine Schwächen (Kommasetzung).

6.3.

Laufe auf dem Nazi-Deich ums Rantumer Becken, auf dem Hinweg habe ich Rückenwind, jeder Schritt fühlt sich leicht an. Der Rückweg umso beschwerlicher, der Wind peitscht mir ins Gesicht und trocknet den Schweiß, ich ziehe meine Kapuze zusammen. Auf halber Strecke muss ich auf die

Hauptstraße ausweichen, das Zentralklärwerk und das Müllentsorgungsunternehmen Remondis versperren mit ihrer exklusiven Lage – mitten im Vogelschutzgebiet – den Weg. Dahinter stoße ich auf eine Schafherde, sie grasen weiter, als ich durch sie hindurchlaufe.

8.3.

Ziellos fahre ich herum, wobei die Ziellosigkeit auf einer Insel schnell ein Ende findet. An Westerland vorbei durch Kampen, durch die hügelige Heidelandschaft, die große Sanddüne kurz vor List. Der Blick aufs Meer. Die Sonne, die durch die Wolken bricht. Ich beschließe, im Arosa einen Kaffee zu trinken. Das Arosa ist ein großer Kasten, der nicht ins Landschaftsbild passen will und doch hinter den Dünen fast verschwindet. Desmond Mendel, der Manager (helle Hose, braune Lederschuhe, dunkles kariertes Jackett mit einem »a« und einer Rose als Anstecker, violettes Einstecktuch, elfenbeinfarbene Manschettenknöpfe, dunkle volle Haare, dezent gebräunte Haut, wacher Blick), begrüßt mich, als ich hereinkomme, auf das Herzlichste, bis er erfährt, dass ich diesmal bei der Konkurrenz nächtige. »Ich verstehe nicht, wie Sie mir das antun können, Herr Mundt. Haben Sie sich nicht immer wohl gefühlt? Waren Sie jemals unzufrieden mit uns?«

»Ganz im Gegenteil«, sage ich.

»Warum wohnen Sie dann nicht hier?«

Ich antworte nicht darauf. Trotzdem begleitet er mich auf die Terrasse, bestellt mit einer Handbewegung Kaffee für uns zwei, setzt sich zu mir, ohne etwas zu sagen, und steht gleich wieder auf, die Gentlemen-Woche erfordere seine ganze Aufmerksamkeit, ein Maßschneider aus Lübeck sei gerade im Haus, »Tailor in Town«, Heinrich Heissing, morgen stehe Messermachen an, übermorgen eine Whiskeyverkostung, er lädt mich zu allem ein, und ich sage alles zu, obwohl wir beide wissen, dass ich an nichts davon teilnehmen werde.

Stattdessen gehe ich ins Spa. Schwimmen im Salzbad. Panoramasauna mit Blick auf die Dünen und den Himmel, die finnische mit Blick auf die Terrasse, das Caldarium mit Blick in den Nebel.

Neben mir liegt eine junge Frau mit dunklen, langen Haaren und blauen Augen. Ein alter Mann spricht mich an, ein Anwalt aus Hagen. Ohne dass ich die Zone erwähnt hätte, kommt er darauf zu sprechen. Vor ein paar Wochen sei er auf dem Weg zum Meer in Jericho ausgestiegen, habe sich auf eine der Aussichtsplattformen gestellt und hineingeschaut in dieses Elend. »Wie im Osten damals«, sagt er, »alles kaputt und leer. Eine Schande ist das. Eine Schande für Deutschland. Abreißen müsste man das, alles abreißen.«

»Aber wer soll das machen?«, sage ich. »Niemand traut sich hinein.«

»Das ist alles eine Frage der Organisation. In Tschernobyl gab's die Liquidatoren. Die Russen opfern sich für ihr Volk, hier denkt jeder nur an sich. Man müsste Flüchtlinge hineinschicken. Man müsste die Arbeit an ihren Aufenthaltsstatus koppeln. Die meisten von denen wären dankbar, überhaupt eine Beschäftigung zu haben.«

»Und was ist, wenn sie nicht wieder rauskommen?«

»Umso besser. Ein Problem weniger.«

Während ich im Ruheraum liege, sehe ich, wie er nackt auf die Terrasse tritt, sich auf die Bretter legt und vor den Dünen fünfzig Liegestütze macht. Dann steht er auf und kommt wieder rein, als sei nichts gewesen. »Ich war vor zwei Wochen zuletzt hier«, sagt er, ohne außer Atem zu sein. Später, gegen Mittag, trinken wir noch Whiskey an der Bar. Mendel bietet mir ein Zimmer an, er hält mich nicht mehr für fahrtüchtig und weigert sich, mir meine Autoschlüssel auszuhändigen. Ich nehme den Bus zurück. Als ich einsteigen will, schüttelt der Busfahrer den Kopf und sagt: »Sie müssen den Nächsten nehmen.«

»Warum?«

»Dieser ist schon weg. Vor vier Minuten schon losgefahren.«

Er nimmt mich trotzdem mit, und ich werde das Gefühl nicht los, selbst ein Geist geworden zu sein, ein Namenloser in einem Bus, der mir vier Minuten voraus ist. Als die automatische Durchsage den »FKK-Strand« südlich von Westerland ankündigt, sagt der Busfahrer zu den Wochenendtouristen: »Hier ist Endstation. Bitte alle aussteigen.«

Im Budersand stelle ich fest, dass meine Uhr weg ist. Im ersten Moment denke ich, dass sie verschwunden ist, dass das ein Vorzeichen für mein eigenes Verschwinden ist, dann fällt mir ein, dass ich sie im Arosa im Bademantel vergessen habe.

9.3.

Um halb zwei miete ich mir ein Fahrrad und radele Richtung List. Die Sonne scheint, und vom Meer her weht ein scharfer Wind. Ich fahre über die alte Inselbahnstrecke, ein Teerweg, gesäumt von schiefen Büschen und Bäumen.

Kurz hinter Westerland setzt ein Flugzeug zur Landung an. In Kampen gehe ich ins Café Kupferkanne, setze mich draußen zu einer Gruppe Hamburger an den Tisch, die die ganze Zeit über ihre Pulsmesser reden, trinke Kaffee, esse ein riesiges Stück Apfelkuchen mit Sahne und starre auf Rhododendron- und Eibenbüsche, auf die Kiefern und Birken, auf das, was bleibt. Von Ferne rauscht das Meer. Vögel ziehen über uns hinweg. Die Kellnerin trägt einhändig ein Tablett, auf dem acht Pötte Kaffee, sieben Kuchenteller, eine Flasche Wasser und fünf Gläser stehen.

Die Kupferkanne ist ein ehemaliger Bunker, aber davon ist nicht mehr viel zu sehen, ein Backsteinhaus mit Grasdach, nur unten in der Espressobar bekommt man noch eine Ahnung von der einstigen Verwendung des Gebäudes. Hier, in dem Labyrinth aus gefliesten Gängen und Räumen, ist es still, der Wind, die Tierlaute, die Stimmen der Gäste oben im Garten – alles weg.

Nach einer Stunde fahre ich weiter durch die gewaltige Dünenlandschaft hindurch, rotbraunes Heidekraut, gelber Standhafer, sonst nichts, keine Bäume, keine Büsche, eine belebte Mondlandschaft, ein künstlicher, unwirklicher Ort, als wäre es Wissenschaftlern gelungen, eine Atmosphäre zu erzeugen oder eine perfekte Simulation, eine Imitation des Paradieses.

Im Arosa frage ich nach meiner Uhr. Die Frau an der Rezeption greift zum Telefon, Mendel kommt aus seinem Büro, meine Uhr in der Hand und sagt: »Wusste ich doch, dass ich die von irgendwoher kenne. Aber wer ist«, er dreht die Uhr um, »Leo Harting?«

»Mein Vater.«

»Ein Erbstück?«

»Sozusagen.«

Er reicht mir meine Uhr, und ich lege sie um mein Handgelenk.

»Da es Ihnen ja offenbar sehr bei uns gefällt, so sehr, dass Sie den weiten Weg mit dem Fahrrad auf sich nehmen, wollen Sie nicht gleich ganz hierherziehen, ich gebe Ihnen auch unser bestes Zimmer.«

»Ich kenne Ihr bestes Zimmer«, sage ich. »Besser als jedes andere.«

Der wahre Grund, weshalb ich nicht mehr im Arosa übernachte, ist, dass ich hier jedes Mal etwas verliere, beim ersten Mal war es mein Rasierapparat, beim zweiten Mal mein Schlafanzug, beim dritten Mal mein Notizbuch. Die Dinge verschwinden in meinem Beisein, andernfalls würde ich das Personal des Diebstahls bezichtigen, ich gehe nur einen Augenblick aus dem Raum, vom Bad ins Schlafzimmer oder vom Schlafzimmer ins Wohnzimmer, und wenn ich zurückkomme, fehlt etwas.

»Jetzt ist alles anders«, sagt Mendel.

Und ich sage: »Aber ich bin der Gleiche geblieben.«

Dann klappe ich das Fahrrad zusammen, verstaue es im Kofferraum und fahre weiter, die wenigen Meter, die mir gestern noch gefehlt haben, um bis zum nördlichsten Hafen

Deutschlands vorzustoßen. Vorbei am nördlichsten Supermarkt Deutschlands, an der nördlichsten Fanbude – und dann bin ich da: an der nördlichsten Fischbude Deutschlands.

11.3.

Am Strand von Westerland:

– ein Mann in Badehose, aber mit Wollmütze, der sich in die Wellen wirft.

– eine junge Frau, die ihrem Freund den Bauch präsentiert und sich von ihm, nur mit Hose und BH bekleidet, auf einer Buhne stehend, fotografieren lässt. Sie steht da wie auf einem Podest, als hätte sie eine Auszeichnung für ihren Körper erhalten.

– ein Mann, der seine Krücken in Händen hält und leichten Schrittes über den Sand geht, als wäre er vom Meer geheilt worden.

– ein Surfer im Neoprenanzug, der von einer Frau auf einer Isomatte gefragt wird, warum er sich das antue, bei der Kälte ins Wasser zu gehen.

– seine Antwort: »Weil's Spaß macht.«

– die Tochter des Surfers, die auf einem Skateboard im Sand sitzt und ihn fragt, wann er endlich fertig sei mit Surfen.

– der Surfer, der sein Surfbrett in eine Surfbretthülle hüllt, sich diese über die Schulter hängt, sein eigenes Skateboard in die Hand nimmt, die Treppen zur Promenade, zur Friedrichstraße hochsteigt und dann, oben angekommen, mit der Tochter zusammen die Fußgängerzone hinunterrollt.

– ein Mann, dem der Hut vom Kopf fliegt.

– eine Frau, die ihn aufhebt und ihm zurückgibt.

15.3.

Club Rotes Kliff. Die dominierenden Farben: Schwarz und Rot. An der Bar ein paar Gäste. Eine Blondine mit weißen Zähnen, die im Schwarzlicht noch weißer leuchten, begrüßt mich mit den Worten: »Kann ich Ihnen helfen?« Enge schwarze Jeans, enges schwarzes Shirt, High Heels. »Wir sind ausgebucht heute Abend.«

Der Raum ist leer.

Und das sage ich ihr auch.

»Ja«, sagt sie, »das mag so aussehen, aber die Tische sind alle reserviert, wir erwarten noch Gäste.«

»Solange die nicht da sind, kann ich mich ja irgendwo hinsetzen.«

Sie weist mir einen Tisch in der Mitte an. Auf allen

Tischen, das sehe ich erst jetzt, stehen Schilder mit der Aufschrift: *Reserviert für VIPs.*

Über der leeren Tanzfläche drehen sich Scheinwerfer. Irgendwann kommen drei VIPs herein, setzen sich in eine Ecke, zwei Männer in Poloshirts, unter denen die Muskeln spannen, und eine Frau, auch sie hat blonde lange Haare und trägt High Heels, aber im schwarzen Kleid. Sie bestellen drei stabförmige Flaschen VOSS-Mineralwasser. Ein Kellner bringt einen gelben Kübel mit einer Magnum-Flasche Veuve Clicquot darin. Sie trinken, zwischendurch greifen sie ins Erdnussglas, sie reden aber nicht miteinander. Einmal beugt sich der Mann zur Frau hinüber, woraufhin sie ihm eine Ohrfeige verpasst. Er schlägt sofort zurück. Das geht zwei, drei Mal hin und her, dann sitzen sie wieder reglos da. Die Musik dröhnt durch den Raum. Der Einzige, der tanzt, ist der DJ. An den Wänden sind Bildschirme angebracht, es werden immer die gleichen Filme gezeigt, Ausschnitte aus einer Dokumentation, eine ekstatisch hüpfende Masse, glückliche Gesichter, enthemmt, entrückt, junge Menschen, die Spaß daran haben, sich gegenseitig mit Farbbeuteln zu bewerfen. Offenbar durch den Spaß der Abwesenden animiert, beginnt eine andere Blondine (ebenfalls im schwarzen Kleid, ebenfalls in High Heels) vor einem Mann zu tanzen, ihren Arsch an seiner Hose zu reiben, während er auf dem Barhocker sitzt und sie von hinten zu küssen versucht. Dabei sieht sie mich die ganze Zeit an. Ich bestelle einen Whiskey Sour und trinke ihn aus, bevor sie auf die Idee kommt, mich einzuladen, zu was auch immer.

31.3.

Ich sitze im Strönholt. Der Kellner fragt, ob ich zur Daimler Group gehöre. Dann nimmt er die Bestellung auf. Ich frage mich, für wen er mich hält. Einen Manager? Einen Testfahrer? Während des Essens füllt sich der Raum mit weißhaarigen Menschen, Frauen in Steppwesten, Männer mit Pullundern, die auf Stöcke gestützt zu ihren Plätzen humpeln, sich niederlassen, als hätten sie einen langen Marsch hinter sich, und darauf warten, von den Frauen mit dem Nötigsten versorgt zu werden. Das ist also die Daimler Group: Ehemalige? Veteranen des Unternehmens? Firmenversehrte?

Vom Kellner erfahre ich, dass die Rentner eine eigene Gruppe bilden und dass die Daimler Group hier auf der Insel ein neues Modell der V-Reihe präsentiert. Die Journalisten, die die Testfahrten machen, um darüber zu schreiben, die Fotografen, die den Wagen in Szene setzen, die die Botschaft in die Welt hinaustragen, wohnen hier im Budersand, die Techniker im Dorfhotel in Rantum.

Als die Gespräche um mich herum zu laut werden, breche ich auf zum Strand. Es ist so nebelig, dass ich von der Steilküste aus das Wasser nicht sehen kann.

6.4.

Im Regen ums Rantumbecken gelaufen. Aus dem Nebel tauchen auf dem Deich Schafe auf, Hunderte Schafe, ein grünes N auf die Rücken gesprüht. Vögel fliegen kreischend auf, als ich durch sie hindurchjogge, auf dem Weg ein aufgeplatztes Schwanenei. Die Camper stecken ihre Gärten ab, eine Frau regt sich darüber auf, dass die Terrasse der Nachbarn in ihre Richtung weist, dass sie sich, wenn sie im Sommer beide vor ihren Wagen sitzen, direkt anschauen. »Und dafür haben wir so viel Geld bezahlt«, sagt sie zu ihrem Mann, der die Planken verlegt, »dass wir uns von denen anstarren lassen.«

7.4.

Nachmittags am Strand: Jugendliche spielen Rugby, sie kommen aus Niedersachsen, wo gerade Schulferien sind, von Jericho haben sie gehört, das verfluchte Dorf. Keiner von ihnen ist jemals dort gewesen. »Und wenn«, witzelt einer, »wäre ich jetzt nicht hier.« Der Himmel ist bewölkt, das Meer schäumt und rauscht, irgendwann reißen die Wolken auf, die Sonne bricht durch, und ich stehe minutenlang staunend da und starre auf den Horizont, geblendet von glitzernden Wellen. Dann gehe ich zurück und fahre nach List, kaufe im Überschwang zehn Matjes bei Fisch Gosch und gehe in der Kupferkanne einen Kaffee trinken. Vor dem Fenster sehe ich einen Pfau. Ich halte es für ein Trugbild. Als ich, nur eine Sekunde später, wieder hinausschaue, ist er verschwunden. Ich frage die Kellnerin, ob sie den Pfau auch gesehen habe.

Und sie sagt: »Hier? Hier drin?« Und geht weiter.

Auf dem Rückweg steige ich auf die Uwe-Düne. Obwohl es trüb ist, der Horizont zerstäubt, kann ich auf der einen Seite bis zum Ellenbogen sehen und auf der anderen bis Westerland.

14.4.

In der Ständigen Vertretung sitzen Taxifahrer und unterhalten sich über die Standzeiten. Einer, der Markus heißt, erzählt von einem Kollegen, der zwei Stunden in List vor einer Oldie-Party gewartet habe: »Er wartet zwei Stunden. Ich hab mal geguckt, was ich in der Zeit gefahren hab. Ich hatte zwei Ortstouren in Kampen und drei Mann nach Westerland, das sind dreiundzwanzig Euro gewesen, und er hatte mit nur einer Tour achtundzwanzig Euro. Deswegen: Man darf sich nicht immer gleich nervös machen lassen, wenn nichts passiert. Wenn richtig viel zu tun ist, ist überall zu tun. Aber ich hätte das nicht gemacht. Ich kenne einen, der hat sechs Stunden gestanden, der dicke Ralf. Was ist dein Rekord?«

»Ich merke mir das nicht.«

»In der Sansibar gab's gestern eine Vorbestellung. Ich fahr dahin, kein Mensch da. Ich war in Tinnum in den Wiesen gewesen, schnell raus, fünf Wagen vor mir. In Rantum Polizei, ich dachte, fahr man langsam. Viertel nach elf, hammerspät. Auf Parkplatz rauf, frei, da kommt der Thomas, Fausi ist Dritter, normalerweise ist der Zweiter. Wir warten, kommt ein Schwarzer, klopft. ›Einmal Rantum-Nord, bitte.‹ Das bringt gar nichts mehr. Fausi lässt die Scheibe runter, sagt: ›Musst du drüben einsteigen.‹ Hat er den zu Thomas geschickt. Sag ich zu ihm: ›Das gibt gleich Ärger.‹

Wenn du vorne stehst, musst du fahren. Und das war dumm von ihm, es kam nämlich niemand mehr, mussten wir leer zurückfahren. Aber ich hatte gestern auch viel List, List, List, List, List, drei Mal Kampen, einmal Hörnum. Ich bin mal gespannt, wie das Wochenende wird.«

»Stark.«

»Ist Ostern.«

»Ach, nee.«

15.4.

Langer Spaziergang am Strand entlang – wie am ersten Tag Richtung Westerland. Die Sonne knallt vom Himmel, so ein stechendes Blau, ein irres Licht, die Wellen schlagen gegen den Sand, der Strand verweht, eine Reitergruppe kommt mir entgegen. Die Strandkörbe vorm Miramar. Auf dem Rückweg fallen mir die Blumenrabatten auf, voller Vergissmeinnicht, Tulpen, Osterglocken in verschiedenen Farben, selbst vor der Tankstelle stecken bunte Plastikeier im Gras, von den wenigen kahlen Bäumen hängen Eier – und ich muss an die Sansibar denken, an die Stoffhasen und bunten Eier, die wie Fledermäuse von der Decke hängen. Überall sind Flaggen aufgezogen. Die Insel hat sich zum Fest aufgehübscht.

17.4.

Stadtführung, »Pracht und Prominenz auf der Promenade« von Westerland. Treffpunkt in der Strandstraße, im Schatten des Hotels Roth und des Monbijou. Es ist frisch, starker Wind von Südwesten, der am Abend Regen bringen wird. Als ich am Treffpunkt erscheine, stehen schon zwei Dutzend Leute zusammen, Männer und Frauen mit Designerbrillen, gefärbten Haaren und Kuscheltieren an den Rucksäcken. »Ich bin in ausgesprochen aufgeräumter Stimmung«, sagt die Stadtführerin zur Begrüßung. »Das wird Ihnen guttun.« Neben ihr eine Tasche mit Material. »Ich will mit Ihnen in eine Zeit abtauchen, wo Westerland, das kann man sich ja heute gar nicht mehr vorstellen, ein ganz mondänes und exklusives Seebad war. Ich kann das alles, was Sie hier jetzt gerade sehen, nicht schöner machen. Aber ich verspreche Ihnen, ich werde Ihre Wahrnehmung verändern, weil Sie verstanden haben werden, wie das alles passieren konnte.«

Während wir durch das Kurzentrum gehen, den Betonklotz direkt am Strand, durch die Ladenpassagen mit den leeren Schaufenstern, muss ich an Jericho denken, an die Führungen dort, oben auf den Aussichtsplattformen, an die Doppeldeckerbusse, die dicht an die Zone heranfahren, an die Worte des Fremdenführers: »Viele, die einmal da unten gewesen sind, die wieder rausgekommen sind, haben Auflösungserscheinungen an sich selbst bemerkt. Frühe Demenz. Psychische Instabilität. Identitätsverlust.«

»Irgendwann«, sagt die Stadtführerin, weist auf das

Hochhaus und lächelt dabei, froh über die Zukunft, »wird dieses Monstrum mal ein herrlicher Wellenbrecher.«

Wir spazieren weiter zum Damenbad, zum Südbahnhof. Beides gibt es nicht mehr. Die Geschichte existiert nur in unseren Köpfen und auf den Straßenschildern. Wie in der Zone, bloß umgekehrt: Die Menschen sind noch da, aber die Häuser verschwunden. Dort, wo sich jetzt ein Parkplatz befindet, kamen einst die Züge mit den Reisenden aus Hamburg an.

Nach der Führung, als die anderen schon gegangen sind, stehen die Stadtführerin und ich noch eine Weile beisammen und reden über Ostfriesland, sie habe Verwandte da und fragt mich, ob ich die kenne. Ich erkläre ihr mehrmals, dass ich nicht dort aufgewachsen sei, dass ich beruflich in der Gegend zu tun gehabt habe, dass ich niemanden kenne.

Eine Frau gesellt sich zu uns, braungebrannt, kurze Haare mit blonden Strähnen. »Frau Grimm, das ist Herr –« Die Stadtführerin wendet sich mir zu und neigt den Kopf zur Seite.

»Siebkron«, sage ich.

»Herr Siebkron. Er ist zum ersten Mal auf der Insel.« Frau Grimm empfiehlt mir, in die Strandsauna in List zu gehen, die liege in einem Dünental. Dort lerne man die tollsten Frauen kennen.

18.4.

In der *Rundschau* steht, dass ein Jogger gestern vom Shuttle-Zug überfahren worden sei. Er sei Musik hörend über den beschrankten Bahnübergang Ingewai bei Tinnum gelaufen und habe der Kopfhörer wegen den Zug nicht bemerkt. Vor ein paar Tagen bin ich die gleiche Strecke gelaufen, die Kapuze eng über den Kopf gezogen, um die Schranken herum quer über die Gleise.

Die Sonne scheint, nur vereinzelt Wolken, Wind pfeift ums Haus und lässt die Fenster erzittern.

Langer Spaziergang am Strand Richtung Rantum, sehr stürmische See, der Sand windverweht, immerzu rieselt es um mich herum. Zum ersten Mal Strandgut, Flaschen, ein Joghurtbecher, ein Tau, ein Bauarbeiterhelm, ein leerer Rucksack, ein Markstück aus dem Jahr 1989.

Vor der Sansibar ist die Hölle los, alle Tische sind besetzt, auch auf den Treppenstufen sitzen Leute, ich hocke mich auf die Stufen, Paare mit Kindern, alle tragen Sonnenbrillen.

Am Watt zurück. Über der Insel hängt ein Wolkenband, aber am Rand ist es hell, als ob jemand mit einem Lineal eine Grenze über dem Meer gezogen hätte.

Abends im Hotel kann ich meine Sonnenbrille nicht finden. Ich gehe alle Taschen, alle Jacken durch. Frage die Angestellten. An der Rezeption ist keine abgegeben worden. Ich weiß, dass ich sie eingesteckt habe. Das Zimmermädchen gibt sich unschuldig.

Nachmittags in Kampen. Im Strönwai stehen die Autos Schlange; ich finde noch einen Parkplatz, laufe erst einmal an den Strand, der Sonne wegen. Der Himmel ist wolkenlos, fast windstill, ich gehe übers Holzdeck runter zum Wasser, dann Richtung Norden bis zur Buhne sechzehn. Der erste richtig warme Tag, vierzehn Grad. Viele liegen in T-Shirts und kurzen Hosen im Strandkorb, Kinder spielen am Wasser, von der Grand Plage stürmen Nackte aus der Sauna heraus, springen in die Nordsee, schreien auf und rennen schreiend zurück.

Als ich sehe, dass im Gogärtchen Fußball im Fernsehen läuft, HSV gegen Wolfsburg, live auf Sky, entschließe ich mich, dorthin zu gehen, mich dazuzusetzen, dazuzustellen, dem Untergang beizuwohnen. Ich setze mich an einen der freien Tische und werde gleich von einem der Kellner darauf aufmerksam gemacht, dass der reserviert sei. Ich frage einen Mann, Cashmere-Pullover um den Hals geworfen, Sonnenbrille ins Haar geschoben, ob ich mich am Fenster neben ihn stelle dürfe.

»Da musst du mich nicht fragen, sondern die Tischgesellschaft.« Er zeigt auf eine Familie, Mutter, Vater, zwei Jungs, alle in Sommerkleidung, weiß und pastellfarben.

Ich wiederhole meine Frage, der Vater macht nur eine Handbewegung, aus der ich schließe, dass es ihm egal ist.

Ich stehe jetzt ganz am anderen Ende des Raumes, die Leinwand ist klein, von hier aus kaum zu erkennen. Es steht schon eins zu null für Wolfsburg.

Die Familie bestellt Kaviar. Ein Kellner mit einer auffälligen türkisfarbenen Brille von Mykita kommt mit einer Silberschale herein, Griffe in Form von Hirschköpfen, Hirschgeweihen, die Schale eisgefüllt, darauf die offene Kaviardose von Prunier. Jedes Mal, wenn die Kellner (alle tragen Fliegen oder ins Hemd geschobene Krawatten) der Familie ein neues Gericht bringen (Pizza Margherita, geviertelte Toastscheiben) und benutzte Teller mitnehmen, stellen sie sich so vor mich, dass ich nichts mehr sehen kann.

Einmal fragt der Kellner, ob sie noch einen Wunsch hätten.

Die Mutter sagt: »Ich bin fein, danke.«

Kurz vor Ende der ersten Halbzeit fahren Bentleys und Jaguars vor, und es kommen immer mehr Leute herein, Männer in pinkfarbenen Jacketts, roten Hosen, violetten Pullovern, Frauen in hochhackigen Schuhen, goldbehangen. Alle begrüßen sich, als würden sie sich seit langem kennen.

Die Mutter stellt einem Mann (weiße Haare, rotes Gesicht, Lederjanker) ihre Familie vor, die beiden Söhne im Alter von sechsundzwanzig und neunundzwanzig Jahren – beide wirken, als wären sie zehn Jahre jünger. Er kennt sie, seine Söhne haben mit ihren als Kinder am Strand gespielt. Die Jungs können sich nicht an ihn erinnern.

Als der Alte an einem anderen Tisch Platz genommen hat, kommt der Besitzer des Gogärtchens – jung, blond, um die dreißig – zu ihnen und erkundigt sich, ob es ihnen schmecke.

Kaum ist er weg, sagt der Jüngere: »Ich mag den Flo so sehr, ich würde am liebsten mit ihm eine Golf-Tour machen.«

»Da wirst du es schwer haben«, sagt der Vater.

»Warum?«

»Ich habe gehört, er hat ein Zwölfer-Handicap.«

Ich wundere mich, wie vertraut sie alle miteinander sind. Der Jüngere legt seine Hand auf Mutters Knie, sie streicht ihm durchs Haar; der Ältere lehnt an der Schulter des Vaters.

Nach dem Essen sagt der Jüngere zum Vater: »Ich möchte nicht mehr strampeln. Kannst du mir nicht mehr Geld geben?«

»Strampeln ist gut für dich.«

Als ich zahle und gehe und mich von den Umstehenden verabschiede, sagt keiner ein Wort.

Danach Gegenprogramm: Volksfest. Osterfeuer in Hörnum. Ich stehe hoch oben auf der Düne und schaue auf die Flammen und die Menschen. Alle paar Sekunden blitzt der Leuchtturm zu mir herüber. Am Horizont die Umrisse der Reetdachmutanten, das Meer im Abendrot. Eine Kapelle lärmt von einem LKW-Anhänger. Helene Fischer: *Atemlos.* Andrea Berg: *Du hast mich tausend Mal belogen.* Michael Wendler: *Sie liebt den DJ.* Andrea Berg: *Die Gefühle haben Schweigepflicht*. Wie schön wäre es, die Band hätte Schweigepflicht, dann hörte man jetzt das Knacken des Feuers, das Rauschen der Brandung.

20.4.

Morgens Gottesdienst in Rantum. Die Kirche besteht aus zwei Teilen, ein außen stehender hölzerner Glockenturm und das Hauptgebäude mit seiner Backsteinfassade und dem weit nach unten gezogenen Reetdach. Dreieckige Fenster an den Enden des Querschiffes, die die Form der Giebel aufnehmen. Innen weiß getünchte Wände und holzverkleidete Decken, wie ich sie nur aus alten Jugendzimmern kenne. Ein schlichter, schmuckloser Raum mit bunten Glasbildern, die Sonne und Feuer darstellen, Flammen, Theophanien, auf dem Altar zwei brennende Osterkerzen. Hier – im Schmuck und in den Fensterbildern – verschmilzt die heidnische Tradition des Osterfeuers mit der christlichen Symbolik des Lebens, der Offenbarung, der Reinigung.

Rantum lag ursprünglich weiter westlich. Mehrmals wurde das Dorf bei Sturmfluten zerstört, die Kirche weiter östlich wieder aufgebaut. Aber auch Sandstürme, Wanderdünen, der so genannte Weiße Tod, begruben Bewohner und Häuser unter sich. In der Kirchenchronik findet sich ein Eintrag aus dem Jahr 1757, als die Gläubigen einen Sandberg hinaufklettern und durch ein Fenster in den Saal hineinrutschen mussten, wollten sie am Gottesdienst teilnehmen.

Das Altarkreuz besteht aus Backsteinen der alten Kirche. Ein Gemälde mit dem Titel *Segen von oben* – Jesus und seine Jünger beim Abendmahl – hat die Zeit in einem Privathaus überdauert und bildet jetzt das Herzstück des Flügelaltars; ein anderes, das die Grablegung Christi zeigt, hängt links an der Wand.

Ich sitze in der letzten Reihe, vor und neben mir junge Mädchen, offenbar keine Touristinnen, da die Pastorin sie am Eingang persönlich begrüßt hat. Sie arbeiten, wie ich später erfahre, bei der Vogelschutzstation. Die Glocken verstummen, die Orgel setzt ein. Die Pastorin geht in Talar und Beffchen durch den Mittelgang auf den Altar zu, schlägt die Bibel auf und singt mit uns das Eingangslied *Christ ist erstanden.* »Im Namen des Vaters und des Sohnes und des Heiligen Geistes. Amen. Christus spricht, ich war tot und siehe, ich bin lebendig von Ewigkeit zu Ewigkeit.«

Sie liest Markus' Osterevangelium. Danach bekennen wir gemeinsam unseren Glauben. In ihrer Predigt sagt sie, dass die Freude, die wir als Kind noch hatten, im Erwachsenenalter verlorenzugehen droht, durch Zweifel, Angst, Ehrgeiz, Coolsein. »Das Erwachen der Sinne, der Freude, das ist die Osterbotschaft. Das Grab ist leer; die Frauen, die vor dem Fels gewacht haben, erschrecken, alle sind plötzlich wach. Die, die ihn zu Lebzeiten gekannt haben, erkennen ihn nicht; sie sehen in ihm einen Fremden, einen Gärtner. Sobald die Menschen anfangen, sich einen festen Begriff zu machen, entzieht sich der Auferstandene. Er offenbart sich im Dazwischen. … Dazwischendrin ist Werdekraft. … Dafür müssen wir einen Sinn noch entwickeln … für das, was noch gar nicht da ist, für das, was gefühlt und erwartet wird. … Es könnte werden – da ist das Schöpferische drin. Sobald man einen neuen Begriff hat, ist man am Ende.«

27.4.

Nachts: Kampen. Der Strönwai ist verlassen, das Gogärtchen geschlossen, vorm Rauchfang steht ein Paar und trinkt Wein. Grußlos gehe ich an den beiden vorbei ins Pony.

Im Vorraum über dem Ledersofa ein Negativ-Foto mit drei nackten Frauen, die mir, auf Knien nach vorn gebeugt, ihre Ärsche entgegenstrecken, auf jedem Arsch prangt mittig jeweils ein Zeichen: ¥ € $. Auf einer Tür gleich hinterm Eingang ein Schwarzweißfoto von Rosalie van Breemen – Exfreundin von Alain Delon – in Lebensgröße. Innen hängt alles voller Bilder mit Barbusigen, aus einer Champagnerflasche spritzt Schaum in einen leicht geöffneten Frauenmund.

Das Pony – benannt nach seinem Gründer Pony Reckert, nicht nach der Pferdeart oder der Frisur – gibt es schon seit mehr als fünfzig Jahren; es ist einer der ältesten Clubs der Bundesrepublik, legendäre Partys, die ich alle verpasst habe. Ich weiß nicht, wie oft ich schon hier gewesen bin. Und nie ist etwas passiert.

Drei langbeinige, aber bekleidete Bedienungen stehen beisammen und unterhalten sich; an einem von unten beleuchteten Stehtisch vier Typen in Schwarz um eine eisgekühlte Flasche Grey-Goose-Wodka wie um einen heiligen Gral; ein DJ vor einem aufgeklappten Laptop; eine dunkelhaarige, blauäugige Tänzerin in Jeans, die mir bekannt vorkommt. Ich meine, sie schon einmal irgendwo gesehen zu haben, kann mich aber nicht erinnern, wo. Ich bestelle ein Bier und setze mich an einen Chromtisch neben den kalten Kamin. Einmal – da ist das Bier schon halb leer –

kommt eine der Bedienungen zu mir, eine Serviette in der Hand und sagt: »Du hast ja gar keinen Untersetzer.« Sie hebt mein Glas an, legt die Serviette auf den Tisch und stellt das Glas darauf ab.

»Danke, dass du daran gedacht hast«, sage ich. Aber da ist sie schon wieder auf dem Weg zu ihren Kolleginnen.

In einem Interview mit dem Besitzer des Pony habe ich gelesen, dass die perfekte Kampen-Nacht aus drei Elementen bestehe: erst in einem der »exzellenten Restaurants des Dorfes« essen, an der Außenbar einen »gepflegten Cocktail« trinken und dann im Pony »richtig abtanzen« – auf den Tischen, denn die seien sehr stabil.

Ich frage mich, ob mir dann auch jemand Servietten unter die Füße legt.

Die Tänzerin tanzt nicht auf den Tischen, sondern auf dem Boden, sie tanzt zu jedem Lied. Einsam dreht sie ihre Runden auf den roten Fliesen mitten im Raum und schüttelt ihre langen Haare. Über ihr blinken in bunten Farben Kugeln auf. Ihre Arme und Hände kreisen in der Luft, ihre Hüften wiegen sich im Takt. Niemand von den anderen beachtet sie. Sie tanzt, als gehöre sie zum Inventar. Sie tanzt vor meinen Augen. Sie tanzt für mich allein. Irgendwann zieht sie ihre Jeansjacke aus und setzt sich an einen der anderen freien Tische, mir gegenüber. Sie lächelt mich an, und ich lächele zurück. Für einen Moment sind wir uns ganz nah. Wir sehen uns an. Der Bann ist gebrochen. Die verlorenen Seelen des Pony haben zusammengefunden.

Dann stehe ich auf; ich gehe auf sie zu – und an ihr vorbei.

Auf meiner Stirn prangen mittig zwei Zeichen, die nur ich selbst sehen kann: ŊØ.

Gute Nacht, einsames Jeansmädchen.

28.4.

Morgens erinnere ich mich an das, was die Frau nach der Inselführung zu mir gesagt hat: Dass man in der Strandsauna in List die tollsten Frauen kennenlerne.

Ich biege von der Listlandstraße ab auf einen unebenen Weg, der aus gebrochenen Betonplatten besteht und weit in die Dünenlandschaft hineinführt, angelegt vom Reichsarbeitsdienst auf Anweisung von Hermann Göring, die Reichsmarschallautobahn. Schilder warnen vor Straßenschäden und Schafen. Die erste Frau, die mir begegnet, sitzt in einer Bude vor dem Parkplatz und fragt mich nach meiner Kurkarte. Zwei Monate auf der Insel – und das erste Mal, dass ich darum gebeten werde. Ich habe keine. Sie lässt mich trotzdem passieren.

Ich gehe durch die Dünen, bis ich vor ein paar Holzbaracken stehe, dahinter das Meer. Im Innenhof sitzen einige ältere Leute in Liegestühlen oder auf Bänken. Alle sind nackt, essen Kuchen, lesen Zeitung, trinken Wasser oder Kaffee. Ihre Körper haben neue Formen angenommen: Der Bauch ist das Zentrum, auf das alles andere zustrebt. Ich höre, wie eine Frau zur anderen sagt: »Die Zeit vergeht so schnell, hier hat jede Stunde nur dreißig Minuten.«

Ich melde mich an und gebe meine Wertsachen ab. Die

Empfangsfrau, die einzige Angezogene, packt sie in einen Plastikbeutel.

Sie habe zwei finnische Saunen angeheizt, sagt sie, eine vorne, eine hinten.

Ich nehme die hintere, hänge meine Sachen an einen Haken, drehe die Sanduhr um und schließe die Tür hinter mir.

Erst sitze ich allein auf der obersten Stufe, dann kommt ein hagerer weißhaariger Mann herein und setzt sich neben mich. Er komme gerade aus dem Meer, sagt er, aber das sei nichts gegen die Quellen des Ganges, im Himalaya auf viertausend Metern Höhe, das Wasser sei nicht wärmer als zwei Grad und die Luft unter null. Er habe die beiden Quellflüsse des Ganges bereist, den Bhagirathi und den Alaknanda, er habe in Gletschern gebadet, Tempel in Varanasi, Tirupati und Sabarimala betreten und die wichtigsten Hindustätten besucht, die vier heiligen Orte, die Char Dham: Badrinath, Puri, Rameswaram und Dwarka – Orte, von denen ich noch nie gehört habe. Er sagt es ganz selbstverständlich, nicht, als wolle er damit angeben, was er schon alles gesehen habe.

»Sind Sie Hindu?«, frage ich ihn.

»Nein. Nur interessiert an anderen Kulturen, anderen Religionen, ich selbst will mich aber an keine binden.«

Als seine Frau hereinkommt, auch sie ist schlank, die Haut fast weiß – bis auf die rot gefärbten Haare hat das Alter bei ihnen keine Spuren hinterlassen –, sagt sie, wie als hätte sie unser Gespräch von draußen gehört, dass sie beide aus München stammen und von dort aus spirituelle Reisen in die ganze Welt unternehmen.

Indien, sagen sie, sei nichts für zarte Gemüter. Es sei laut, dreckig und voll. Einmal habe ihnen jemand am Straßenrand eine Tasse Kaffee angeboten, ein Händler, sie hätten diese auch getrunken, und sie habe köstlich geschmeckt, aber als sie wieder aufgebrochen seien, hätten sie gesehen, wie der Händler die Tassen mit Kuhdung ausgewischt habe.

Der Saunaofen knackt. Die Sanduhr ist abgelaufen. Auf meiner Haut bilden sich Schweißtropfen.

Sie erzählen mir von Highways, auf denen Fahrradfahrer fahren; von Straßen, die so eng sind, dass entgegenkommende Wagen nicht vorbeikönnen, aber niemand dem anderen Platz macht; von vollen Zügen, davon, dass die oberen Kasten ihr Essen in der ersten Klasse einfach auf den Boden werfen, wenn sie satt seien; von einem völlig starren Gesellschaftssystem; davon, dass weibliche Föten abgetrieben werden, weil eine Tochter zur Mitgift verpflichte – der ganze soziale Wahnsinn –, und empfehlen mir gleichzeitig, unbedingt, dorthin zu reisen, das müsse ich selbst gesehen haben, Indien sei ein wunderliches Land, voller Geheimnisse, voller Mysterien.

Ob ich schon einmal von der Palmblattbibliothek gehört hätte, fragt die Frau. Darin, so heißt es, sei das Weltwissen gespeichert, das Gedächtnis der Menschheit, die Blätter kennen die Geschichte von jedem Einzelnen von uns, unsere Vergangenheit, woher wir kommen, wer wir sind. Eine Freundin von ihr habe das ausprobiert. Sie habe dem Rishi nichts von sich erzählt, und doch habe er ihr auf den Kopf zugesagt, wer ihre Vorfahren gewesen seien.

»Aber wie kann das sein?«, sagt der Mann. »So viele Palmblätter, wie es Menschen gibt, sind doch da gar nicht gespeichert, die können doch nicht von jedem von uns Daten haben.«

Der Schweiß läuft mir die Wangen hinab. Ich habe das Gefühl, mich aufzulösen. Ich nehme den Birkenzweig aus dem Wasserbottich und schlage mir damit auf den Rücken, geißele mich, in der Hoffnung, dass das Weltwissen der Birkenblätter durch die Poren in mich eindringe. Dann sage ich: »Transzendentale NSA.« Und da merke ich, dass es Zeit ist, ins Meer zu gehen. Und das mache ich auch. Ich verlasse die Sauna, gehe an den Nackten vorbei durch eine schmale Öffnung in den Dünen. Und dann stehe ich da, an diesem gewaltigen, menschenleeren Strand, werfe das Handtuch von mir und renne in die Nordsee hinein, bis ich mit dem Kopf darin versinke.

DANIELA KRIEN

Gefährliche Ideen

Linda hat diesen Tag lange vorbereitet, und den Göttern sei Dank ist das Wetter auf ihrer Seite. Ein Orkantief wird eine Sturmflut bringen, einen Wintersturm. In der Nacht, spätestens am frühen Morgen wird er am Haus rütteln, am Dach zerren, gegen die Fenster drücken und die alten Balken werden knarren und ächzen. Die Fähre wird nicht fahren. Für mindestens einen Tag wird die Insel vom Rest des Landes abgeschnitten sein.

Doch da wird Linda längst Festland unter den Füßen haben und tausend Kilometer weit entfernt mit ihrem Sohn Leo an der Hand vor dem Haus ihrer Eltern im Schwarzwald stehen und zum verschneiten Feldberg hinaufsehen.

Ihre Eltern hatten sie gewarnt. Auch ihre Freunde hatten nicht an das Glück mit dem Nordfriesen geglaubt. Vom Klima auf Amrum ganz zu schweigen. Dessen Feindseligkeit bekam sie schon beim ersten Besuch zu spüren. Als sie die Fähre verließ, klatschte ihr ein klebriges Stück Verpackungsfolie ins Gesicht. Eine feuchtkalte Windböe hatte den Inhalt eines Mülleimers aufgewirbelt.

Die Landschaft, die sich ihr während der anschließenden Autofahrt eröffnete, bot kaum Trost: Salzwiesen, krumme Kiefern, Dünen, Watt.

Als Lindas Verliebtheit nach einigen Monaten rapide nachließ und sich Jans Vorzüge praktisch über Nacht in Nachteile verwandelt zu haben schienen, war es zu spät gewesen. Wie das Erwachen aus einer geistigen Umnachtung war es ihr vorgekommen, und die Entscheidungen, die sie währenddessen getroffen hatte, wogen schwer: Umzug, Hochzeit, Schwangerschaft.

Kurz nach Leos Geburt begannen die Auseinandersetzungen. Alles wurde Jans Vorstellungen unterworfen. Zwanghaft bestand er auf Einhaltung der von ihm aufgestellten Regeln, besonders was das Kind betraf. Angefangen bei der Zimmertemperatur in den Räumen, in denen Leo sich aufhielt, über Kleidung und Körperpflege bis hin zu der Art und Häufigkeit der Zuwendung – Jan hatte nicht nur dezidierte Meinungen, er kontrollierte Lindas Verhalten soweit es ihm möglich war.

Und einmal war Leo plötzlich weg gewesen. Jan hatte ihn zu seinen Eltern gebracht, um Linda für einen Streit zu bestrafen, bei dem sie zum ersten Mal gedroht hatte, ihn zu verlassen. Erst nachdem Linda sich entschuldigt hatte, holte Jan das Kind zurück. Die Formulierung der Entschuldigung legte er fest. Sie selbst, so sagte er, sei nicht in der Lage, angemessene Worte zu finden.

Mit jedem weiteren Tag verstärkte sich ihr Gefühl, in eine Falle getappt zu sein.

*

Der Regen fällt schon seit der Morgendämmerung gleichmäßig stark. Der Wind gibt die Richtung vor. Von Nordwest kommend peitscht er die Tropfen gegen die Fenster von Küche und Bad. Seit acht Tagen hat Linda die Sonne nicht mehr gesehen. Sie steht in Jans Zimmer und schaut aus dem Fenster.

»Ich brauche Licht!«, sagt sie laut und fügt hinzu: »Kannst du mir Vitamin D aus der Apotheke holen?«

»Kannst du das nicht selbst?«

Typisch Jan. Sie lächelt.

»Was liest du denn da?« Sie versucht, einen Blick auf den Titel zu erhaschen. »*Was ist Ihre gefährlichste Idee*? Klingt interessant.«

»Wenn dir langweilig ist, such dir eine Beschäftigung, ja?«

»Mir ist nicht langweilig«, antwortet sie, geht aus dem Zimmer und schaut nach den Keksen, die im Ofen backen.

Ein paar Minuten später kommt sie zurück.

»Wollen wir nach Nebel fahren? Es gibt eine Ausstellung in dieser kleinen Galerie … wie heißt sie noch gleich …«

Jan reibt sich die Stirn, als plagten ihn Schmerzen, dann blickt er zu ihr hoch.

»Nein! Ich liege ganz gut hier. Könntest du mich bitte in Ruhe lesen lassen, ja? Ist – das – möglich?«

Sie geht hinaus und versetzt der Tür einen leichten Tritt. Ihr Herz klopft heftig. Überdeutlich nimmt sie die Dinge um sich herum wahr. Gleichzeitig kommt es ihr vor, als bewege sie sich durch eine Kulisse, als sei Jan nicht ihr Mann und die Küche nur eine Attrappe. Aber der Duft ist keine Einbildung. Sie holt die Kekse aus dem Ofen, goldbraun, mürbe – genau wie sie sein müssen. Auf einen mit kobaltblauen Blumen verzierten Teller – ein kostbares Erbstück seiner Mutter – legt sie drei Stück davon, dann geht sie wieder ins Nachbarzimmer.

»Möchtest du?«, fragt sie mit sanfter Stimme. Eine seiner Hände hält das Buch, die andere steckt in der Unterhose. Der scharfe Ton in seinem »Nein!« ist als Warnung zu verstehen, Linda weiß das.

Das Haus steht am Waldrand, im Norden der Insel. Das Panoramafenster in Jans Zimmer gibt den Blick auf die Dünen frei. Holzbohlenwege führen durch die Hügel zum Strand. Dennoch braucht sie nie weniger als eine halbe Stunde, um zum Meer zu kommen. Immer im Kampf gegen den Wind.

Und dann das Wattenmeer. Das Wasser kommt und geht, doch selbst wenn es da ist, läuft man ewig, bis man es erreicht. Kalt ist es. Zu kalt, als dass es angenehm wäre, zu kalt um zu schwimmen. Und bei Ebbe verschwindet es einfach. Hinterlässt nur Pfützen und Schlamm und aufgehäufte Wattwürmer. Bis nach Föhr kann man bei Ebbe laufen, eine von Jans Lieblingsrouten.

Die Sommer sind nicht schön, aber die Winter sind schlimm. Kein Schnee. Es regnet praktisch immer, und der Wind ist kein Wind mehr, sondern Sturm. Und das Wasser! Eben noch war es unerreichbar und plötzlich steht es vor der Tür. Sturmfluten jagen quer über die Insel.

Sie hätte niemals hierherziehen dürfen.

Jan liebt den Regen. Den Winter. Den Sturm. Das Durchatmen vor der neuen Saison. Nachdem er das Meeresbiologie-Studium abgeschlossen hatte, konnte er es kaum erwarten, auf die Insel zurückzukehren. Er liegt in seinem Zimmer auf der Tatami-Matte, aus den Boxen quillt das Adagio aus Beethovens Mondscheinsonate, das Fenster ist trotz des Regens leicht geöffnet, er liest und ist glücklich.

Aber nicht mehr lange.

Linda geht an ihm vorbei zum Fenster und schließt es energisch. Augenblicklich lässt er das Buch fallen und steht auf. Als er bei ihr ist, packt er sie am Arm. Linda erstarrt. Schon einmal hat er sie geohrfeigt. Sie schaut ihm ins Gesicht; fast hofft sie, dass er es tut. Sie sieht in seine weit geöffneten Augen und – lächelt.

Da lässt er sie los und sagt:

»Ich *mag* es, dem Regen zuzuhören und ich habe das Fenster *extra* geöffnet, klar? Und jetzt mach es *sofort* wieder auf und dann verlässt – du – mein – Zimmer! Ist das klar?«

Der Teller mit den Keksen fällt zu Boden und zerbricht.

Er tut, als sei nichts geschehen. Er nimmt das Buch, schlägt es an einer beliebigen Stelle auf und landet bei der gefährlichsten Idee des Wissenschaftlers Jordan Pollack, die besagt, dass Wissenschaft auch nur eine Religion sein könnte.

Linda sammelt die Kekse vom Boden und rennt aus dem Zimmer. Die Tür knallt laut hinter ihr zu. In der Küche stellt sie sich vor, wie er in einer großen Flutwelle ertrinkt, wild mit den Armen rudernd, gurgelnd und mit verdrehten Augen. Sie beißt in einen Keks und lächelt.

Jan hat es sich wieder bequem gemacht. Seit jeher weiß er, dass Stürme nicht von Dauer sind. Sie kommen und gehen. Von Lindas Laune lässt er sich die Lektüre nicht verderben. Er schlägt das Buch an einer beliebigen Stelle auf: Der Psychologieprofessor Robert R. Provine hält die Idee, dass es nur das Hier und Jetzt gibt, für überaus gefährlich. Vor allem wegen der Gegner dieser Idee. Andererseits: Wenn er rüber ginge und sich bei ihr entschuldigte, wäre dieser Tag gerettet. Es war nicht ungefährlich, hier einfach liegen zu bleiben und zu lesen. Einen ganzen Rattenschwanz an Folgen könnte es nach sich ziehen: langes Reden bis in die Nacht hinein, Grundsatzdiskussionen, möglicherweise Sexentzug, kein warmes Abendessen, eine unerträglich vergiftete Atmosphäre.

Er müsste nur aufstehen, rübergehen, sich entschuldigen. Doch die Idee des Autors und Psychologen David Buss, wir alle hätten das Böse in uns, jeder von uns sei fähig, schreckliche Greueltaten zu begehen, wir seien quasi genetisch dazu disponiert, fesselt ihn derart, dass er die Versöhnung leichthin auf später verschiebt.

Im Badezimmer lässt Linda die Wanne vollllaufen. Aus Quark und Honig rührt sie sich eine Maske an. Sie streicht sich den klebrigen Brei auf Wangen und Stirn, bevor sie ins heiße Wasser gleitet und noch einmal zurückdenkt zu dem Tag, an dem Jan das Fass zum Überlaufen brachte.

Sie war an jenem kühlen Spätsommertag, kurz nach Leos drittem Geburtstag, später als gewöhnlich nach Hause gekommen. Eine der Regeln, die Jan aufgestellt hatte, betrafen die Zeit des Abendessens. Leo sollte spätestens achtzehn Uhr gegessen haben, Struktur und Regelmäßigkeit seien für ein Kind unerlässlich. Als Linda mit Leo das Haus betrat war es kurz nach halb acht.

Im Flur kam ihr Jan entgegen. Leise, doch gerade deshalb umso bedrohlicher, sagte er zu ihr, er habe ihr rebellisches Verhalten satt, er verachte sie, sie sei die unfähigste Idiotin, die ihm je begegnet sei. Dass er sie dennoch liebe, habe sie seiner Geduld und seiner Großzügigkeit zu verdanken.

Fassungslos war sie aus dem Haus gegangen und stundenlang gegen den Wind gelaufen. Das tosende Meer und die kreischenden Möwen hatten den Schmerz beruhigt, und als sie zum Haus zurückkehrte, stand ihr Entschluss fest.

Nun, in der feuchten Hitze des Bades, entwirft sie das Bild ihres künftigen Lebens ohne ihn. Und seines qualvollen Todes durch Wattwürmer. Auf einer seiner Führungen durchs Watt kämen sie zu Tausenden herausgekrochen und fielen über ihn her. Vor Entsetzen schreiend würden die Touristen in ihren lächerlichen Gummistiefeln und Friesennerzen losrennen, während er sich im Schlamm wälzte und gegen die Würmer kämpfte. Vergeblich natürlich.

Sie trocknet sich die Hände ab, greift nach ihrem Telefon und schaut auf die Uhrzeit. Dann prüft sie die aktuellen Wettermeldungen. Noch ist alles ruhig, nur der übliche Wind. Die Fähre würde pünktlich ablegen und sie wegbringen von diesem Ort. Sie wäscht sich den Quark vom Gesicht und steigt aus der Wanne.

Schon wieder ein Psychologe, Paul Bloom, Einwände gegen die Seele, die Leugnung des kartesischen Dualismus. Das Geistesleben hätte demnach eine rein materielle Basis und die Seele stiege ganz sicher nicht gen Himmel, sondern würde, wie der Rest des Körpers, von den Würmern gefressen. Jan nickt zufrieden; die Idee gefällt ihm. Aber die Stille in der Wohnung kommt ihm seltsam vor. Warum weint sie nicht wie üblich, wenn er grob geworden war? Und wann kommt eigentlich Leo von den Großeltern aus dem Schwarzwald zurück? Wird er gebracht oder muss er geholt werden?

Linda trocknet sich langsam ab. Mit dem Badetuch um die Hüften, dreht sie sich mehrmals um sich selbst. Dann holt sie sich das schärfste Küchenmesser und sticht es Jan in den Bauch. Natürlich nur in Gedanken. Auf dem vom Dunst beschlagenen Spiegel wischt Linda ein kleines Loch frei. Ihr Gesicht ist von Hitze und Erregung gerötet, die Augen wegen der durchwachten letzten Nacht geschwollen. Den Abschiedsbrief, den er später finden wird, hat sie an die fünfzigmal geschrieben. Solange, bis jeder einzelne Satz die Schärfe eines tödlichen Pfeils besaß.

Wenn alles Unerkannte erkannt wäre und kein neues Unerkanntes an seine Stelle träte – diesen Gedanken findet der Künstler Eric Fischl so gefährlich wie sonst keinen. Verschrobene Künstlergedanken, findet Jan und blättert weiter. Sein Magen beginnt leise zu knurren und der Keksduft lässt ihm das Wasser im Mund zusammenlaufen. Schwungvoll springt er auf und tritt in eine Scherbe des zerbrochenen Tellers. Er humpelt fluchend in den Korridor, folgt den Geräuschen und findet sich vor dem Badezimmer wieder.

Drinnen summt sie ein Lied. Er öffnet die Tür einen Spalt weit und schaut hinein.

»Gibt's noch Kekse?«, fragt er.

Sie strafft sich und lächelt.

»In der Küche auf dem Tisch. Hast du etwas dagegen, wenn ich allein nach Nebel fahre? Einen Kaffee trinken?«

»Kaffee haben wir auch hier. Dafür musst du kein Benzin verfahren.«

»Ich muss einfach mal raus«, säuselt sie.

»Und wann kommst du wieder?«

Das Abendessen rutscht in den Bereich des Unwahrscheinlichen. Er hatte es geahnt.

»Spätestens zum Abendessen«, sagt sie rasch, und er entspannt sich.

»Was gibt's denn?«

»Wattwürmer in Schlickschleim.«

Seine Augen beginnen zu leuchten.

»Muscheln in Knoblauchbutter. Toll!«, ruft er aus, und Linda ist froh, dass man Gedanken nicht lesen kann.

Er hätte sie niemals von hier fort gehen lassen. Einmal im Netz, lässt der Fischer die Beute nicht ins Meer zurück. Wie die anderen Male hätte sie auch diesmal nachgegeben, hätte seinen Liebesbeteuerungen zwar nicht geglaubt, seinen Drohungen aber umso mehr.

»Du kannst gehen,«, hätte er schlussendlich gesagt, »aber Leo bleibt hier.«

Genauso wäre es gekommen. Der Anwalt hatte ihre Befürchtung bestätigt. Kein Richter würde zustimmen, dass sie mit dem Kind tausend Kilometer weit weg zog. Ihr weiteres Leben wäre besiegelt gewesen. Einmal geschaffene Tatsachen jedoch, hatte der findige Jurist hinzugefügt, seien nur schwer wieder umzukehren. Ob sie verstehe, was er meine?

Linda hatte verstanden. Und dann hatte sie die Rechnung bar bezahlt und war mit dem Rad zurück nach Hause gefahren. Immer gegen den Wind.

Sie schaut ihm ins Gesicht, sieht in seine wachen, hellgrauen Augen, und plötzlich hat sie Mitleid.

»Was ich dir übrigens noch über die Wellhornschnecke erzählen wollte …«, setzt er unvermittelt an.

Da schiebt sich Linda an Jan vorbei. Die Zeit der Vorträge ist zu Ende. Nie mehr wird sie geduldig dasitzen und zuhören, wenn er stundenlang über Marschwiesen und Schweinswale referiert.

»Ich fahre jetzt«, sagt sie fröhlich, als habe sie ihn nicht gehört.

»Gut, dann lese ich noch ein bisschen«, antwortet er und hebt kapitulierend die Hände. Manchmal ist sie seltsam, ihr Wille unergründlich und Abwarten die einzig sinnvolle Strategie.

Linda wartet, bis er zurück in sein Zimmer gegangen ist und die Tür geschlossen hat, dann zieht sie ihre gepackten Koffer unter dem Bett im Schlafzimmer vor, nimmt den Mantel von der Garderobe und steigt ins Auto. Als Jan die gefährlichste Idee des Psychologieprofessors Daniel Gilbert liest, die besagt, dass Ideen gefährlich sein können, legt die Fähre mit Linda an Bord ab.

In der Nacht zieht der Sturm herauf. Der Kniepsand wird überspült, die Nordseewellen erreichen den Dünensaum, alles Leben auf der Insel duckt sich in Kuhlen und Häuser.

Mit dem Telefon in der Hand steht Jan am Fenster. Er

liest die Nachricht seiner Frau so oft, bis jedes einzelne Wort seine ursprüngliche Bedeutung zu verlieren scheint.

Am gefährlichsten ist oft die eigene Frau. Linda

Drei Tage tobt der Sturm über die Insel. Drei Tage kocht Jan vor Wut. In der Nacht zum vierten Tag, als die Kraft des Sturms endlich nachlässt, packt er seine Sachen, um die erste Fähre zum Festland zu nehmen. Er weiß, wo sie ist, und er wird Leo und sie zurückholen. Übernächtigt und dennoch hellwach schmeißt er wahllos Klamotten in eine Tasche. Ohne einen Blick zurück stürmt er aus dem Haus und steigt in das Taxi, das ihn zum Fährableger bringt.

Während der Fahrt pausiert sein Herz für einige Schläge. Die Rhythmusstörung war lange nicht mehr aufgetreten.

Auf der Fähre bleibt er auf dem Oberdeck und schaut aufs Meer. Trotz der Kälte schwitzt er, und seine Hände zittern. Die Schweinswale, deren Schwanzflossen aus dem Wasser ragen und deren seltenes Erscheinen ihn üblicherweise begeistert, lösen diesmal nicht die geringste Freude aus. Ein Stück schwimmen sie neben der Fähre her, dann wechseln sie die Richtung und tauchen ab. Ein Schwindel erfasst ihn, einhergehend mit einem Schwächegefühl und einer plötzlichen Müdigkeit. Seine Hände umklammern die Reling. Das letzte, was er sieht, ist die wie Blei vor ihm liegende See.

Als Jans Herz aufhört zu schlagen, öffnet Linda tausend Kilometer weit entfernt ein Buch. Sie hat es sich gleich nach der Ankunft gekauft: *Was ist Ihre gefährlichste Idee?*

BERNHARD SCHLINK

Johann Sebastian Bach auf Rügen

1

Am Ende des Films wollten ihm die Tränen kommen. Dabei hatte der Film gar kein Happy End; er endete nicht mit dem Versprechen einer glücklichen Zukunft, sondern nur mit einer vagen Hoffnung. Die beiden, die füreinander bestimmt waren, hatten sich verfehlt, sie würden sich aber vielleicht wiederbegegnen. Die Frau hatte ihr Geschäft verloren, sie wagte aber einen neuen Anfang.

Sie hatte ihr Geschäft verloren, weil ihre Schwester sie um ihr Geld gebracht hatte. Sie konnte einen neuen Anfang wagen, weil ihr Vater, ein mürrischer Alter, der manchmal schlecht und recht auf ihren Sohn aufpasste und meistens voller törichter Ideen steckte, überraschend sein Haus verkaufte und ihr den Lieferwagen schenkte, den sie brauchte. Danach standen Vater und Tochter auf der Straße und sahen auf den Lieferwagen, sie den Kopf an seine Schulter gelehnt und er den Arm um sie gelegt. Ihr Geschäft war das Reinigen von Verbrechensschauplätzen, und in der letzten Szene machte der Vater sich mit der Tochter an die Arbeit, im blauen Overall, mit weißer Atemschutzmaske und in der Vertrautheit, die keine Worte braucht.

Dass ihm beim Happy End eines Films die Tränen kommen wollten, passierte ihm immer öfter. In seiner Brust wurde es eng, seine Augen wurden feucht, und bevor er reden konnte, musste er sich räuspern. Aber die Tränen kamen nicht. Dabei hätte er gerne geweint, nicht nur im Kino beim Happy End, sondern auch, wenn ihn die Trauer über das Ende seiner Ehe oder den Tod seines Freundes oder einfach über den Verlust seiner Lebenshoffnungen und -träume überwältigte. Als Kind hatte er sich in den Schlaf geweint – er konnte es nicht mehr.

Das letzte Mal, dass er richtig hätte weinen können, war vor vielen Jahren gewesen. Er hatte mit seinem Vater eine der politischen Auseinandersetzungen, die damals zwischen den Generationen üblich waren und in denen die Eltern alles bedroht sahen, wofür sie gelebt hatten, und die Kinder alles verwehrt fanden, was sie anders und besser machen wollten. Er verstand und respektierte den Schmerz seines Vaters über den Verlust einer vertrauten und geliebten Welt und wollte nur, dass sein Vater seinen Wunsch nach einer neuen Welt ebenso verstünde und respektierte. Aber sein Vater beschimpfte ihn als unbedacht und unerfahren, anmaßend, respekt- und verantwortungslos, bis ihm die Tränen kommen wollten. Diesen Triumph mochte er dem Vater nicht lassen. Er schluckte die Tränen runter und konnte zwar nicht reden, bot aber seinem Vater die Stirn.

Hätte sein Vater sein Haus verkauft und ihm einen Lieferwagen geschenkt, wenn er einen gebraucht hätte? Hätte sein Vater einen blauen Overall und eine weiße Atemschutzmaske angezogen und ihm beim Reinigen von Verbrechensschauplätzen geholfen? Er wusste es nicht. Es wäre für seinen Vater und ihn nicht um Lieferwagen, Overalls und Atemschutzmasken gegangen. Hätte sein

Vater ihn, wenn er wegen seines politischen Engagements seine Stelle verloren hätte, unterstützt? Ihm beim Neuanfang in einem anderen Beruf oder anderen Land geholfen? Oder hätte er gefunden, es geschehe ihm recht und er verdiene keine Hilfe?

Selbst wenn sein Vater ihm geholfen hätte – nie und nimmer wäre es in der wortlosen Vertrautheit geschehen, die im Film zwischen Vater und Tochter bestand. Sie war ein kleines Happy End im großen vagen Ende des Films. Sie war ein kleines Wunder. Dabei durften einem schon die Tränen kommen.

2

Er hatte vorgehabt, eine Taxe zu nehmen und sich zu Hause noch an den Artikel zu machen, den die Zeitung Anfang der nächsten Woche bringen wollte. Aber als er aus dem Kino auf die Straße trat und die weiche Sommernachtluft spürte, entschloss er sich zu gehen. Über den Platz, am Museum vorbei, am Fluss entlang – er war erstaunt, wie belebt die Straßen waren. Ihm begegneten Touristengruppen, und oft waren Alt und Jung gemeinsam unterwegs. Eine Gruppe von Italienern berührte ihn besonders. Großvater und Großmutter, Vater und Mutter, Söhne und Töchter und wohl auch noch deren Freunde und Freundinnen kamen ihm eingehakt, mit leichtem Schritt und leise singend entgegen, sahen ihn freundlich, auffordernd, einladend an und waren an ihm vorbei, ehe er auch nur beginnen konnte, sich zu überlegen, was es mit der Aufforderung und Einladung auf sich haben mochte und wie er reagieren könnte. Werde ich, fragte er sich, wenn ich Eltern und Kinder glücklich beieinander sehe, sentimental?

Er fragte es sich wieder, als er beim Italiener in der Nachbarschaft noch ein Glas Wein trank. Zwei Tische weiter saßen ein Vater und ein Sohn in lebhaftem, freundlichem Gespräch. Dann schlug seine Stimmung um; er wurde neidisch, ärgerlich, bitter. Er konnte sich nicht an ein einziges ähnliches Gespräch mit seinem Vater erinnern. Redeten sie lebhaft miteinander, dann stritten sie über Politik oder Recht oder Gesellschaft. Freundlich redeten sie miteinander nur, wenn sie Belanglosigkeiten austauschten.

Am nächsten Morgen schlug die Stimmung noch mal um. Es war Sonntag, er frühstückte auf dem Balkon, die Sonne schien, die Amsel sang, und die Kirchenglocken läuteten. Er wollte nicht bitter sein. Er wollte auch nicht, dass, wenn sein Vater starb, nichts blieb außer faden oder schlechten Erinnerungen. Als seine Eltern aus der Kirche zurück waren, rief er sie an. Seine Mutter nahm ab, wie immer, und wie immer stockte nach den wechselseitigen Fragen nach Aktivitäten, Gesundheit und Wetter das Gespräch.

»Meinst du, ich könnte Vater zu einer kleinen Reise einladen?«

Es dauerte eine Weile, bis sie antwortete. Er wusste, dass sie weniges so sehnlich wünschte wie ein besseres Verhältnis ihrer Kinder zu ihrem Mann. Zögerte sie, weil sie die Freude über seine Frage nicht fassen konnte? Oder weil sie Angst hatte, die Situation zwischen ihm und seinem Vater sei schon zu verfahren? Schließlich fragte sie: »Was für eine kleine Reise schwebt dir vor?«

»Was sowohl Vater als auch ich mögen, ist das Meer und ist Bachs Musik.« Er lachte. »Fällt dir sonst noch etwas ein, das wir beide mögen? Mir nicht. Im September gibt es ein kleines Bach-Fest auf Rügen, und ich denke an zwei bis drei Tage mit ein paar Konzerten und ein paar Spaziergängen am Strand.«

»Ohne mich.«

»Ja, ohne dich.«

Wieder zögerte seine Mutter mit der Antwort. Als gebe sie sich einen Ruck, sagte sie schließlich: »Was für ein schöner Gedanke! Kannst du Vater einen Brief schreiben? Ich fürchte, am Telefon fühlt er sich überfahren und reagiert abweisend. Das tut ihm zwar bald leid. Aber warum nachträglich in Ordnung bringen, was von vornherein brieflich besser läuft?«

3

An einem Donnerstag im September holte er seinen Vater in der kleinen Stadt ab, in der seine Eltern lebten und in der er aufgewachsen war. Die Zimmer im Hotel und die Karten für die Konzerte waren gebucht. Er hatte sich gegen die größeren Orte mit den prächtigen Häusern der Jahrhundertwende entschieden; weil sein Vater es bescheiden mochte, würden sie in einem einfachen Hotel in einem kleinen Dorf wohnen, dort, wo der Strand sich Kilometer um Kilometer hinzieht. Sie würden am Freitagnachmittag die *Französischen Suiten,* am Samstagabend zwei *Brandenburgische Konzerte* und das *Italienische Konzert* und am Sonntagnachmittag Motetten hören. Er hatte die Programme der Konzerte ausgedruckt und gab sie seinem Vater, als sie auf der Autobahn waren. Außerdem hatte er sich zurechtgelegt, wonach er seinen Vater auf der Fahrt fragen wollte: nach Kindheit und Jugend und Studium und beruflichem Anfang. Das sollte ohne Streit gehen.

»Schön«, sagte sein Vater, als er die Programme gelesen hatte, und schwieg. Er saß aufrecht, die Beine übereinandergeschlagen, die Arme auf die Lehnen gelegt und die Hände von den Lehnen hängend. So saß er auch zu Hause im Sessel, und so hatte der Junge seinen Vater gesehen, als er ihn vor dem Abitur im Gericht besuchte und bei einer Verhandlung erlebte. Er wirkte entspannt, und die Neigung seines Kopfs und die Andeutung eines Lächelns versprachen zugewandtes und aufmerksames Zuhören. Zugleich wahrte die Haltung Abstand; so entspannt sich, wer sich auf die Menschen und auf die Situationen nicht einlässt, so hält den Kopf und lächelt, wer sich hinter dem Lächeln versteckt und voller Skepsis zuhört. Seit er sich verschiedentlich entsetzt dabei ertappt hatte, so zu sitzen, wie sein Vater saß, wusste er es.

Er fragte ihn nach seiner frühesten Erinnerung und erfuhr von dem Matrosenanzug, den sein Vater als Dreijähriger zu Weihnachten bekommen hatte. Er fragte ihn nach den Leiden und Freuden der Schule, und sein Vater wurde gesprächiger und erzählte vom Drill beim Turnen, vom vaterländischen Geschichtsunterricht und von seinen Schwierigkeiten mit Aufsätzen, bis er sie nach dem Vorbild von Artikeln schrieb, die er in einem Buch im Schrank seines Vaters fand. Er erzählte vom Tanzunterricht und von den

Treffen der Primaner, bei denen gesoffen wurde wie bei den Besäufnissen studentischer Verbindungen und nach denen die, die sich besonders erwachsen fühlten, noch ins Bordell gingen. Nein, er selbst sei nie mitgegangen und habe auch beim Trinken nur halbherzig mitgetan. Als Student habe er sich geweigert, in eine Verbindung einzutreten, obwohl sein Vater ihn gedrängt habe. Er habe studieren und auf der Universität dem Reichtum des Geistes begegnen wollen, nachdem es auf der Penne nur Almosen gegeben hatte. Er erzählte von Professoren, die er gehört, von Veranstaltungen, die er besucht hatte, und wurde darüber müde.

»Du kannst die Lehne tieferstellen und schlafen.«

Er stellte die Lehne tiefer. »Ich ruhe nur aus.« Aber es dauerte nicht lange, bis er schlief, schnarchend und manchmal schmatzend.

Sein Vater im Schlaf – er merkte, dass er das noch nie erlebt hatte. Er konnte sich nicht erinnern, als Kind mit seinen Eltern im Bett herumgetollt zu haben, bei ihnen eingeschlafen oder aufgewacht zu sein. Ferien hatten seine Eltern ohne die Kinder verbracht; er und seine Geschwister wurden zu Großeltern, Tanten und Onkeln geschickt. Das fand er auch gut; er erlebte die Ferien immer als Befreiung nicht nur von der Schule, sondern auch von den Eltern. Er sah zu seinem Vater, sah die Bartstoppeln auf Kinn und Wangen, die Haare, die aus der Nase und aus den Ohren wuchsen, den Speichel in den Mundwinkeln, die geplatzten Adern an der Nase. Zugleich roch er seinen Vater, ein bisschen muffig und ein bisschen säuerlich. Er war froh, dass es außer den Ritualen des Begrüßungs- und des Abschiedskusses, die er meistens vermeiden konnte, keine Zärtlichkeiten zwischen seinen Eltern und ihm gab oder gegeben hatte. Dann fragte er sich, ob er dem Körper seines Vaters liebevoller begegnen würde, wenn es sie gegeben hätte.

Er tankte, und sein Vater drehte sich, so gut es ging, auf die Seite und schlief weiter. Er stand im Stau, ein Krankenwagen bahnte sich den Weg mit Blaulicht und Sirene, und sein Vater murmelte etwas, wachte aber nicht auf. Der tiefe Schlaf seines Vaters ärgerte ihn; er berührte ihn als Ausdruck des guten Gewissens, mit dem sein Vater selbstgerecht durchs Leben gegangen war und ihn beurteilt und verurteilt hatte. Aber dann löste der Stau sich auf, er umfuhr Berlin, durchfuhr Brandenburg und erreichte Mecklenburg. Die karge Landschaft stimmte ihn melancholisch, die einsetzende Dämmerung milde.

»Wie ist die Welt so stille und in der Dämmerung Hülle so traulich und so hold.« Sein Vater war aufgewacht und zitierte Matthias Claudius. Als er ihn anlächelte, lächelte sein Vater zurück. »Ich habe von deiner Schwester geträumt, als sie klein war. Sie kletterte einen Baum hoch, höher und höher, und dann flog sie in meine Arme, leicht wie eine Feder.«

Seine Schwester war das Kind der ersten Frau seines Vaters, die im Kindbett gestorben war und in der Familie als Himmelsmama geführt wurde, im Unterschied zur zweiten Frau, die auf der Erde als Mama präsent war. Die zweite Frau war die Mutter der beiden Söhne und war auch die Mutter der Schwester geworden; die Kinder hatten sich immer voll und ganz als Geschwister und nie als Halbgeschwister empfunden. Aber er hatte sich manchmal gefragt, ob die besondere Liebe seines Vaters für seine Schwester die Fortsetzung der Liebe für die erste Frau war.

Die Dämmerung, das Lächeln, die Erzählung des Traums als Bekenntnis einer Sehnsucht und Zeichen des Vertrauens – er dachte, er könnte seinen Vater fragen. »Wie war deine erste Frau?«

Der Vater antwortete nicht. Sie fuhren von der Dämmerung in die Dunkelheit, und sein Gesicht war nicht zu sehen und nicht zu deuten. Er räusperte sich, sagte aber nichts. Als der Sohn die Hoffnung auf eine Antwort schon aufgeben wollte, sagte der Vater: »Ach, nicht so anders als Mama.«

4

Am nächsten Morgen wachte er früh auf. Er lag im Bett und fragte sich, ob sein Vater ihm ausgewichen war oder über seine erste Frau nicht mehr sagen konnte, als er gesagt hatte. Hatte er die beiden Frauen ineinandergefühlt und -gedacht, weil er die Spannung von Erinnern und Vermissen und Vergessen nicht aushielt?

Das waren keine Fragen, die er seinem Vater beim Frühstück stellen konnte. Sie saßen auf der Terrasse mit Blick aufs Meer. Der Vater richtete Grüße von Mama aus, mit der er gerade telefoniert hatte, köpfte das Ei, belegte die eine Hälfte des Brötchens mit Schinken und die andere mit Käse und aß schweigend und konzentriert. Als er fertig war, las er die Zeitung.

Was er und Mutter miteinander am Telefon reden mochten? Tauschten sie nur aus, wie sie geschlafen hatten und wie das Wetter hier und dort war? Warum redete er von ihr als Mama, obwohl keines der Kinder sie so nannte? Interessierte ihn die Zeitung, oder versteckte er sich hinter ihr? Machte die Reise mit seinem Sohn ihn befangen?

»Vermutlich findest du gut, dass die Regierung …«

Das klang, als wolle sein Vater eine ihrer üblichen politischen Auseinandersetzungen eröffnen. Er ließ ihn nicht ausreden. »Ich habe seit Tagen nicht die Zeitung gelesen. Nächste Woche wieder. Wollen wir am Strand gehen?« Der Vater bestand darauf, die Zeitung fertigzulesen, versuchte aber nicht mehr, ihn in eine Auseinandersetzung zu ziehen. Schließlich faltete er die Zeitung und legte sie auf den Tisch. »Wollen wir?«

Sie gingen am Strand, der Vater im Anzug, mit Krawatte und schwarzen Schuhen, er in Hemd und Jeans, die Turnschuhe an den Senkeln zusammengebunden über die Schulter gehängt. »Du hast auf der Fahrt vom Studium erzählt – was kam danach? Warum musstest du nicht in den Krieg? Was genau war der Grund, dass du deine Stelle als Richter verloren hast? Warst du gerne Anwalt?«

»Vier Fragen auf einmal! Mein Herz hatte damals schon die Rhythmusstörungen, die ich heute noch habe; sie haben mich vor dem Krieg gerettet. Die Stelle als Richter habe ich verloren, weil ich die Bekennende Kirche juristisch beraten habe. Das war dem Präsidenten des Landgerichts und auch der Gestapo ein Ärgernis. Also wurde ich Anwalt und habe die Kirche als Anwalt weiterberaten. Meine Partner in der Kanzlei haben mich machen lassen; mit dem richtigen Anwaltsgeschäft mit Verträgen und Gesellschaften und Hypotheken und Testamenten hatte ich kaum zu tun, und vor Gericht bin ich selten aufgetreten.«

»Ich habe den Aufsatz gelesen, den du 1945 im *Tageblatt* geschrieben hast. Kein Hass gegen die Nazis, keine Abrechnung, keine Vergeltung, gemeinsames Bewältigen der Not, gemeinsamer Aufbau der zerstörten Städte und Dörfer, Zusammenrücken mit den Flüchtlingen – warum so versöhnlich? Die Nazis haben Schlimmeres angerichtet, ich weiß, aber sie haben dich immerhin um deine Stelle gebracht.«

Sie kamen im Sand nur langsam voran. Sein Vater machte keine Anstalten, doch noch Schuhe und Socken auszuziehen und die Hose hochzukrempeln, sondern setzte schwerfällig Schritt vor Schritt. Dass sie es so nicht ans Ende des langen, hellen Strandes und zum Kap Arkona schaffen würden, war ihm gleichgültig, aber – er war sicher – nicht seinem Vater, der stets Ziele hatte und Pläne machte und sich beim Frühstück nach dem Kap erkundigt hatte. In drei Stunden mussten sie wieder im Hotel sein.

Wieder wollte er die Hoffnung auf eine Antwort schon aufgeben, als sein Vater sagte: »Du kannst dir nicht vorstellen, wie es ist, wenn das Leben aus den Fugen geraten ist. Dann ist wichtiger als alles andere, dass es wieder seine Ordnung findet.«

»Der Präsident des Landgerichts …«

»… hat mich im Herbst 1945 freundlich begrüßt, als käme ich aus längeren Ferien zurück. Er war kein schlechter Richter und auch kein schlechter Präsident. Er war aus den Fugen geraten wie alle und war wie alle froh, dass es vorbei war.«

Er sah die Schweißperlen auf der Stirn und den Schläfen seines Vaters. »Würdest du aus den Fugen geraten, wenn du barfuß gehen und Jacke und Krawatte ausziehen würdest?«

»Nein.« Er lachte. »Vielleicht versuche ich's morgen. Heute würde ich mich gerne ans Meer setzen und auf die Wellen sehen. Wie wäre es hier?« Er sagte nicht, ob er nicht mehr konnte oder nicht mehr wollte. Er zog die Hosenbeine hoch, damit sie nicht an den Knien spannten, setzte sich im Schneidersitz in den Sand, sah aufs Meer und sagte nichts mehr.

Er setzte sich neben seinen Vater. Als er sich von dem Gefühl befreit hatte, dass sie eigentlich miteinander reden müssten, genoss er den Blick auf das ruhige Meer und die weißen Wolken, den Wechsel von Sonne und Schatten, die salzige Luft, den leichten Wind. Es war nicht zu warm und nicht zu kalt. Es war ein vollkommener Tag.

»Wieso hast du meinen Aufsatz von 1945 gelesen?« Es war die erste Frage, die sein Vater an ihn richtete, seit sie aufgebrochen waren, er konnte nicht heraushören, ob misstrauisch oder einfach neugierig.

»Ich habe einem Kollegen beim *Tageblatt* einen Gefallen getan, und er hat mir eine Kopie deines Aufsatzes geschickt. Ich vermute, er hat im Archiv geschaut, ob sich etwas fände, das mich interessieren könnte.«

Sein Vater nickte.

»Hattest du, als du die Bekennende Kirche beraten hast, Angst?«

Sein Vater nahm die Beine aus dem Schneidersitz, streckte sie aus und stützte sich auf die Ellbogen. Das sah unbequem aus und war es wohl auch, denn nach einer Weile richtete er sich wieder auf und schlug die Beine wieder übereinander.

»Ich hatte lange vor, etwas über Angst zu schreiben. Aber als ich im Ruhestand Zeit hatte, habe ich es nicht getan.«

5

Um fünf begann das Konzert. Als sie um halb fünf vor dem Schloss parkten, in dessen Saal das Konzert stattfand, waren die meisten Parkplätze frei. Er schlug vor, bis zum Beginn des Konzerts im Schlossgarten zu spazieren. Aber sein Vater drängte, und so setzten sie sich im leeren Saal in die erste Reihe und warteten.

»Es ist das erste Mal, dass Rügen ein Bach-Fest ausrichtet.«

»Die Menschen müssen sich an alles erst gewöhnen. Sie mussten sich auch an Bachs Musik erst gewöhnen. Du weißt, dass Bach im 19. Jahrhundert von Mendelssohn entdeckt und aufgeführt wurde?« Der Vater erzählte von Bach und Mendelssohn, vom Entstehen der Suite als einer Zusammenstellung von Tänzen im 16. Jahrhundert, vom Aufkommen des Namens Partita neben dem Namen Suite im 17. Jahrhundert, von Bachs Suiten und Partiten als seinen besonders auf Leichtigkeit gestimmten Werken, von den frühen Fassungen mancher Suiten in den *Notenbüchlein für Anna Magdalena Bach,* vom Entstehen der *Französischen Suiten,* der *Englischen Suiten* und der Partiten zwischen 1720 und 1730, von den drei *Französischen Suiten* in Moll und den drei in Dur und ihren verschiedenen Sätzen. Er erzählte lebhaft, freute sich an seinem Wissen und an der

Aufmerksamkeit seines Sohns. Er betonte, wie er sich auf die Musik freue.

Ein junger Pianist, von dem weder Vater noch Sohn gehört hatten spielte mit kalter Präzision. Als seien die Töne Zahlen, als seien die Suiten Rechnungen. Ebenso kalt verbeugte er sich nach dem Konzert vor dem kleinen Publikum.

»Hätte er vor einem größeren Publikum mit mehr Herz gespielt?«

»Nein, er meint, so gehöre Bach gespielt. Wie wir Bach gerne hören, findet er sentimental. Aber ist es nicht großartig? Keine Interpretation kann Bach etwas anhaben, nicht einmal diese. Nicht einmal die Verwendung als Klingelton – ich sitze in der Straßenbahn, höre ein Handy, und es ist immer noch Bach und immer noch gut.« Der Vater redete mit Wärme. Auf der Fahrt zurück ins Hotel verglich er Richters und Schiffs und Fellners und Goulds und Jarretts Interpretationen der *Französischen Suiten,* und der Sohn war ebenso beeindruckt von den Kenntnissen seines Vaters wie befremdet von dem Redefluss, der ohne Unterbrechung, ohne Vergewisserung, dass die Ausführungen auf Interesse stießen, ohne Einladung zu einer Frage oder einem Kommentar fort und fort sprudelte. Ihm war, als höre er einem Selbstgespräch zu.

Beim Abendessen ging es so weiter. Der Vater kam von der Interpretation der *Französischen Suiten* auf die der Messen, Oratorien und Passionen. Als der Sohn erst nach langer Pause vom Klo zurückkam, war der Redefluss versiegt. Aber auch die Lebhaftigkeit, die Freude, die Wärme des Vaters waren verschwunden. Der Sohn bestellte eine zweite Flasche Rotwein und war vorbereitet, vom Vater eine kritische Bemerkung über Luxus und Völlerei zu hören. Aber der Vater ließ sich gerne einschenken.

»Woher kommt deine Liebe zu Bach?«

»Was für eine Frage!«

Der Sohn gab nicht auf. »Dass der eine Mozart liebt und der andere Beethoven und der Dritte Brahms, hat Gründe. Mich interessiert, warum du Bach liebst.«

Wieder saß der Vater aufrecht, die Beine übereinandergeschlagen, die Arme auf die Lehnen gelegt und die Hände von den Lehnen hängend, den Kopf geneigt und mit der Andeutung eines Lächelns. Er sah ins Leere. Der Sohn musterte das Gesicht des Vaters, die hohe Stirn unter dem immer noch vollen grauen Haar, die tiefen Kerben über der Nase und zwischen Nase und Mundwinkeln, die starken Backenknochen und schlaffen Backen, die schmalen Lippen, den müden Mund und das kräftige Kinn. Es war ein gutes Gesicht, das sah der Sohn, aber er sah nicht dahinter, nicht, welche Sorgen die tiefen Kerben in die Stirn gegraben hatten, wessen der Mund müde war, warum der Blick nichts hielt.

»Bach hat mich …« Er schüttelte den Kopf und setzte neu an. »Deine Großmutter war eine kapriziöse, funkelnde Frau und dein Großvater ein gewissenhafter Beamter, nicht frei von …«

Wieder redete er nicht weiter. Der Sohn hatte die Großmutter als Junge ein paar Mal mit dem Vater im Heim besucht; sie saß im Rollstuhl, redete nicht, und aus einem Gespräch zwischen Vater und Arzt hatte sich ihm der Begriff der Altersdepression eingeprägt. Den Großvater hatte er nicht bewusst erlebt. Warum konnte der Vater nicht über seine Eltern reden? »Bach versöhnt das Widerstrebende. Das Helle und das Dunkle, das Starke und das Schwache, das Vergangene …« Er zuckte die Schultern. »Vielleicht war es nur, dass ich mit Bach Klavier gelernt habe. Ich habe zwei Jahre lang nichts außer Etüden spielen dürfen, und danach waren die *Notenbüchlein* ein Geschenk des Himmels.«

»Du hast Klavier gespielt? Warum spielst du nicht mehr? Wann hast du aufgehört?«

»Ich wollte im Ruhestand wieder Unterricht nehmen. Aber es hat sich nicht ergeben.« Er stand auf. »Machen wir morgen nach dem Frühstück einen Spaziergang am Strand? Ich glaube, Mama hat mir eine passende Hose eingepackt.« Er legte seinem Sohn kurz die Hand auf die Schulter. »Gute Nacht, mein Junge.«

6

Wenn er später an die Reise mit seinem Vater zurückdachte, war der Samstag nur blauer Himmel und blaues Meer, Sand und Fels, Buchen- und Kiefernwälder, Felder und Musik.

Sie gingen nach dem Frühstück los, er wieder in Jeans und Hemd und die Turnschuhe über der Schulter, sein Vater in heller Leinenhose, einen Pullover um die Hüften und Sandalen in der Hand. Als der Sand aufhörte, zogen sie die Schuhe an. Sie kamen gut voran und waren nach ein paar Stunden am Kap. Sie redeten nicht. Wenn er seinen Vater fragte, ob er wirklich weitergehen oder lieber umkehren wolle, schüttelte sein Vater nur den Kopf.

Am Kap machten sie Rast, wieder ohne zu reden, ließen für den Heimweg eine Taxe kommen, saßen schweigend im Wagen und sahen in die Landschaft. Im Hotel ruhten sie, bis es Zeit war, zum Konzert in die Stadt zu fahren. Die Aula des Gymnasiums war voll, und Vater und Sohn waren sich ohne Worte in der Freude über den Schwung einig, mit dem musiziert wurde. »Bin ich froh, dass sie das *Vierte Brandenburgische* mit Querflöten und nicht mit Blockflöten besetzen«, war der einzige Kommentar des Vaters.

Im Hotel nahmen sie einen leichten späten Imbiss, hofften für den nächsten Tag auf gutes Wetter, planten nach dem Frühstück einen Ausflug zu den Kreidefelsen und wünschten einander eine gute Nacht.

Er nahm die halbvolle Flasche Wein mit aufs Zimmer und setzte sich auf den Balkon. Das Zusammensein mit seinem Vater war wortlos gewesen wie die Zusammenarbeit von Tochter und Vater am Ende des Films. Aber es hatte sich mehr nach wortlosem Waffenstillstand angefühlt als nach wortloser Vertrautheit; sein Vater wollte nicht wieder bedrängt, sondern in Ruhe gelassen werden, und er hatte ihn in Ruhe gelassen. Warum bedrängten seine Fragen seinen Vater? Weil er sein Inneres nicht nach außen kehren wollte, auch nicht gegenüber seinem Sohn? Weil in seinem Inneren, dessen Türen und Fenster er nie geöffnet hatte, alles verdorrt und erstorben war und er nicht wusste, was der Sohn von ihm wollte? Weil er aufgewachsen war, bevor psychoanalytische und psychotherapeutische Entblößungen alltäglich wurden, und ihm die Sprache für Mitteilungen aus seinem Inneren fehlte? Weil er, was er auch tat und was ihm auch geschah, von den beiden Ehen bis zu den beruflichen Aufgaben vor und nach 1945, derart in Kontinuität sah, dass es eigentlich immer das Gleiche war und es nichts darüber zu sagen gab?

Er würde mit seinem Vater morgen wieder reden. Wortlose Vertrautheit war zu viel erwartet. Auch auf wortreiche Vertrautheit brauchte er nicht zu hoffen. Aber er wollte ihn erreichen. Er wollte nach seinem Tod mehr von ihm haben als eine Fotografie auf dem Schreibtisch und Erinnerungen, auf die er gerne verzichtet hätte.

Er erinnerte sich an die ungeschickten, ungeduldigen Versuche seines Vaters, ihm das Schwimmen beizubringen, an die langweiligen, freudlosen Spaziergänge, die er zweimal im Jahr mit ihm und seinem Bruder am Sonntag nach der Kirche machte, an die Verhöre über die Leistungen in der Schule und auf der Universität, an die quälenden politischen Auseinandersetzungen, an den Ärger seines Vaters, als er sich scheiden ließ, die erste Scheidung in der Familie. Er fand keine einzige beglückende Begebenheit, an die er sich hätte erinnern können.

Nichts war zwischen ihm und seinem Vater, nichts. Das Nichts machte ihn so traurig, dass es in seiner Brust eng wurde und seine Augen feucht wurden. Aber die Tränen kamen nicht.

7

Erst im Angesicht der Kreidefelsen erzählte sein Vater, dass er früher schon auf Rügen gewesen war. Das erste Mal auf der Hochzeitsreise mit seiner ersten und das zweite Mal auf der mit seiner zweiten Frau. Das Ziel beider Hochzeitsreisen war Hiddensee, und der Umweg zu den Kreidefelsen wäre beide Male zu groß gewesen. Er freute sich, sie endlich zu sehen.

Beim Mittagessen fragte er: »Welche Motetten werden heute Nachmittag gesungen?«

Der Sohn stand auf und holte das Programm: *Fürchte dich nicht, ich bin bei dir; Der Geist hilft unser Schwachheit auf; Jesu, meine Freude; Singet dem Herrn ein neues Lied.*

»Kennst du die Texte?«

»Die Texte der Motetten? Kennst du sie?«

»Ja.«

»Alle Motetten? Alle Kantaten?«

»Es gibt Hunderte von Kantaten und nur wenige Motetten; ich habe sie als Student im Chor gesungen. ›Fürchte dich nicht, ich bin bei dir, ich stärke dich, ich helfe dir, ich erhalte dich durch die Hand meiner Gerechtigkeit‹ – ein schöner Text für einen Studenten der Rechte.«

»Ich weiß, dass du jeden Sonntag in die Kirche gehst. Aus Gewohnheit oder weil du wirklich glaubst?« Er wusste, dass er eine heikle Frage stellte. Sein Vater hatte mit Trauer zur Kenntnis genommen, dass seine drei Kinder schon früh von der Kirche nichts mehr wissen wollten, es aber nur durch das betrübte Gesicht zu erkennen gegeben, mit dem er am Sonntagmorgen ohne sie vom Frühstück aufstand und in die Kirche aufbrach. Er hatte mit ihnen nie über Religion gesprochen.

Sein Vater lehnte sich zurück. »Glauben ist eine Gewohnheit.«

»Er wird es, aber er fängt nicht als Gewohnheit an. Wie hast du angefangen zu glauben?« Das war eine noch heiklere Frage. Seine Mutter hatte einmal erwähnt, dass sein Vater, ohne Religion aufgewachsen, als Student eine Bekehrung erlebt hatte. Aber darüber, wie die Bekehrung stattgefunden hatte, hatte sie nichts gesagt, und der Vater hatte nie auch nur über die Tatsache der Bekehrung gesprochen.

Er lehnte sich noch weiter zurück, und die Hände hielten die Enden der Lehnen fest. »Ich ... ich habe immer gehofft ...« Er sah ins Leere. Dann schüttelte er langsam den Kopf. »Ihr müsst es selbst erfahren. Wenn ihr es nicht selbst ...«

»Rede mit mir. Mutter hat einmal erwähnt, dass du als Student eine Bekehrung erlebt hast. Das muss das wichtigste Ereignis in deinem Leben gewesen sein – wie kannst du es deinen Kindern verschweigen? Willst du nicht, dass wir dich kennen? Dass wir wissen, was für dich wichtig ist und warum? Merkst du nicht, wie weit weg wir von dir sind? Denkst du, es war nur der Beruf, der deine Tochter nach San Francisco und deinen Ältesten nach Genf getrieben hat? Wie lange willst du noch warten, bis du mit uns redest?« Er wurde immer erregter. »Verstehst du nicht, dass Kinder von ihrem Vater mehr wollen als gemessenes Verhalten und distanziertes Schweigen und eine gelegentliche Auseinandersetzung über irgendwas Politisches, das morgen ohnehin vergessen ist? Du bist zweiundachtzig, und eines Tages bist du tot, und alles, was mir von dir bleibt, ist der Schreibtisch, den ich schon als Kind gemocht habe und von dem die Geschwister schon als Kinder gesagt haben, ich könne ihn einmal haben. Ja, und manchmal werde ich mich dabei ertappen, dass ich sitze, wie du jetzt sitzt, weil ich mit dem Gegenüber so wenig zu tun haben will, wie du jetzt mit mir zu tun haben willst.« Am liebsten wäre er aufgestanden und gegangen.

Ihm kam eine Szene aus der Kindheit in den Sinn. Er mochte zehn gewesen sein, als er eine kleine schwarze Katze nach Hause brachte, die der Bruder eines Spielgefährten mit dem ganzen Wurf im Fluss ertränken sollte. Er kümmerte sich um die Katze, erzog sie zur Reinlichkeit, fütterte sie, spielte mit ihr, liebte sie, und sein Vater, der sie nicht mochte, tolerierte sie. Aber als die Familie eines Abends beim Essen saß und die Katze auf den Flügel sprang, stand sein Vater auf und wischte sie mit einer angelegentlichen Bewegung seines Arms weg, als sei sie Staub. Ihm war, als habe sein Vater ihn selbst weggewischt, und er war so verletzt und verzweifelt, dass er aufstand, die Katze nahm und aus der Wohnung ging. Aber wohin sollte er gehen? Nach drei Stunden in der Kälte kam er wieder nach Hause, sein Vater machte ihm schweigend die Tür auf, und ihm gegenübertreten zu müssen war so schlimm, wie von ihm weggewischt zu werden. Nach wenigen Wochen bekam er von der Katze Asthma, und sie wurde weggegeben.

Sein Vater sah ihn an. »Ich denke, ihr kennt mich. Die Bekehrung – es war nicht wie beim jungen Martin Luther, neben dem der Blitz in den Baum schlug. Du musst nicht meinen, dass ich dir etwas Dramatisches vorenthielte.« Dann sah er auf die Uhr. »Ich sollte ein bisschen ruhen. Wann müssen wir los?«

8

Er wusste sich mit seinem Vater in der Liebe zu Bachs Musik einig, hatte sich aber immer nur für die weltliche Musik interessiert. Sein Bach war der Bach der *Goldberg-Variationen*, der Suiten und Partiten, des *Musikalischen Opfers* und der Konzerte. Als Kind war er mit den Eltern in der *Matthäus-Passion* und im *Weihnachtsoratorium* gewesen, hatte sich gelangweilt und daraus die Lehre gezogen, dass Bachs geistliche Musik nichts für ihn sei. Wenn sie nicht in das Programm der Reise mit dem Vater gepasst hätten, wäre er nicht auf den Gedanken gekommen, sich Motetten anzuhören.

Aber als er in der Kirche saß und die Musik hörte, ergriff sie ihn. Er verstand die Texte nicht, und weil er sich durch die Lektüre nicht von der Musik ablenken lassen wollte, las er sie auch nicht im Programm mit. Er wollte die Süße der Musik auskosten. Süße war ihm noch nie zu Bach eingefallen und durfte einem, so fand er, zu Bach auch nicht einfallen. Aber Süße war, was er empfand, manchmal schmerzlich, manchmal beseligt, bei den Chorälen zutiefst versöhnt. Er erinnerte sich an die Antwort, die sein Vater auf die Frage, warum er Bach liebe, gegeben hatte.

In der Pause traten sie vor die Kirche und sahen in das Getriebe des sommerlichen Sonntagnachmittags. Touristen schlenderten über den Platz oder saßen an den Tischen vor den Cafés und Restaurants, Kinder rannten um den Brunnen, in der Luft lagen Stimmengewirr und der Geruch von Rostbratwürsten. Die Welt in der Kirche und die Welt vor der Kirche hätten nicht gegensätzlicher sein können. Aber es irritierte ihn nicht. Er war auch mit diesem Gegensatz versöhnt.

Wieder redeten sie nicht, nicht in der Pause, nicht auf der Fahrt zum Hotel. Beim Abendessen wurde sein Vater gesprächig und dozierte über Bachs Motetten, ihre Rolle bei Trauungen und Beerdigungen, ihre Aufführung ursprünglich wohl mit, aber seit dem 19. Jahrhundert ohne Orchester, ihren Platz im Repertoire der Thomaner. Nach dem Essen schlug sein Vater einen Spaziergang am Strand vor, und sie gingen in die Dämmerung und kamen in der Dunkelheit zurück.

»Nein«, sagte er, »ich weiß nicht, wer du bist.«

Sein Vater lachte leise. »Oder es gefällt dir nicht.« Im Hotel fragte er: »Wann müssen wir morgen aufbrechen?«

»Ich muss morgen Abend noch nach Hause und würde hier gerne um acht losfahren. Können wir um halb acht frühstücken?«

»Ja. Schlaf gut.«

Wieder setzte er sich auf den Balkon vor seinem Zimmer. Das war's. Auf der Heimfahrt könnte er seinen Vater weiter nach Studium und Beruf fragen. Aber warum sollte er? Was er erfahren wollte, würde er nicht erfahren.

Er hatte die Lust verloren, seinen Vater zu fragen. Nach dem vielen gemeinsamen Schweigen machte ihm die Vorstellung einer schweigsamen Heimfahrt auch keine Angst mehr.

9

Sie fuhren nicht in völligem Schweigen. Da waren die Schilder an der Autobahn, die auf Sehenswürdigkeiten hinwiesen, zu denen dem Vater eine Erinnerung oder eine Belehrung einfiel. Oder die Verkehrsnachrichten schalteten sich ein und berichteten von Staus und zähflüssigem Verkehr und einem Pferd auf der Autobahn, und der Vater stellte fest, sie seien davon nicht betroffen. Oder sein Vater merkte, dass er vor einer Tankstelle langsamer fuhr, fragte ihn, ob er tanken müsse, und er erklärte, er überlege, ob er bei dieser oder bei der nächsten Tankstelle tanken solle. Oder er fragte seinen Vater, ob er einen Kaffee trinken oder zu Mittag essen oder die Lehne tieferstellen und schlafen wolle.

Er war zu seinem Vater aufmerksam, höflich, verbindlich. Er tat, was er auch täte, wenn er sich seinem Vater verbunden gefühlt hätte. Aber er fühlte sich ihm nicht verbunden, er war kalt und weit weg. Er dachte an das, was ihn am nächsten Tag in der Zeitung erwartete, an die Kolumne, die Reihe mit Porträts und an den großen Artikel über die Reform des Unterhaltsrechts, den er in der nächsten Woche schuldete. Versuchte sein Vater, mit seinen Erinnerungen, Belehrungen, Feststellungen und Fragen ein Gespräch in Gang zu bringen? Es war ihm gleichgültig, und er blieb einsilbig.

Als es noch eine Stunde war, bis er seinen Vater absetzen konnte, fuhren sie in ein Gewitter. Er stellte die Scheibenwischer schneller und schneller, aber schließlich waren sie dem Regen nicht mehr gewachsen. Unter einer Brücke fuhr er auf den Seitenstreifen und hielt. Von einem Augenblick auf den nächsten verstummte das Prasseln des Regens auf das Auto. Die Reifen der anderen Autos zischten auf der nassen Straße. Sonst war es still.

»Ich könnte …« Er hatte einen CD-Spieler im Auto, aber eigentlich keine CDs. Wenn er alleine fuhr, arbeitete er, telefonierte und diktierte. Wenn er müde war und wach bleiben wollte, tat's auch das Radio. Aber nach dem gestrigen Konzert hatte er eine Aufnahme des Chors mit Bachs Motetten gekauft. Er legte sie ein.

Wieder ergriff ihn die Süße der Musik. Jetzt hörte er auch Bruchstücke des Texts. »Du bist mein, weil ich dich fasse und dich nicht, oh mein Licht, aus dem Herzen lasse« – so hätte er es nicht gesagt, aber so hatte er empfunden, als er seine Frau liebte und wusste, dass auch sie ihn liebte. »Wir sind wie das Gras, eine Blume, fallend Laub, so der Wind drüber weht, ist es nicht mehr da« – wie gut kannte er das Gefühl, wie oft stellte es sich bei seinem von Auftrag zu Auftrag, von Termin zu Termin hetzenden Leben ein. »Unter deinem Schirmen bin ich von den Stürmen aller Feinde frei« – so fühlte er sich, beschirmt von der Autobahnbrücke und frei von den Stürmen des Gewitters, dieses Gewitters und der Gewitter, die noch kommen würden.

Er wollte eine Bemerkung über seine Freude an den Texten machen und sah zu seinem Vater. Er saß, wie er immer saß, aufrecht, die Beine übereinandergeschlagen, die Arme auf die Lehnen gelegt und die Hände von den Lehnen hängend. Ihm liefen die Tränen übers Gesicht.

Zuerst konnte er die Augen nicht von seinem weinenden Vater lassen. Dann fand er sich aufdringlich, wandte sich ab und sah in den Regen. Sah auch sein Vater in den

Regen? In den Regen und auf die Straße und zu den Autos, die hinter der Brücke durch eine Pfütze fuhren, von Wassergüssen überschüttet und Wasserfontänen aufsprühend? Oder verschwand seinem Vater alles hinter dem Schleier seiner Tränen? Nicht nur der Regen und die Straße und die Autos, sondern alles, was sich nicht in Kontinuität und Gleichmaß fügte? Hatten ihn seine Kinder mit ihren Wandlungen, ihren Irrungen und ihrem Aufbegehren so traurig gemacht, dass er sie nicht sehen mochte? »Schade, dass sie größer werden«, hatte sein Vater zu seiner Tochter gesagt, als er ihre zweijährigen Zwillinge bei Mutters siebzigstem Geburtstag kennenlernte.

Sie standen unter der Autobahnbrücke, bis das Gewitter vorbei und bis die Musik zu Ende war. Der Vater wischte sich mit dem Taschentuch übers Gesicht. Dann faltete er das Taschentuch ordentlich zusammen. Er lächelte seinen Sohn an. »Ich glaube, wir können fahren.«

VOLKER HARRY ALTWASSER

Letzte Fischer

Teil 5

Als hätte Luise Regie geführt‹, dachte Robert Rösch und erinnerte sich an die vielen Vorträge und Warnungen, die ihm seine Tochter so oft mit auf den Weg gegeben hatte. Er solle sich immer vor Piraten in Acht nehmen. Er solle vor Einbruch der Nacht kontrollieren, ob immer alle Außenschotts verschlossen seien. Er solle die Zwischenschotts nachts mit Vorhängeschlössern versehen. Er solle nach Sonnenuntergang die Beleuchtung der tiefer gelegenen Decks einschalten. Die Spots der Brückennock und die Aldislampe seien bereitzuhalten, um näher kommende Boote zu blenden. Feuerlöschschläuche, Hydranten und Wasserrohre seien ständig einsatzbereit zu halten. Die Türen zu den Mannschaftsunterkünften seien verschlossen zu halten. Die Wache – es solle jede Nacht eine Wache auf dem Oberdeck sein – solle ein besonderes Augenmerk auf sich vom Heck her nähernde Boote haben. – Jaja, hatte er immer geantwortet, es werde schon nichts passieren. Sie seien ja nur auf einem Trawler. Einer von fast zweihundert, da müsse es schon mit dem Teufel zugehen.

Es war mit dem Teufel zugegangen. Robert schwamm im Frischwasserbunker drei und spürte die Anwesenheit vieler seiner Kollegen. Es war bis auf die kleine, grüne Notlampe, die sich etwa zwölf Meter höher befand, finster hier unten. Über dem einzigen Schott, dessen Zugang hochgezogen war.

Unter ihnen drehten Tausende von Thuns ihre Runden, die sie wenige Stunden vorher gefangen hatten, um sie später zu verarbeiten.

Robert hielt sich mit Zeigefinger und Daumen an einer Schweißnaht fest und strampelte mit den Füßen. Er wusste, dass es hier unten nur glatte Wände gab. Er brauchte keine Fluchtmöglichkeit zu suchen, weil es sie im Tank nicht gab. Immer wieder vertrieb er neugierige Fische.

Erneut öffnete sich das schmale Schott unter der Notlampe, und wieder wurde ein Kollege ins Wasser geworfen.

»Hundertsiebenundsechzig«, sagte der Dritte Offizier in die Dunkelheit: »Es fehlen also noch zehn Männer.«

»Aber wer fehlt noch?«, fragte der *Knirschende,* der dank seines vielen Fettes auf dem Rücken trieb und nur ab und an die Arme bewegen musste.

»Ich bin da«, sagte der junge Ismael: »DieseReckstypen, wenn ich die in die Finger bekomme! Die haben mich aus der Dusche gezogen, diese Schweine! Man zieht einen Mann nicht aus der Dusche, das ist eine Sünde!«

»Ja, das stimmt«, sagte der *Knirschende,* und auch *Väterchen* pflichtete dem Jungen bei, obwohl er sich wegen seines langen Bartes, der sich vollgesogen hatte, kaum noch über Wasser halten konnte. Er dachte an seine Fischfamilie, die sich immer noch im Aquarium befand. Würde er sie je wieder füttern können?

Väterchen holte tief Luft und ließ sich sinken. Er spürte, wie sein Bart über ihm schwebte, er spürte auch, wie die

Fische durch ihn hindurchschwammen. Auf dem Boden stieß er sich mit den Füßen kräftig ab und hörte an der Oberfläche gerade noch den Befehl des Dritten Offiziers.

Nach und nach sagten die Männer ihre Namen. Am Ende fehlten die Stimmen des Zweiten Offiziers, des Kapitäns, des Funkers, sechs aus der Abteilung der Deckbesatzung und die von *uralter Richard,* was alle verwunderte, nur Robert und *Opernsänger* nicht.

»Also bin ich der ranghöchste Offizier«, stellte der junge Marokkaner fest, der als Kind nach Frankreich gekommen war und sich dort hochgearbeitet hatte: »Ich habe schon viele knifflige Situationen durchlebt. Also werde ich auch diese überstehen! – Und Sie, meine Herren, mit mir!«

Niemand antwortete.

Nach einer Weile war aber doch die Stimme des jungen, nackten Ismael zu hören: »Wirklich?«

»Ja, wir schaffen das, Junge«, sagte der Dritte Offizier, der nur vier Jahre älter war.

»Wir lassen das Wasser ab«, sagte *Kroatischer Riese,* der besonders wütend war: »Dann stapeln wir den Fisch übereinander, und zur Not trage ich euch alle auf meinen Schultern, bis einer von uns das verdammte Schott da oben erreicht hat. – Das lasse ich doch nicht mit mir machen!«

»Was?«, fragte Pawel, der hoffte, die Piratenbrut bringe seine Eisenbahnfahrpläne nicht durcheinander.

»Ach, nichts!«, antwortete *Kroatischer Riese,* dem es peinlich war, von zwei weiblichen Piraten ausgekontert worden zu sein. Er hatte schon drei Männer am Boden gehabt, als eine dieser Kampfsäue einen Sprung machte und ihn mit dem Fuß am Kinn traf, während die andere ihm zeitgleich in die Kniekehlen trat. Diese elenden Bräute, die wussten doch noch gar nicht, dass sie schon tot waren! *Kroatischer Riese* schlug mit der Faust aufs eisige Wasser und sagte: »Warten ist tödlich!«

Sie wussten es alle. Ihre Chancen standen schlecht. Dunkelheit, Kälte und glatte Wände, fieberhaft überlegte der Dritte Offizier, ehe er sagte: »Verhungern werden wir nicht. Genug frischer Fisch ist da, aber trinken können wir nichts. – Dass mir niemand das Salzwasser trinkt! Diese Plörre wurde das letzte Mal vor fünf Tagen ausgetauscht. Es dürfte hier vor Bakterien nur so wimmeln.«

»Wir können das Wasser nicht ablassen«, sagte *Haudegen,* der Chefmechaniker und Oberste Heizer der *Saudade.* Ihn störte die Dunkelheit nicht, er hatte beim Überfall ohnehin seine Brille verloren.

»Warum nicht?«, fragte *Kroatischer Riese.*

»Darum nicht«, sagte *Haudegen,* der den gesamten Schaltplan des Schiffes im Kopf hatte, aber nicht wusste, wie er diesen Plan erklären sollte.

»Was ist das für eine bescheuerte Antwort? Sind wir im Kindergarten, oder was?«, mokierte sich *Kroatischer Riese.*

»Wenn *Haudegen* meint, es geht nicht, dann geht es nicht«, sagte *Opernsänger,* der vom Dilemma des Heizers wusste, zu wenige Worte zu kennen.

»Also, was machen wir?«, fragte Robert Rösch.

Niemand antwortete.

Vereinzelt waren Flüche zu hören, aber mehr und mehr breitete sich eine Stille aus, die bedrohlich wie Nebel werde, meinte der Kurznasenseefledermausspezialist.

Ismael begann damit, herumzuschwimmen und sich zu

vergewissern, dass andere Menschen wirklich anwesend waren. Immer nur Stimmen zu hören wurde ihm unheimlich. Mit weit aufgerissenen Augen versuchte er die Schwärze zu spalten, aber wenn er etwas Helles sah, war es zumeist nur ein Thun. Die Fische wurden so zutraulich, dass der Junge damit begann, ihnen Kinnhaken zu verpassen.

»Spinnst du?«, brüllte Robert auf.

»Oh, sorry, bitte, das wollte ich nicht«, sagte Ismael und schwamm schnell weiter.

»Uralter Richard, wo ist der?«, fragte *Opernsänger*: »Der holt uns raus hier!«

»Stimmt, der kennt das Schiff wie kein anderer«, meinte auch der Smutje: »Der hat eine Ecke gefunden, aber wird er aktiv werden?«

Allen gingen auf einmal die Monologe durch die Köpfe, mit denen *uralter Richard* sie immer genervt hatte. Er werde eines Tages auf seiner ex *Jungen Garde* verrecken, er werde auf ihr sterben. Aber war dieser Tag heute?

»Das wird er nicht wagen«, sagte Robert: »Er wird uns erst retten, dann wird er vielleicht krepieren. *Uralter Richard* ist kein Idiot! Auch er will in den Himmel!«

»Ja, und der stammt auch noch aus dem Ostblock, aus der DDR! Der weiß noch, was Kameradschaft bedeutet. Und was er noch kann: Er kann aus einem Stück Draht ein ganzes U-Boot machen, atombetrieben! Ohne es geklaut zu haben!«, sagte *Opernsänger.*

Vielstimmig wurde ihm recht gegeben, und manch einer meinte sich zu erinnern, *uralter Richard* habe im Vietnamkrieg aufseiten der Überfallenen nordamerikanische Marinesoldaten geköpft, lautlos wie ein Urwaldaffe beim

Schlafen. *Uralter Richard* sei früher einmal ein hochdekorierter Kriegsheld gewesen.

»Auf jeden Fall, Männer, werden wir jetzt nicht wie die Fischweiber auf dem Markt in Salerno herumwettern! Wir werden weiterhin dafür sorgen, dass wir die Situation beherrschen. Wir lassen es nicht zu, dass uns die Situation beherrscht. Wir hoffen nicht, wir handeln!«, sagte der Dritte Offizier: »Vorschläge?«

Wieder wurde es still in der eisigen Dunkelheit.

Ismael fragte: »Das mit dem Wasserablassen, das geht wirklich nicht?«

»Wirklich nicht!«, sagte *Haudegen.*

Wieder stießen zwei Thuns gegen *Opernsängers* Beine, und einer von ihnen zupfte an der Jogginghose. Der Mann gab dem Tier einen Schlag auf den Kopf, das sofort flüchtete, und zog sich die Hose wieder hoch.

»Wir müssen Ruhe bewahren«, sagte *Haudegen.*

»Du hast gut reden, dir fressen diese elenden Viecher ja auch nicht den Bart ab!«, sagte *Väterchen:* »Dreiundsiebzig Jahre ist der gewachsen! Tag für Tag! Und nun? – Eigentlich hasse ich Fische.«

»Du liebst Fische, vergiss das nicht!«, sagte *Kanadier,* der nicht glauben wollte, dass der alte Russe dabei war, seine Beherrschung zu verlieren. Er sagte: »Es gibt Schlimmeres!«

»Ach ja, was denn?«, fragte Ismael aus der Mitte des Tanks heraus, während die Männer sich alle an den Rändern hielten.

Kanadier war kurz davor, die Geschichte vom alten Mann und dem Meer zu erzählen, die er so gut wie auswendig konnte. Wenn sogar dieses Wrack überlebt hatte!

Doch schließlich sagte er: »Keine Ahnung.«

»Na, bitte!«, sagte der Junge triumphierend und schwamm eine neue Runde. Vorbei an den Männern, die an den Wänden hingen und sich ab und an nach oben stießen.

Ismael sagte: »Mir ist verdammt kalt. Ich friere wie ein verdammter Doryfischer im Trog!«

Darauf gab es nichts zu antworten. Auch *Opernsänger* schwieg.

Wieder wurde oben das Schott geöffnet, die Männer hielten den Atem an, doch sie sahen nur, wie der Kapitän und der *Zweite* ins Wasser gestoßen wurden. Schon war der Lichtspalt wieder verschwunden. Sie hatten nicht einmal ein Gesicht eines Piraten gesehen.

Robert hatte sich in den wenigen Minuten auf die glatten, meterhohen Wände konzentriert, die das Licht überall nur reflektiert hatten. Nirgends war es gebrochen worden, nirgends fand sich ein Spalt, ein Absatz oder gar eine Stufe. Er versuchte, sich an Luise zu erinnern, an das, was sie ihm alles gesagt hatte, aber die Kälte der See, die durch das Metall drang, war zu groß, um sich konzentrieren zu können.

Der *Dritte* schwamm sofort zu seinen Vorgesetzten, die er in schlimmer Verfassung vorfand. Sie mussten aus ihren Kammern geholt und verhört worden sein. Der *Dritte* versuchte, die beiden Männer über Wasser zu halten, begriff, dass sie bluteten und sich kaum bewegen konnten.

»Sieben Mann zu mir!«, befahl er: »Zwei Verletzte bergen und betreuen!«

Sofort schwammen dreißig Männer los und hielten die Verletzten wenig später mit einem Arm, während sie mit dem anderen und mit strampelnden Beinen für Stand im Wasser sorgten.

»Lange geht das aber nicht«, keuchte einer der Verarbeiter.

»Muss aber«, sagte der *Dritte:* »Scheiße, ich weiß doch auch nicht weiter. – Wer denkt schon an so etwas? Hochseefischer, gefangen im eigenen Frischwassertank? Inmitten von Unmengen an Thun? Wozu sollen hier auch Notausstiege sein? Wir sind in einem perfekten Gefängnis.«

»Und was ist mit dem Hebekran, mit dem wir die Fische immer hochholen? Das Netz muss doch noch dranhängen«, sagte eine Stimme, die Robert nicht kannte.

»Kann nur von der Schalttafel aus bedient werden«, sagte *Haudegen*: »Befindet sich im Längsgang vier, wisst ihr ja so gut wie ich!«

»Also«, sagte *Opernsänger*, der unbedingt etwas für die Moral der Truppe tun wollte: »Muss *uralter Richard* nur an die Tafel kommen, den Kran runterlassen, und dann kann er meinetwegen verrecken, wenn wir nur hinaufklettern können. – Das ist sein Plan!«

Haudegen sagte nicht, dazu müsse die Luke geöffnet werden, was von der Brücke aus zu sehen sei, auf der sich garantiert ein Trupp der Piraten befinde. *Haudegen* schwieg lieber und hörte den plötzlich euphorisierten Kollegen traurig zu.

Gerede und Geplätscher von überallher. Schwache Echos, die schließlich verstummten.

Sie hatten lange gekämpft, die Arme hatten ihnen gezittert, sie hatten die bewusstlosen Körper immer wieder an die

Oberfläche gestemmt, sie hatten geflucht und gebetet und keinen Rat mehr gewusst. Sie hatten den Kapitän und seinen Stellvertreter geohrfeigt, und niemand war der Erste gewesen, der losgelassen hatte.

Nach vier Stunden hatten die Verarbeiter und die Hochseefischer die Körper sinken lassen, und klar war nur, dass *Kroatischer Riese* sie zuletzt allein gehalten hatte. Der *Dritte* hatte ihm befehlen müssen, damit aufzuhören.

Viele hielten sich jetzt nur noch mühsam an der Wasseroberfläche, und sie alle wussten, dass sie alsbald ein Fraß des Thuns werden würden, den sie so lange gejagt und zerlegt hatten. Es schien ihnen auf einmal nur logisch.

Sie warfen nur noch vereinzelt Sätze in die absolute Dunkelheit. Niemand hatte eine Idee, auch *Haudegen* nicht.

Wo blieb nur *uralter Richard?*

Warum unternahm er nichts?

Er brauchte doch nur den verdammten Hebel umlegen und den Zündschlüssel nach rechts drehen! War doch egal, wenn der Kran mitsamt dem Netz herunterkrachte! Der Kranarm würde schon nicht am Gelenk brechen, der Kranarm würde schon halten!

Haudegen war sich sicher.

Wo also blieb *uralter Richard*?

Der Schwätzer! Dieser nutzlose Parasit! Dieser Hungerleider, den sie all die Jahre mitgeschleppt hatten und der zum Sterben zu faul gewesen war! ›Arschloch, du verdammter Kommunist! Mach hin‹, dachte der Hauptmaschinist und Oberste Heizer, während der Dritte Offizier sich fragte, ob die Geschichte von der *Fu Tai* stimme, die er vor langer Zeit gehört habe.

Es sei ein schönes Schiff mit einem schlanken und grauen Rumpf und mit einem gelben Schornstein. Daran sei es heute noch zu erkennen, obwohl es schon lange andere Papiere und einen ganz anderen Namen habe.

Es habe vor der Batam-Insel jenseits der Singapur-Straße vor Anker gelegen, als eine Piratenbande es am fünften August neunzehnhundertachtundneunzig geentert habe. Man habe die Besatzung zusammengetrieben und ihr befohlen, über Bord zu springen. Die meisten seien ertrunken, einige wenige seien bis ans Land gekommen. Der Chief des Schiffes aber sei an Bord festgehalten worden.

Der Eigner habe zwar eine Belohnung auf die Wiederbeschaffung seines Schiffes ausgelobt, das Schiff sei aber da schon umbenannt und mit neuem Anstrich versehen worden. Nur der Schornstein sei immer noch gelb; ein gelber Schornstein unter Tausenden von gelben Schornsteinen weltweit.

Das Schiff sei zu einem Drogenfahrzeug geworden, das niemals einen Hafen anlaufe und sich immer nur in internationalen Gewässern aufhalte.

Ständig fahre es hin und her, das Heroin werde mit Booten geliefert oder abtransportiert. An den Rändern des Südchinesischen Meeres.

Der Kahn stoppe nur, um die tödliche Fracht zu verschiffen oder um Lebensmittel zu bunkern.

Das Schiff sei für niemanden greifbar, solange es sich auf offener See befinde, wo Rechtsfreiheit mangels eines Richters und eines Staatsanwaltes herrsche.

Diese ewige Fahrt werde so lange andauern, bis das Schiff vom Rost so zerfressen sei, dass es sinke. Es sei zu einem modernen *Fliegenden Holländer* geworden, auf dem der einstige Chief ein Sklave geworden sei und Tag und Nacht schufte. Entführt und für immer lebendig begraben, versklavt von Mördern.

Denn die See gehöre niemandem.

Aber jeder Seemann gehöre ihr. Mit Leib und Seele. Mit Leben und Tod. Die See sei die Seele, und die Seele sei die See.

Das System der Billigflaggen habe die moderne Piraterie begünstigt, stellte der *Dritte* fest, ehe er sich ausmalte, wie es wäre, für immer als Sklave auf einem Piratenschiff zu leben.

›Dann lieber sofort tot‹, dachte er, ›dann lieber gleich tot! – Vielleicht war dieser ehemalige Frachter ja gesunken? Vielleicht wird nun die unauffällige *Saudade* zum neuen Drogenkurier?‹

Wieder sank der junge Offizier und hielt die Luft an. Zwei Thuns glotzten ihm direkt in die Augen und zupften ihm am Ohr, als er sich wieder nach oben stieß.

Sie waren so ausgekühlt, dass sie die Bisse der hungrigen Fische gar nicht mehr bemerkten. Sie wunderten sich zwar über die warme Flüssigkeit, die nach oben stieg, aber ihre Gehirne waren so sehr auf Minimalleistung geschaltet, dass sie nicht begriffen, dass es das eigene Blut war, das ihnen das Gesicht wärmte. Sie hörten dieses harte Geräusch im Inneren, das ihre Zähne schmerzhaft verursachten. Die Körper warnten mit allem, was sie hatten, aber den Hirnen fiel nichts ein. Die Hochseefischer, die härter als andere Männer arbeiten konnten, die Orkanen getrotzt hatten, die walgroße Fänge mit bloßen Händen aufs Heck ziehen konnten, die im Sekundentakt dreißig Kilogramm schwere

Thuns stemmen und ausweiden konnten, wurden müde und müder. Und er trug die Verantwortung. Er war zum Kapitän geworden, und damit hatte er die wichtigste Pflicht übernommen: Er musste die Leben seiner Männer retten. Er musste!

Der *Dritte* räusperte sich und befahl mit heiserer Stimme und mit zitternden Lippen: »Durchzählen!«

›Sie gehorchen, wenn auch nur mühsam‹, freute er sich, ehe er erschrak, hatte das Durchzählen doch nur eine knappe Minute gedauert.

Von der einhundertsechsundsiebzig Mann starken Besatzung meldeten sich noch sieben Männer: *Kroatischer Riese*, Ismael, *Opernsänger*, Robert Rösch, *Knirschender*, der indische Zahlmeister und er selbst sagte schließlich: »Dritter Offizier des Trawlers *Saudade*, ehemals Fang- und Verarbeitungsschiffes ROS 317 *Junge Garde*. Unentschuldigt fehlen *uralter Richard* und der Funker.«

Alle anderen Männer waren lautlos gestorben und zum Fraß der gefangenen Thuns geworden. Niemand von ihnen habe gejammert, getobt oder geschrien, ging es Robert durch den Kopf: ›Sie haben das Sterben als bisher größtes Abenteuer genommen, diese verrückten Peter Pans. – Sie haben *echte Kerls* gespielt. Und verloren.‹

Er versammelte sich mit den anderen Überlebenden zu einem Kreis. Sie wärmten sich gegenseitig, so gut sie konnten.

Opernsänger flüsterte zähneklappernd: »Die *glorreichen Sieben*, über die wollte ich auch mal eine Oper schreiben.«

»Wirst du!«, sagte Robert: »Nur wird es eben keine Westernoper werden.«

»Genau«, meinte der nackte Ismael, der glaubte, seine ganze Haut sei dunkelblau geworden. Er wollte aber nicht sterben! Verdammt noch mal, er wollte es einfach nicht! Er wollte Geld verdienen, schnell viel Geld, mehr wollte er gar nicht. Was sollte daran denn falsch sein? In seinem Kopf ging alles drunter und drüber, eine lange Reihe von Bildern, die einfach nicht aufhörte. Es waren lauter Bilder aus seinem eigenen, kurzen Leben. Ismael begriff sie nicht mehr. Die Abfolge wurde immer schneller, und immer heller wurden die Bilder, immer milchiger.

Der *Dritte* sagte: »Es wird eine Fischeroper! Die beste Fischeroper, die die Welt je gehört hat! – Und wir werden bei jeder verdammten Vorstellung in der ersten Reihe sitzen und sehen, wie die Schauspieler beim Singen spucken! Das wird lustig!«

»Es wird die erste Fischeroper überhaupt«, meinte *Opernsänger*: »Die erste, die beste und zugleich auch die letzte!«

Er dachte: ›Nur, wer sie schreiben soll, das weiß allein das Altwasser.‹

Knirschender legte sich erneut auf den Rücken, so dass sein dicker Bauch aus dem Wasser ragte. Er sagte zum jungen Ismael: »Los, Junge, leg deinen Kopf auf meinen Bauch! Ich kann gar nicht untergehen, mach schon, bevor ich es mir anders überlege.«

Ismael, im Begriff zu sinken, spürte eine Hand in seinen Haaren. Er merkte, wie er gezogen wurde, wie sein Kopf und sein Oberkörper auf irgendetwas gelegt wurden, doch sprechen konnte er nicht mehr. Er röchelte. Die Bilder waren jetzt nicht mehr milchig. Sie waren auch gar nicht mehr da. Das Einzige, was noch da war, war ein Weiß, ein leuchtendes Weiß. Wenig später wurde er ohnmächtig, während *Knirschender* wieder mit den Zähnen malmte und ab und an eine Schwimmbewegung machte.

»Hat sich *uralter Richard* schon jemals so viel Zeit gelassen?«, fragte *Opernsänger* und antwortete sich selbst: »Ich meine, nein!«

»Die fehlenden Deckleute haben sie beim Entern bestimmt getötet«, sagte *Kroatischer Riese: »Uralter Richard* hat sich gut versteckt, aber was ist mit dem Funker? Hat schon einmal einer von euch Leuchten an den Funker gedacht?«

»Den werden sie sich als Sklaven halten«, sagte der *Dritte:* »Den brauchen sie, damit er den Funkverkehr aufrechterhält und die Kaperung noch geheim bleibt.«

»Ich kenne den Funker gut«, sagte *Kroatischer Riese:* »Ich habe ihn im Fitnessraum studiert. Er ist zäh! Wenn man ihm ein paar Gewichte mehr auf die Stange legt, dann stemmt er diese blöde Stange trotzdem hoch. Und wenn ihm dabei auch die dürren Schenkel durchbrechen! – Er wird ein ›sos‹-Signal absetzen können! Das wird er tun. Der Funker holt Hilfe, und wenn er dabei draufgeht! – Ich meine, was ist das schon groß? Drei kleine Fingerbewegungen zwischendurch, das bekommt er hin!«

Niemand antwortete, und *Kroatischer Riese* wusste ja selbst, es seien Piraten! Es seien Kidnapper! Der Funker sei wahrscheinlich gefesselt und geknebelt. Und wenn er noch Kraft gehabt hätte, *Kroatischer Riese* hätte jetzt dieses elende Brackwasser aufgepeitscht, als wäre er ein Orkan mit dem Namen ›Rache‹!

Er sagte: »Der Funker schafft das! – Der ist auch aus dem Ostblock! – Der ist ein waschechter Sachse!«

Robert meinte: »Wir haben also zwei Optionen. Entweder schafft es *uralter Richard* oder der Funker, aber wie ich die beiden kenne, gehen beide Optionen auf.«

»Das ist doch mal ein Wort«, antwortete *Kroatischer Riese,* der sogleich zehn Dollar auf den Funker setzte. *Opernsänger* hielt dagegen: hundert Dollar auf *uralter Richard*!

Knirschender ohrfeigte Ismael, aber der Junge wehrte sich nicht mehr.

»Verdammter Bengel, wirst du wohl hierbleiben!«, flüsterte *Fetter,* bekam aber keine Antwort mehr.

»Lass ihn sinken«, sagte der Dritte.

»Einen Scheiß werde ich tun!«

»Das ist ein Befehl!«

»Und mein Befehl ist: Halt's Maul, Kamerad! – Nichts für ungut.«

Der Dritte Offizier erwiderte nichts. Er wusste ja, die Zeit sei auf seiner Seite, auch wenn er darauf gut und gern verzichtet hätte. Er fragte sich, ob die Sache mit dem Funker vielleicht doch nicht so aussichtslos war. Das war wirklich ein zäher Bursche! Ein Mann, der bei Windstärke zehn seelenruhig in einer winzigen Kammer sitzen und Signale durchgeben konnte, während ihm das Wasser schon bis zu den Knien stand, so ein Mann musste doch einfach der geborene Retter sein!

Der junge Offizier räusperte sich. Hätte er beim Studium doch nur diesen Kurs ›Motivation der Mannschaft in gefährlichen Situationen‹ belegt, den er vor zwei Jahren so albern gefunden hatte. Er räusperte sich noch einmal.

Weil er es einfach nicht mehr für sich behalten konnte, sprach *Kroatischer Riese* die Demütigung endlich aus, die ihn schon die ganze Zeit quälte. Leise sagte er: »Mich haben zwei weibliche Piraten fertiggemacht! Mitten auf dem Längsgang c sieben. – Was für eine Welt ist das nur geworden?«

»Eine Welt, in der wir keinen Platz mehr haben«, sagte *Opernsänger:* »Stellt euch das bloß vor: Wie *uralter Richard* toben wird, wenn er erfährt, dass seine gute, alte *Saudade* von Frauen auf den Grund des Meeres geschickt worden ist! Unser alter *Frauenhasser* würde sofort einen *Herzkasper* kriegen!«

Sie stellten es sich vor, alle sechs, aber zum Lachen fehlte ihnen die Kraft.

»Und schuld an all dem Mist bin ich«, sagte Robert Rösch plötzlich und genauso leise wie *Kroatischer Riese.*

»Ich wusste es! Ich wusste es! Wir wurden verraten! Anders konnte es ja auch gar nicht sein. Wir haben einen Schläfer der Piraten an Bord, der sie hergelockt hat!«, wetterte der *Dritte*: »Wo warst du die ganze Zeit, als man dich über die Bordlautsprecher gerufen hat? Wo denn? Du bist der Schläfer! Los, *Kroate*, leg ihn um!«

»Und warum ist er dann hier unten?«, fragte *Knirschender,* dem der junge Schnösel allmählich auf die Nerven ging.

Diese Frage hielt *Kroatischen Riesen* mitten in der Bewegung zurück. Er wartete in der Finsternis mit weit aufgerissenen Augen auf eine Antwort.

Aber sie kam nicht.

»Ich meinte es anders«, flüsterte Robert Rösch, genannt *Filigraner,* ruhig weiter: »Ich war rausgegangen, weil ich eine Seefledermaushaut versaut hatte. Hatte den richtigen Moment verpasst, und schon war sie dahin. Das hat mich so geärgert.«

»Und darum bist du an dem Mist hier schuld?«, fragte *Opernsänger.*

»Ja, weil ich zuvor gegen unsere eiserne Regel verstoßen habe. Ich habe ein persönliches Problem mit an Bord gebracht. Und daher habe ich die Haut verpfuscht, weil ich dauernd an mein Problem denken musste. Und weil ich daran denken musste, wurde es ruchbar. Und das haben die Aasgeier der See sofort gerochen! Darum haben die Piraten uns gefunden! Ich habe die Spur gelegt. Unbewusst, aber ich habe sie gelegt.«

Niemand widersprach.

Sie dachten an all die unglaublich erscheinenden Dinge, die ihnen aber doch auf See schon passiert waren. Sie hielten auch diesen Aberglauben für möglich, und *Knirschender* schlug vor zu beten.

Das aber machte den Dritten Offizier wütend: »Beten? Du Idiot! Ich bin Moslem. Wie soll ich denn hier beten? Ich brauche Allahs Boden unter den Füßen, ich brauche einen Teppich zum Beten, du Dummkopf!«

Knirschender schwieg, doch am liebsten wäre er explodiert. Als wenn es ihm leichtfallen würde, ohne Tora zu beten! Aber er würde es eben versuchen! Wer hier wohl der Dummkopf war! Gott war doch nicht blind! *Knirschender* streichelte noch einmal über Ismaels totes Gesicht, ehe er den Leichnam sachte von sich schob. Er hielt die Hand des

Jungen noch einen Moment, aber auch die musste er dann loslassen.

»Welches Problem?«, fragte *Opernsänger* in die ratlose Stille hinein. Unter keinen Umständen durfte das hier so enden! Er wollte hier auf keinen Fall auf den letzten Metern noch einen Religionskrieg erleben. ›Auf den letzten Metern‹, dachte der Atheist.

»Welches Problem? Es war nichts anderes als das Problem der Zukunft«, sagte Robert: »Der nahen Zukunft.«

»Rede nicht drum herum. Vielleicht können wir dir einen Rat geben«, sagte auf einmal der indische Zahlmeister, den die anderen schon für tot gehalten hatten. Als Buddhist war ihm diese Situation dank seines Glaubens an die Wiedergeburt um ein Vielfaches erträglicher als seinen Kollegen, so dass er sich auch die ganze Zeit zurückgehalten hatte. Er hatte sich vorbereitet, und nun war er vorbereitet.

»Einen Rat?«, fragte Robert. »Jetzt noch?«

»Jetzt noch«, sagte der Inder so ruhig wie möglich: »Für später!«

»Für später«, höhnte der *Dritte*, schwieg dann aber.

»Na gut. – Ich muss auf dieser Fahrt eine Entscheidung treffen. Auf See bleiben oder bei meiner Ehefrau«, sagte Robert.

»Immer die alte Frage!«, sagte *Opernsänger:* »Was soll ein Seemann auf dem Land? Und was soll ein Ehemann auf der See? Es geht nur beides zusammen, man kann sich für keine Seite entscheiden. Das Wasser gehört zum Land, das Land gehört zum Meer. Die Frau gehört zum Mann, der Mann gehört zur See, die See gehört zur Frau. – Sie hätte dich niemals vor diese Entscheidung stellen dürfen.«

»Hat sie aber. Aus Liebe. Aus Sehnsucht. Aus Gegenwartsangst«, sagte der indische Zahlmeister: »Ihre Seele ist auch geschunden.«

»Das stimmt«, sagte Robert: »Sie wollte es ja auch nicht. Sie hat sich gegen diesen Wunsch so lange gewehrt. Sie wusste ja auch, was dieser Schritt für Gefahren birgt. Sie hat mir ja auch fünf Monate Zeit gegeben. Ich sollte mich in Ruhe entscheiden, hier, bei euch, die ihr mir doch noch so ein blödes Ständchen gehalten habt.«

»Was hat sie angeboten? Als Gegenleistung? Welche Idee?«, fragte *Knirschender.*

»Dass sich bei euch immer alles nur ums Geld dreht«, sagte der *Dritte* und entschuldigte sich gleich darauf.

»Ich soll Fischwirt werden. In einer Fischfarm«, sagte Robert: »Bei uns in Norddeutschland schießen sie gerade wie Pilze aus dem Boden. Sogar in Mecklenburg, sogar vor den Toren Rostocks, also keinen Hühnerschiss weit von unserem Haus entfernt.«

Niemand antwortete, und gerade das klang in Roberts Ohren verächtlich.

Er sagte: »So könnte ich weiter Fischer bleiben und trotzdem immer an ihrer Seite sein. Kein Hochseefischer mehr, aber eben so eine Art Küstenfischer.«

»Küstenfischer, schön wäre es«, sagte *Kroatischer Riese:* »Fischfarmen nehmen uns doch nur die Arbeit weg.«

Opernsänger sagte: »Unsere Arbeit ist schon so gut wie weg. Da hat *uralter Richard* recht. Es gibt kaum noch genug Fisch in den Ozeanen. Die Riesenschwärme, wie wir sie noch kennen, die gibt es schon lange nicht mehr. Die Trawler verschwinden doch schon.«

»Aber noch sind sie da!«, sagte *Kroatischer Riese.*

»Ja, noch! Vielleicht reicht es für uns noch bis zur Frührente, aber viel länger doch nicht mehr. Wir sind wirklich die letzten Fischer«, sagte *Opernsänger.*

»Ja, so habe ich auch hin und her überlegt. Diese Fischfarmen, das ist die Zukunft. Und ich bin ja noch keine vierzig Jahre alt. Aber kann ich euch verraten? Kann ich gegen euch ankämpfen?«, fragte Robert. »Und wenn ihr diese Farmen gesehen hättet! Ich war in einer, das hat mit dem Fischfang gar nichts mehr zu tun. Das ist Kunst, alles nur Kunst. Künstlich wie Kunstkäse, künstlich wie Kunstschinken, das sind doch alles nur noch Kunstfische. – Kennt ihr den Film mit Louis de Funès? ›Brust oder Keule‹? Da wird gezeigt, was passiert, wenn Lebensmittel synthetisch hergestellt werden. Fische, Hähnchen, einfach alles! Heute ist das Realität.«

»*Haudegen* hat immer gesagt: Man nimmt einem Mann nie, niemals, die Arbeit weg!«, sagte der Inder.

»Ja, einem Mann, aber sind diese Sprüche nicht auch schon tot? Kann man denn heute noch als Mann so leben wie vor hundert Jahren? Wenn es keine Arbeit mehr für unsere Art von Männern gibt, dann gibt es unsere Art von Männern auch bald nicht mehr«, sagte Robert Rösch, der sich auf einmal in einer Diskussionsrunde seiner Studienzeit wähnte.

»Das ist mir zu hoch«, sagte *Kroatischer Riese*: »Unsere Arbeit wird gebraucht. Unsere Arbeit wird gut bezahlt. In unserem Job können nur die härtesten Männer überleben.«

»Ja, aber«, sagte der Inder gelassen, »werden wir überleben? – Mir scheint, lieber Kurznasenseefledermausspezialist Robert Rösch, genannt *Filigraner*, du hast da eine sehr, sehr schlaue Frau an deiner Seite. Sie will dich vor der verdammten Seesucht retten, die uns alle zu Süchtigen gemacht hat. – Und die uns nun am Schlafittchen hat.«

»Meinst du?«, fragte Robert.

»Ja, auf jeden Fall«, sagte der Zahlmeister.

»Und?«, fragte *Opernsänger*: »Wie hast du dich denn nun entschieden?«

»Gar nicht, noch gar nicht«, sagte Robert: »Ich hatte mich gerade erst entschlossen, diese blöde Pro-und-Contra-Liste nicht zu machen. – Dann gab es einen Tritt in die Eier. – Ich glaube, bei mir war es auch eine Frau. Eine Asiatin, aber das ist ja Quatsch, wir sind hier vor Somalia. – Ist ja auch egal. Jetzt.«

Niemand bemerkte, dass der Atheist sich aus der Gruppe löste. Er schwamm geräuschlos, ließ sich mehr treiben, als dass er sich bewegte, und atmete durch den Mund.

Er hatte ein Büschel Barthaare in die Hand bekommen und hielt es fest.

›Sie müssen *Väterchen* abgefressen worden sein‹, ging es *Opernsänger* durch den Kopf: ›Ehe sich die Thuns an seine Haut gemacht haben.‹

Opernsänger behielt das Büschel in der Hand, während er zur Mitte schwamm, und befingerte es sorgsam. Es war doch eher ein Bündel. Es war tatsächlich zu einem Strick gespleißt worden, an dessen Ende sich eine Schlaufe fand. *Opernsänger* hing im Wasser und staunte über den Russen.

›So also hat der Alte immer die Schnapsflasche verstecken können!‹, dachte *Opernsänger,* ehe ihm noch einmal ein Lächeln gelang: ›Dieser *Tausendsassa*!‹

Opernsänger holte tief Luft. Er spürte den Körper schon nicht mehr. Es war nicht seine Entscheidung. Genauso wenig, wie Robert Rösch sich entschieden hatte, so blieb auch er entscheidungslos. Sein Blut war es, das entschieden hatte. Es gab den Kampf auf, *Opernsänger* merkte es: Es zirkulierte so gut wie nicht mehr. Er fühlte sich wie in einem hautengen, geschmeidigen Sarg. In einem bleiernen Sarg. Er stöhnte und sah noch einmal zur grünlich schimmernden Notlampe, unter der das einzige Schott aber weiter verschlossen blieb. Er stöhnte wieder.

Es blieb für ihn nicht mehr viel zu tun. Nichts mehr.

Worauf sollte er denn warten? Auf was für ein Wunder? Das Wunder des Sterbens hatte doch schon lange begonnen. Es zog sich doch schon seit Stunden hin. Nein, beileibe, hier brach kein Kran mehr durch das Dach des Frischwasserbunkers!

Und nein, hier stürmte auch keine Befreiungsarmee mehr! Keine gesprengten Wände! Nichts!

Für wen denn? Für ein paar überflüssig gewordene Kerle? Für ein paar Hochseefischer, die sowieso schon kein Heimatland mehr hatten? *Opernsänger* schüttelte den Kopf. Noch immer waren Fischer für Politiker unwichtig, wie schon vor hundert Jahren. Nichts änderte sich, niemals. Ja, wenn er in Japan zu Hause wäre, ja dann!

Er tauchte für einen Moment unter und spürte die Anwesenheit der vielen Fische. Sie umlagerten ihn. Er verstand, nicht alle seien satt geworden, und meinte, es gebe doch immer zu wenig Essen. Zur Not könne der Schwache ja immer noch betteln gehen. Wenigstens in der Natur funktioniere dies.

Luftblasen blubberten an seinen Schläfen vorbei. Er kam wieder an die Oberfläche, träge und so unendlich müde.

Seine letzten Kollegen hielten sich mit Worten über Wasser, aber was sie da murmelten, konnte er nicht verstehen. Er wollte es auch nicht verstehen, nicht mehr.

Wozu noch Worte? Hatten sie an Bord nicht seit jeher Angst davor gehabt, dass einer von ihnen wirklich mal mit dem Reden anfangen könnte? War das Schweigen nicht auch eines ihrer heiligen Gesetze, durch das sie es an Bord überhaupt aushielten? Nur ja niemals die reflektierende Täuschung durchbrechen, mit der der Einzelne sich aufrecht hielt. Nur ja niemals jemanden zwingen, den Saal mit den Spiegeln zu verlassen, in den er in seiner Jugend geflüchtet war. *Opernsänger* seufzte. Gar nicht erst die Last loswerden wollen, die einem als Junge aufgebürdet worden war. Immer nur weiter im Filetieren, gar nicht daran denken wollen, Last zu Lust zu machen.

Sich mit dem Reden zu befreien, das war doch all die Jahre tabu geblieben! Und ausgerechnet jetzt fing *Filigraner* an, schwach zu werden! Zu plappern wie ein Fischweib in Südfrankreich! War das nicht das deutlichste Zeichen, dass sie zu Ende ging, die Ära der schweigsamen und gestählten Männer? Für *Opernsänger*, der manchmal bis zu acht Fließbänder dirigiert und bis zu zwölf Motoren in einen harmonischen Einklang gebracht hatte, war Roberts Gerede zu viel geworden. Man entblößte sich nicht, nur weil man Angst hatte! Angst vor einem Haufen wilder Piraten, die sich feige an Bord geschlichen hatten. Diese *Saubande*, diese!

Noch nie hatten Piraten einen Fischtrawler überfallen.

Und dann gleich den größten! Hundertsiebzig Mann Besatzung, aus aller Herren Länder, wer hätte damit rechnen können? Zehn, zwanzig Piraten, die fast zweihundert Männer überfallen und getötet hatten. Das war doch kaum möglich! Auf einem Frachter bestand die Besatzung aus siebzehn Mann, das war doch nichts im Gegensatz zur *Saudade*.

Was war das nur für eine Welt geworden? Eine Welt jedenfalls, in der er nichts – aber auch gar nichts mehr – zu suchen hatte. *Opernsänger* stieß erneut die Luft aus, ließ sich sinken, war schon auf dem Boden, stieß sich dann aber doch wieder ab und kam an die Oberfläche zurück.

Er schaffte es nicht. So auf keinen Fall.

Eine bleierne Stille lag um ihn. Nicht einmal Schwimmbewegungen der Kollegen hörte er mehr. Er wollte schon rufen, unterließ es dann aber.

›Doch merkwürdig, wie leise Welten einstürzen‹, dachte er: ›Nicht einmal die Fische ändern ihre Richtung!‹

Er nahm *Väterchens* lange Barthaare in die Faust und lauerte.

Er lauerte lange und oft schlug er daneben.

Dann aber hatte er doch einen Thun betäubt. Der Fisch schwamm mit dem Bauch nach oben neben seinem Gesicht.

Opernsänger schlug den nächsten Fisch k. o.

Jetzt kam er besser klar. Er schlug ihnen mit der Faust auf die Köpfe, so dass sie bewusstlos wurden.

Immer mehr wurden es. Viel mehr, als er brauchte. Und woher plötzlich die viele Kraft kam? Er konnte lange nicht aufhören, und lange hörte er die Rufe der anderen Männer nicht.

Die ersten Fische kamen schon wieder zur Besinnung. *Opernsänger* ergriff sie, steckte die Zeigefinger in ihre Kiemen und riss sie ihnen auseinander.

Er spürte das warme Blut und hörte plötzlich eine Stimme dicht neben sich: »Was machen Sie da?«

Er antwortete dem *Dritten* nicht, der seine Frage wiederholte.

»Geh weg!«, flüsterte *Opernsänger*: »Geh weg!«

»Nein, hören Sie auf damit! Wir kommen hier raus! Beruhigen Sie sich.«

»Ich bin ganz ruhig. Ich war noch nie so ruhig!«

Er war selbst über die Melodie in seiner Stimme verwundert. Fast war es ein Singsang!

»Lassen Sie ihn«, sagte der indische Zahlmeister, dessen Stimme von weit her zu kommen schien: »Lassen Sie ihn!«

Der Inder hatte den Ton in *Opernsängers* Stimme verstanden: »Lassen Sie ihn! Er hat sich entschieden!«

»Es ist aber meine Aufgabe zu entscheiden«, sagte der *Dritte,* der kurz darauf einen Faustschlag auf den Schädel bekam. Benommen trieb er ab und schwamm wenig später stumm zu den anderen Männern, die sich fest umarmt hielten. Er kehrte in ihren Kreis zurück, in dem sie sich mittlerweile mit dem Strampeln abwechselten.

Opernsänger aber schlug in den Barthaarstrick so viele Achterknoten wie möglich. Er zog sie nicht ganz zu.

Zuletzt legte er sich den Strick um den Hals, steckte das lose Ende durch die Schlaufe, in die *Väterchen* früher die Hälse der Schnapsflaschen geschoben hatte, und zog die Schlaufe dann so fest, dass er sich würgte.

Er rang nach Atem, paddelte herum und suchte blind die bewusstlosen Fische.

Er steckte sie mit den Schwänzen durch die Augen der Achterknoten und zurrte die Knoten fest.

Immer schneller arbeitete er, bis er endlich keine offenen Knoten mehr fand.

»Immer nur Anfänge!«, sagte er: »Bis zum Ende immer nur Anfänge! So sieht das Leben eines einsamen Mannes aus. – Angefangen, aufgehangen!«

»*Opernsänger*?«, fragte *Knirschender*.

»Ja?«

»Wie ist dein Name?«

»Carmelos Álvarez aus Gran Sol.«

»Gut«, sagte *Fetter*: »Ich merke ihn mir.«

Carmelos Álvarez nickte, er nahm sich den ersten der etwa fünfzehn Kilogramm schweren Fische, tastete ihn kurz ab und biss ihm dann kraftvoll in die Schwimmblase.

Der Fisch sackte nach unten weg.

Carmelos Álvarez spürte es im Genick.

Er nahm den nächsten Fisch und biss auch ihm die Luft aus dem Leib.

Zwei weitere Fische schaffte er noch, dann wurde er nach unten gezogen. Und wenig später verstarb er im Altwasser des Frischwasserbunkers vier.

Lautlos, wie es sich für einen richtigen Hochseefischer gehöre, meinte *Knirschender*, füge sich der Wille dem Körper und stelle die Beinbewegungen schließlich ein. Am Ende entscheide nicht der Wille.

»Carmelos Álvarez, Sohn aus Gran Sol?«, fragte der Inder.

Nichts als Stille.

»Feigling!«, sagte *Kroatischer Riese.*

»Also«, sagte der Inder: »Der Seele die See, der See die Seele!«

»Der Seele die See, der See die Seele«, murmelten die Männer, und der *Dritte* sagte pflichtgemäß: »Carmelos Álvarez aus Gran Sol, genannt *Opernsänger*, war ein so feiner Kerl, dass die See nicht anders konnte – als ihn zum *ewigen Suff* zu bitten!«

Sie schwiegen eine ganze Minute lang, in der *Knirschender* merkte, wie der Mann neben ihm zu zittern und zu sinken begann. Immer wieder packte er den *Dritten* am Genick, und schließlich legte er sich wieder auf den Rücken und zog sich den Kopf des jungen Offiziers auf den fetten Bauch.

»Wenn das meine israelischen Geschäftsfreunde sähen, wie ich einen Moslem rette«, flüsterte *Knirschender*: »Dann müsste ich wohl nach Deutschland auswandern.«

»Na, und! Du hast doch schon Ismael im Leben gehalten«, sagte *Kroatischer Riese*: »Und übrigens bin ich Katholik. – Und wenn dir der Bursche zu schwer wird, dann wirf ihn rüber zu mir!«

»Wir werden uns jetzt etwas überlegen. Es wird langsam Zeit«, sagte Robert Rösch mit einer Stimme, die die anderen nicht kannten: »Auch wenn Flaute die Natur des Seemanns ist.«

Nachweis

Der Verlag dankt folgenden Rechteinhabern für die Genehmigung zum Abdruck:

Volker Harry Altwasser (*1969, Greifswald)
Letzte Fischer. Auszug aus: ders., *Letzte Fischer*. Roman. S. 412 bis 435. © 2011 MSB Matthes & Seitz Berlin Verlagsgesellschaft mbH

Jan Brandt (*1974, Leer)
Tagebuch eines Verschwundenen. Originalbeitrag für diese Anthologie. Copyright © 2017 by Jan Brandt

Jessica Durlacher (*1961, Amsterdam)
Der Sohn. Auszug aus: dies., *Der Sohn*. Roman. Copyright © 2010 by Jessica Durlacher. Copyright der deutschsprachigen Ausgabe © 2012, Diogenes Verlag AG Zürich. Aus dem Niederländischen von Hanni Ehlers

Jørn Lier Horst (* 1970, Bamble, Norwegen)
Jagdhunde. Auszug aus: ders., *Jagdhunde*. Roman. Copyright © 2018 Verlagsgruppe Droemer Knaur GmbH & Co. KG, München. Aus dem Norwegischen von Andreas Brunstermann

Sabrina Janesch (* 1985, Gifhorn)
Ambra. Auszug aus: dies., *Ambra*. Roman. Copyright © Aufbau Verlag GmbH & Co. KG, Berlin 2012

Chris Kraus (* 1963, Göttingen)
Das kalte Blut. Auszug aus: ders., *Das kalte Blut*. Roman. Copyright © 2017, Diogenes Verlag AG Zürich

Daniela Krien (* 1975, Neu Kaliß)
Gefährliche Ideen. Originalbeitrag für diese Anthologie. Copyright © 2017 by Daniela Krien

Henning Mankell (1948, Härjedalen – 2015, Göteborg)
Der Mann am Strand. Aus: ders., *Wallanders erster Fall und andere Erzählungen.* Copyright © Paul Zsolnay Verlag Wien 2002. Aus dem Schwedischen von Wolfgang Butt

Bernhard Schlink (*1944, bei Bielefeld)
Johann Sebastian Bach auf Rügen. Aus: ders., *Sommerlügen.* Geschichten. Copyright © 2010, Diogenes Verlag AG Zürich

Ingo Schulze (*1963, Dresden)
Spazieren gehen (Titel von der Herausgeberin). Auszug aus: ders., 33 *Augenblicke des Glücks. Aus den abenteuerlichen Aufzeichnungen der Deutschen in Piter.* Copyright © 1995 Berlin Verlag in der Piper Verlag GmbH, Berlin und München

Raija Siekkinen (* 1953, Kotka, Finnland – 2004, ebd.)
Die schwarze Sonne. Aus: dies., *Wie Liebe entsteht.* Erzählungen. Copyright der deutschsprachigen Ausgabe © 2014 by Dörlemann Verlag AG, Zürich. Aus dem Finnischen von Elina Kritzokat

Nis-Momme Stockmann (* 1981, Föhr)
Der Fuchs. Auszug aus: ders., *Der Fuchs.* Roman. Copyright © 2016 Rowohlt Verlag GmbH, Reinbek bei Hamburg

Arno Surminski (* 1934, Jäglack, Polen)
Sommer vierundvierzig. Auszug aus: ders., *Sommer vierundvierzig. Oder wie lange fährt man von Deutschland nach Ostpreußen?* Roman. Copyright © 1997 by Arno Surminski. Ullstein Buchverlage GmbH, Berlin 2004

Dan Turèll (* 1946, Frederiksberg – 1993, Kopenhagen)
Mord im Waschsalon. Aus: ders., *Mord im Waschsalon und andere Kriminalgeschichten.* Copyright © by Bastei Lübbe AG, Köln. Aus dem Dänischen von Bernd Kretschmer

Volker Weidermann (* 1969, Darmstadt)
Ostende. Auszug aus: ders., *Ostende. 1936, Sommer der Freundschaft.* Copyright © 2014, Verlag Kiepenheuer & Witsch GmbH & Co. KG, Köln / Germany